U0541198

本书系国家社科基金青年项目"新型城镇化背景下基层政府治理的实现路径、方式"（项目批准号：14CGL044）的结项成果

李慧凤 著

中国城市基层治理：
路径、方式与转型

China's Urban Grassroots Governance:
Path, Mode and Transformation

中国社会科学出版社

图书在版编目(CIP)数据

中国城市基层治理：路径、方式与转型 / 李慧凤著 . —北京：中国社会科学出版社，2021.7
　ISBN 978 - 7 - 5203 - 8612 - 8

　Ⅰ. ①中… Ⅱ. ①李… Ⅲ. ①城市管理—研究—中国 Ⅳ. ①F299.23

中国版本图书馆 CIP 数据核字(2021)第 112941 号

出 版 人	赵剑英
责任编辑	马　明
责任校对	许　惠
责任印制	王　超

出　　版	中国社会科学出版社
社　　址	北京鼓楼西大街甲 158 号
邮　　编	100720
网　　址	http://www.csspw.cn
发 行 部	010 - 84083685
门 市 部	010 - 84029450
经　　销	新华书店及其他书店

印刷装订	三河弘翰印务有限公司
版　　次	2021 年 7 月第 1 版
印　　次	2021 年 7 月第 1 次印刷

开　　本	710×1000　1/16
印　　张	18.5
字　　数	285 千字
定　　价	96.00 元

凡购买中国社会科学出版社图书，如有质量问题请与本社营销中心联系调换
电话：010 - 84083683
版权所有　侵权必究

序　言

郁建兴[*]

李慧凤副教授的专著《中国城市基层治理：路径、方式与转型》即将出版，央我作序。这是她继《社区合作治理实证研究》一书后出版的又一力作。这部著作再度表明，她对社会治理尤其是基层社会治理有着浓厚的兴趣，并一直潜心耕耘于这个领域。

2021年3月，《中华人民共和国国民经济和社会发展第十四个五年规划和2035年远景目标纲要》对"构建基层社会治理新格局"作出了明确部署，提出要"健全党组织领导的自治、法治、德治相结合的城乡基层社会治理体系，完善基层民主协商制度，建设人人有责、人人尽责、人人享有的社会治理共同体"。构建基层社会治理新格局，创新基层社会治理体制，提升基层社会治理水平，是新时代我国社会发展和社会治理的重要议题，也是推进国家治理体系和治理能力现代化的重要基础。

社会治理是国家治理的重要方面，而社会治理的重点在基层，难点在基层，落实也在基层，因此，基层是理解社会治理乃至国家治理的一个关键切入视角。由于基层事务繁琐复杂，基层治理不能依靠基层政府大包大揽，而应扩大社会力量有序参与，让社会力量积极发挥作用。让社会自身运转起来，对于基层社会治理而言显得尤为必要。基层治理的主体既要有政府，更要有社会。丰富和扩展"社会成长空间"，让社会力量在社会的活动空间中成长，使其不仅能够在执行上

---

[*] 郁建兴，教育部"长江学者"特聘教授，浙江工商大学校长，浙江大学公共管理学院院长、教授，浙江大学社会治理研究院院长。

参与社会治理，更能够共同设计社会治理的政策，共同探索社会治理的工具，共同评估社会治理的成效，让基层政府、社会公众都可能在顶层设计的框架内成为议题的发起主体，这是社会治理共同体的建设路径，亦是社会治理目标的实现路径。

李慧凤在《中国城市基层治理：路径、方式与转型》一书中努力回答当前城市基层治理中的一些核心问题。在第一章中，她提出，衡量基层治理是否"善治"的标准不仅仅是看其是否有效提供服务，还要判断基层治理过程及产出是否有利于社区和居民。因此，基层治理要改善居民的生活状况，激发社会活力，促进社会凝聚力，形成更加自治的基层社会和更加理性的基层政府。后面各章围绕如何促进基层治理水平的提升，分别讨论了基层治理网络构建、基层干部的领导与激励、公众参与、基层服务的共同生产、基层政府的行为模式等问题，其主要观点可概括为：基层治理网络的构建有利于将各主体纳入基层治理过程中，促进基层组织与其他主体之间形成互动和合作机制；基层干部行为与制度化的职位和角色有关，由于需要直面居民并接受公众问责，基层干部会形成独特的基层领导模式；公众参与导向体现了群众路线，鼓励参与不仅要提供居民诉求表达和反馈渠道，还要促进政府让渡权力，实现多元主体基于共识基础上的权责对等；基层治理和服务中的共同生产实践，有助于促进形成共建共治共享的社会治理新格局；基层政府行为仅仅考虑理性是不够的，其特征还在于它的公共性，公共利益和公共价值作为考量基层政府行为的重要维度，也需要被重视。公众驱动式的新基层治理有助于培育公众的积极角色和行为，通过塑造积极公众、重构公共理性、内化行为规范来促进基层社会有序且有活力的发展。她通过多方论证，基于扎实的实证研究，细致刻画了城市基层治理的丰富实践，并尝试提炼经验启示以形成更具普遍价值的中国方案。

在我国，无论是国家治理还是社会治理，正处于一个新的改革创新大时代。党的十九大报告要求"打造共建共治共享的社会治理格局"，党的十九届四中全会进一步提出，要"坚持和完善共建共治共享的社会治理制度"，从"格局"到"制度"的转变意义重大，它表明社会治理实践上升为国家制度的可行性。在基层治理中，基层协商民主、"三治融合"等都是由基层创新上升为国家制度的重要组成部分，并被写入党的重要文件。如"三治融合"被写入党的十九大报告，党的十九届四中全会、五中全会进一步提出"健全党组织领导的自治、法治和德治相结合的城乡基层治理体系"。"三治融合"已成为新时代基层社会治理的发展方向，它的重要价值在于其超越了以往和当下国家主导的社会治理模式，让社会力量在社会活动空间中成长，广泛激发群众参与。这是基层有效治理的关键，只有让基层群众在参与中表达，不断发掘群众需求并积极回应，才能有效满足他们的公共服务需求，提升其获得感和幸福感。那么，如何创新社会力量有序参与的体制机制，激活基层社会治理活力，使基层社会既稳定有序又充满活力？我很高兴地看到，李慧凤聚焦了这一重要问题，从基层治理网络建构、基层干部如何激励社区参与、基层公众参与的不同实践、基层服务中的共同生产行为等探讨了基层有效治理的路径和方式，并提出公众驱动式的新基层治理模式。她指出，公众驱动式的新基层治理有助于培育公众的积极参与行为，形成"自主性—责任感"的驱动型治理模式，其外显特征是公众的参与行为与自治能力，而内化本质则是公众的责任与道德。这契合了社会治理共同体的建构原则，即社会治理共同体强调集体中的个体在共识基础上的权责对等，以及基于权责对等原则的个体价值（利益）的可调适性。

基层治理水平的提升倒逼基层政府转型。基层政府是基层治理改革实践的推动者，也是基层治理体制机制创新的创设者。在以往的调研中，我们发现一些基层政府仍然把基层社会治理简单理解为治理基层社会，片面强调利用数字化、网络化、智能化技术，将村/居民都纳入基层网格化管理之中，以此来提升基层政府对社会的管控能力，这种政府中心主义偏好不利于基层"善治"。基层政府需要转变理念，主动适应现代基层治理新场景，正确地将基层政府定位于服务社会、服务公众而不是控制社会的角色，充分尊重社会自治与社会自我管理的作用，发现、确认和培育社会机制，致力于构建社会治理共同体，使公众能够与政府共同承担基层社会治理责任，共同享有基层社会治理成果。这或可以成为李慧凤在本书中提出的"中国城市基层治理实践为政府转型理论提供了什么"这一问题的一个重要回答。

李慧凤副教授昔年是我指导的博士生，在攻读博士学位期间，她就在宁波市开展了大量实地调研，将社会治理理论与方法同中国本土实践相结合，写出了一篇优秀博士论文。如今她初心不改，理论和方法更为先进，实地调研的区域更为广泛，基于中国本土实践开展理论创新的追求更加自觉，真正做到了把论文写在祖国大地上，这是她能够做出一个个出色成果的原因，也是青年学者的治学方向。

2021年6月14日于杭州

目　录

第一章　中国城市基层治理 …………………………………………（1）
　第一节　城市基层治理概述 ……………………………………（1）
　第二节　从结构到主体：城市基层治理研究路径 ……………（9）
　第三节　社区发展：城市基层治理的新策略 …………………（18）
　第四节　城市基层治理的合法性建构 …………………………（27）

第二章　基层治理网络与伙伴关系 …………………………………（32）
　第一节　基层治理中的伙伴关系 ………………………………（32）
　第二节　伙伴关系与基层治理网络构建 ………………………（42）
　第三节　基层治理网络及其管理 ………………………………（60）
　第四节　基层治理网络中的社会组织 …………………………（66）

第三章　基层干部与基层治理 ………………………………………（78）
　第一节　基层治理中的基层干部 ………………………………（78）
　第二节　基层干部如何激励社区参与 …………………………（83）
　第三节　基层减负悖论与基层干部困境 ………………………（90）
　第四节　构建新型基层干部领导模式 …………………………（104）

第四章　城市基层治理中的公众参与 ………………………………（109）
　第一节　公众参与的公共性 ……………………………………（109）
　第二节　城市基层治理中的社区参与 …………………………（120）
　第三节　社区参与如何改变城市基层治理 ……………………（138）
　第四节　以公众参与推进基层民主治理 ………………………（151）

第五章　基层治理服务中的共同生产 …………………… （160）
　　第一节　面向共同生产的公共服务改革 ………………… （160）
　　第二节　基层治理服务中的共同生产：
　　　　　　从政府包办到社区路径 ……………………… （167）
　　第三节　基层治理服务中的共同生产行为 ……………… （172）
　　第四节　建构基层治理服务的共同生产网络 …………… （196）

第六章　基层政府行为与基层治理改革 …………………… （203）
　　第一节　基层政府行为：基于权力、
　　　　　　利益和关系的视角 ………………………………（203）
　　第二节　基层政府行为与基层治理创新 ………………… （209）
　　第三节　弹性选择：基层政府行为逻辑 ………………… （221）
　　第四节　政治文化发展与基层政府行为 ………………… （235）

第七章　新基层治理 ………………………………………… （247）
　　第一节　治理现代化进程中的基层治理 ………………… （247）
　　第二节　基层治理的行动方案 …………………………… （253）
　　第三节　走向新基层治理：公众驱动与人民中心 ……… （266）

参考文献 ……………………………………………………… （270）

后　记 ………………………………………………………… （283）

第一章 中国城市基层治理

第一节 城市基层治理概述

随着治理理论在基层领域中的应用，基层治理应运而生。相比于公共治理的其他领域，基层治理面临一个特殊的挑战，即基层治理要改善居民的生活状况。基层治理的目标是实现社会凝聚力，重新激发身份意识和角色认同，让社区自主运作，并形成更理性、更有效的基层政府。衡量基层治理是否成功的标准并不简单是看其是否有效提供服务，还要判断政策过程的产出是否有利于社区，基层治理是否能有效赋权和协商。基层治理最终会加强民主问责能力吗？它如何影响民众对于政策合法性的感知？在什么情况下，基层治理才能得到有效的、建设性的结果？除检验治理工具的有效性外，还需要理解治理过程中的主体——居民、基层政府和社会组织——的角色，他们不仅是治理活动的参与者，也是治理工具的制造者和使用者。基层治理既包含基层政府对社会的治理，也包含基层社会的自主治理。

一 治理命题与基层治理

治理术语自 20 世纪 80 年代被提出以来，发展非常迅速。治理的概念被广泛应用于许多领域，包括政治科学、公共行政、政策制定和执行过程等，研究主题包含了诸如民主决策、协商关系、冲突调解、公共对话、公民参与、共同生产、协作治理等。一般而言，治理意指

"协调社会生活的各种方式"[①],它主张在决策中进行分权,鼓励公民参与,通过"建立公私伙伴关系促进合作来提供公共服务和公共产品,强调政策网络在政策形成中的重要性"[②]。治理与统治不同,治理虽然需要权威,但这个权威并不一定是政府机关,而统治的权威则必定是政府。不同于政府具有合法的、正式的权威和决策权力,治理更多是由共享目标的个人和组织进行合作,他们可能并没有权威和决策权力。与传统自上而下和强制性的管理方式不同,治理采取"合作、协商、伙伴关系、确立认同和共同目标"等方式[③]。治理通过建立非正式关系以扁平化的形式来协调社会生活,这与科层制(即通过权威体制以自上而下的形式来规范社会生活)形成有益补充。

将公众吸纳进来是治理的一个突出特征。治理旨在重新构建政府与公众之间的关系,强调情境和过程特征来设计治理机制和策略,通过连接政策理念和行动者来实现政策产出。在治理提倡者看来,非政府主体在公共事务中发挥着越来越重要的作用。私营企业、社会组织和公众都拥有重要的资源,这些行动者需要参与政策制定和执行过程,通过合作行动来使政策问题得以解决。治理最为常见的方式是在相互依赖的主体间建立并促进彼此间的协调行为来解决社会问题。治理促使政府角色和行为发生转变,政府从强调组织化、单一的中心权力转变为注重治理过程和实现结果。政府越发偏好运用治理方式,如伙伴关系、互动决策、利益相关者以及公众参与等[④],与其他行动者共同行动来实现目标。

---

① [英]安德鲁·海伍德:《政治学核心概念》,王浦劬主编,中国人民大学出版社2012年版,第19页。

② Lisa Blomgren Bingham, Tina Nabatchi, Rosemary O'Leary, "The New Governance: Practices and Processes for Stakeholder and Citizen Participation in the Work of Government", *Public Administration Review*, Vol. 65, No. 5, September 2005, p. 548.

③ 汪庆华、郭钢、贾亚娟:《俞可平与中国知识分子的善治话语》,《公共管理学报》2016年第1期。

④ Jurian Edelenbos and Erik Hans Klijn, "Managing Stakeholder Involvement in Decision Making: A Comparative Analusis of Six Interactive Processes in the Netherlands", *Journal of Public Administration Research and Theory*, Vol. 16, No. 3, July 2006, p. 417; Erik Hans Klijn, "Governance and Governance Networks in Europe", *Public Management Review*, Vol. 10, No. 4, July 2008, p. 505.

治理包含诸多要素，如"合法性、透明、责任性、法治、回应性、有效性、公民参与、稳定、廉洁和公正"①。治理模式涵盖了善治、合作治理、多中心治理、新公共治理、网络治理等诸多方面。善治强调的是公共行政良好运行的原则，其主要观点是公平对待公众，遵守法治的基本原则，强调政府运作而不是组织方式。合作治理强调运用合作来解决问题，因为这些问题是跨公共组织边界和科层层级的（如环境问题），它关注合作的具体类型。网络治理强调治理发生在行动者网络中，关注网络中复杂的互动过程以及政府组织与其他组织间的协商。互动使网络过程变得复杂和难以管理，因此需要不同的治理策略。从上述模式可以看出，尽管各自侧重点不同，但都强调治理过程而不是政府结构，更加关注政府权力的限度。

治理可以被看作一系列秩序，新的秩序是由之前的秩序形成和构建的。梳理公共管理的三个主要模式，即公共行政、新公共管理和公共治理，不难看出，每个新模式都沿承了原有模式的一些要素，但又超越了原有模式的限度。传统的公共行政模式主要聚焦政策制定和执行领域，关注规则和指导，强调法治的支配地位，突出官僚制在政策制定和执行中的核心角色，主张公共组织中政治与行政的二分等（如表1-1所示）。新公共管理尝试把私人部门的管理理念如合同外包、顾客导向、市场机制等引入公共组织中，认为私人部门的管理技术优于公共部门，在服务供给中应用这些管理技术可以提高效率和有效性。同时，它还强调在公共服务组织中关注"企业家领导力"，通过分解公共服务到基本单元，关注"成本管理"②。在政府角色上，新公共管理指出，政府是掌舵者而不是划桨者，其关注点应该在设立目标而不是执行过程上，政策执行最好交由其他组织去做。在资源配置上，政府应该更多使用市场化手段以及竞争、合同等工具，通过运用清楚的绩效指标和其他市场机制来保持问责性，强调对政策输入和输

---

① 汪庆华、郭钢、贾应娟：《俞可平与中国知识分子的善治话语》，《公共管理学报》2016第13期。

② Stephen P. Osborne, "The New Public Governance?", *Public Management Review*, Vol. 8, No. 3, Februray 2006, p. 377.

出的控制和评估（如表1-2所示）。可见，在新公共管理倡导者看来，政府既要加强管理，又要与其他组织保持距离，通过界定清晰的责任将政策制定从政策执行中分开来，以消解政策过程的复杂性，它基于产出标准和组织功能（市场机制、私有化等）实现此目标。而批评者认为，新公共管理缺乏真正的理论基础和严谨的概念，并不是一个现象或范式，因此只是公共行政的一个子集，甚至是一个失败的范式。

与新公共管理不同，公共治理旨在探索政策共同体和网络研究，力图将政治与技术即价值理性和工具理性结合起来，通过建构"服务主导"的理论和方法将公共政策的执行以及公共服务的提供置于中心[1]。公共治理也被看作组织间自主形成的治理网络，它通过促进组织间的协调来改进政策制定和执行，将主要行动者与政策过程联系起来，自主提供或与政府一同提供公共服务。公共治理作为一种新的治理方式得以流行，它基于全球化国家和多元化社会情境来理解公共政策的形成和执行，主要包含三个要素：①通过治理网络能够更好地促成行动者间的合作，确保得到行动者的认可（提高支持）；②运用行动者的知识来提高政策和服务水平，创造更好、更多的服务和政策产出（质量提升）；③在决策过程中纳入行动者，增强决策合法性（提高合法性）。新公共治理既是政府进行政策和工具选择的过程（无论是传统的垂直命令和控制，还是新型的水平网络结构），也是多元主体共同决策和执行的过程。它在促进政府、市场、社会及公民间关系建构的同时，通过鼓励个体参与集体决策来促进个人自由，将原子化的个人导向集体行动。可见，新公共治理为公共管理者提供了新的工具和手段，构建了一个"公共—私人—社会组织"的网络，这个网络包含了公众以及参与过程[2]。

---

[1] 竺乾威：《新公共治理：新的治理模式?》，《中国行政管理》2016年第7期。

[2] Lisa Blomgren Bingham, Tina Nabatchi, Rosemary O'Leary, "The New Governance: Practices and Processes for Stakeholder and Citizen Participation in the Work of Government", *Public Administration Review*, Vol. 65, No. 5, September 2005, p. 548.

表1-1　　　　　　　　比较公共治理与公共行政

	理论基础	侧重点	伙伴关系	治理机制	价值基础
公共行政	政治科学与公共政策	政策系统，强调政策执行	政策系统的潜在要素	科层制	公共部门伦理
公共治理	组织社会学和网络理论	组织间治理，强调服务过程和产出	优先选择，通常是相互依赖的机构	信任和合约关系	合作主义

表1-2　　　　　　　比较公共治理与新公共管理

	理论基础	侧重点	伙伴关系	治理机制	价值基础
新公共管理	理性/公共选择理论	组织间管理，强调服务的输入和输出	在竞争市场里的委托代理关系	市场，古典或新古典合约	竞争效率和市场
公共治理	组织社会学和网络理论	组织间治理，强调服务过程和产出	优先选择，通常是相互依赖的机构	信任和合约关系	合作主义

二　基层治理与社区场域

基层治理在国家治理结构中具有基础性地位，它是一个政治制度框架或政治结构中最基层的权力运作过程。[①] 费孝通提出的"双轨政治"就指出，一轨是自上而下的中央集权的专制体制轨道，以皇帝为中心建立起一整套管理体系，由官员与知识分子来实施具体治理，另一轨是基层组织自治的民主体制轨道，由士绅等地方精英进行治理，士绅阶层是基层社会的实际"统治阶级"，而宗族等是士绅进行乡村治理的组织基础。[②] 随着经济社会的发展，基层治理的范围有了明显的扩展，不仅包括基层事务管理和决策制定，还包括社区需求回应、社区能力建设等更宽泛的内容。基层治理成为一个治理体系，即依据

[①] 陈家刚：《基层治理：转型发展的逻辑与路径》，《学习与探索》2015年第2期。

[②] 叶敏：《城市基层治理的条块协调：正式政治与非正式政治——来自上海的城市管理经验》，《公共管理学报》2016年第2期。

其所在社会的历史条件、社会结构、人口特质、发展特性等条件所构建出的具有整体性、系统性和协同性的有效治理体系。[1]

基层治理提供了一种"全球性思考，地方性行动"[2]的分析路径。不同于公共部门治理的发生场域，基层治理是发生在社区层面的活动。尽管二者的场域不同，但却有部分的重叠，即二者在社区层面有着共同的目标——社区发展，这使政府从强调经济优先发展、补偿损失者和整治环境，到思考制定环境政策、平衡经济活动和社会发展，既体现了"经济、社会和环境价值观"[3]，也表明社区发展与治理过程具有整合性和相互依赖性。正如学者指出，"很多有生命力的改革都是在基层社会先出现，这是中国改革的特色"[4]。社区作为基层治理的重要平台，社区发展为基层治理改革、基层政府转型提供了一种新的视角和可行的路径。社区的意涵比较多，它可指"平民百姓，较小型的有组织的社会，一个地区的人民，拥有共同事物，如共同利益、共同财产，相同身份与特点的感觉"[5]。社区最初是指"不同于贵族的普通人，后来是指在一个区域的人们，或是有相同背景、利益和身份的一群人"[6]。随着社区发展越发呈现出多样化特征，社区的界定也基于多种视角。社区作为一种关系结构，它包含一系列适应性机制，人们在特定的习俗下通过这些机制进行自我组织来回应技术、组织和环境状况的变化。社区作为一个高度组织化的社会关系系统，包含了"地位、角色、组织、机构等，能够发挥社会功能的社

---

[1] 范如国：《复杂网络结构范型下的社会治理协同创新》，《中国社会科学》2014年第4期。

[2] Gerry Stoker, "Was Local Governance Such a Good Idea? A Global Comparative Perspective", *Public Administration*, Vol. 89, No. 1, March 2011, p. 15.

[3] Vicky Totikidis, Anona Armstrong and Ronald Francis, "The Concept of Community Governance: A Preliminary Review", Paper Delivered to the GovNet Conference, Sponsored by Monash University, Melbourne, November 28-30, 2005.

[4] 周庆智：《基层治理创新模式的质疑与辨析——基于东西部基层治理实践的比较分析》，《华中师范大学学报》（人文社会科学版）2015年第2期。

[5] ［英］雷蒙·威廉斯：《关键词：文化与社会的词汇》，刘建基译，生活·读书·新知三联书店2016年版，第126页。

[6] David Bray, "Building 'Community': New Strategies of Governance in Urban China", *Economy and Society*, Vol. 35, No. 4, February 2007, p. 530.

单元和系统的组合"①。互动是社区最重要的特征，社区的结构和功能都源于社区居民间的互动关系。生活在社区内的居民通过分配和交换资源来维持和改进生活。不同的利益主体和社区资源被看作要素，多元利益主体间互动形成策略，行动规则被看作过程。其中，社区资源包括社区的物质资源和人力资源，物质资源是指资产和自然资源，它们共同决定社区的特性。研究发现，对社区居民而言，他们更愿意住在功能完善的社区，物质资源在形成社区感和认同感中起到重要作用。而人力资源包括社区里不同的利益群体，有基层组织、居民、家庭、企业、志愿者、社会组织。在不同情境下，这些主体在决策过程中会有不同的目标。越来越多的主体开始参与到基层治理中，他们不仅能够参与政策过程，还能够通过形成网络和正式或非正式的组织来参与政策过程的构建，"在正式的政治过程外，非正式的互动与正式规则同等重要"②。地方常规实践能够通过建构的和有意义的方法指导行动者面对治理带来的挑战。对居民而言，参与能够使他们更好地了解问题并确定合理的解决方案，这对激发居民的改善意愿及确保治理的合法性都非常重要，因为合法性的判断不仅在于民主，还取决于许多其他的事件。而且，参与还促进了多元主体间"共享信念"的形成，多元主体通过关注政策过程是否实现了充分的给予、分配和获益来促进合法性的建构。而当基层政府以产出为导向时，就会忽视参与治理的构建，在这种情况下，多元主体间的"共享信念"就很难达成③。因此，让社区发声来自主运作邻里内部和外部事务，被看作"提升更具有回应性的地方政府和使地方代议制民主重新合法化"的途径④。总之，社区的重要性在未来还会增加。社区、市场和国家是互补的，不是替代的。好的制度设计能够使社区、市场和国家互

---

① David Cascante and Mark Brennan, "Conceptualizing Community Development in The Twenty-first Century", *Community Development*, Vol. 43, No. 3, July 2012, p. 293.

② Steve Connelly, "Constructing Legitimacy in The New Community Governance", *Urban Studies*, Vol. 48, No. 5, July 2011, p. 929.

③ Michael Haus and Jan Erling Klausen, "Urban Leadership and Community Involvement: Ingtredients for Good Governance?", *Urban Affairs Review*, Vol. 47, No. 2, March 2011, p. 256.

④ Steve Connelly, "Constructing Legitimacy in the New Community Governance", *Urban Studies*, Vol. 48, No. 5, July 2011, p. 929.

补，而不是替代。当社区治理设计得较糟糕时，市场和国家会将社区排挤出去。

三　基层治理与基层政府

政府是政治研究的主体。英文中的政府一词，其"govern"意指统治或者控制，这意味着"政府是通过各种机制来维持统治的机构，它的特征是能够做出集体决策并使这些决策得到执行"[①]。关于政府是否必要，不同的学者给出了不同的判断。无政府主义论者认为政府根本上是恶的和不必要的；自由主义论者强调由于政府具有专制和暴政的潜在威胁，要限制政府；进一步地，马克思主义论者则对政府本质进行了探索，认为"政府是阶级政治派生出来的次级政治形式"[②]；而治理论者更多关注政府与社会互动的结构和过程，在更为广阔的社会结构和权力系统的视野下阐释政府行为。政府在不同模式中扮演的角色和功能也有所不同。在传统的公共行政模式下，政府是管理主体，主导并管理一切事务。在新公共管理模式下，政府强调效率标准，关注服务供给者和顾客之间的竞争关系。在治理模式下，政府的目的不是狭隘的统治和效率，而是建构公共价值。

政府的行为与政治和管理形式有关。通过区分输入（政府作为政治整合的一个手段）和输出（政府作为实现福利国家功能的一个手段，基层政府可以区分为两种类型：一是功能地位不高但是作为表达社区身份的一个单位，二是既作为强有力的服务提供者，也作为与身份相关的政治领域），其中，输入端强调基层政府是构建和表达地方政治同一性的场所，输出端强调基层政府的职责是任务的执行和服务的提供。基层政府有三种社会角色："身份表达"，社会福利，"生活方式协调"（通过社区治理作为生活方式的协调者）[③]。身份表达是基

[①] ［英］安德鲁·海伍德：《政治学核心概念》，王浦劬主编，中国人民大学出版社2012年版，第19页。

[②] Gerry Stoker, "Was Local Governance such a Good Idea? A Global Comparative Perspective", *Public Administration*, Vol. 89, No. 1, March 2011, p. 15.

[③] Gerry Stoker, "Was Local Governance such a Good Idea? A Global Comparative Perspective", *Public Administration*, Vol. 89, No. 1, March 2011, p. 19.

层政府的一个重要功能，它表达了市民的身份属性，即他们是在哪里出生、在哪里生活的。社会福利是基层政府的核心功能，主要是在公共安全和基本福利服务中，现在已经发展到更广泛的范围和更高的层次。生活方式协调表明基层政府的功能逐渐转向社区治理，以促进社区居民的福利。一个可持续的基层政府能够将这三种社会角色最大程度地结合（如表1-3所示）。

表1-3　　　　　　　　　　基层政府的角色

	身份表达	福利提供	生活方式协调
政治方面	代表的	集体的	网络的
管理方面	未发展	参与者	跨边界
政府间关系	弱自治	整合的	整合的、强自治

基层政府是地方政府的最基础层级，它不具有主权，隶属地方政府。基层政府的主要职能是进行社会治理和提供社会服务，基层政府还有一个更为重要的职能是促进基层社会自治。正如有学者指出，基层政府的重要性在于，一方面它能体现出公共行政的必要性，基层政府能够扩大公众参与和促进政治教育；另一方面它因更加接近人们的日常生活而被认知和理解，尤其是作为基层自治的一种模式，基层自治能够让人们通过面对面互动来管理自身事务。[①]

第二节　从结构到主体：城市基层治理研究路径

一　从"总体性社会"到"原子化个人"

改革开放以来，基层社会在组织方式、结构功能上都发生了重大变化。综观中国城市基层治理40年来的变化历程，从"单位中国"到"社区治理"，基层治理一个很重要的变化是治理对象的变化，即从"总体性社会"转变为"原子化个人"。治理对象的变化使得治理

[①] 周庆智：《基层治理创新模式的质疑与辨析》，《华中师范大学学报》2015年第2期。

的结构、功能、方法都发生了一系列变化。这些变化最为突出地表现在社区领域，从社区研究出发，可以很好地窥探基层治理的变革。

早期关于城市社区的讨论主要围绕社区服务和福利，以回应计划经济和单位制衰退带来的新问题。中华人民共和国成立初期，城市人口主要居住在以单位为基本单元的社区里，这些单位社区不仅是重要的住宅区，也是集体主义身份和情感的来源。单位作为资源分配的中心，给单位里的成员提供从基本需求到社区生活的所有服务，履行着重要的社会、政治、文化、城市的功能。而民政部只是针对相对小众的不属于国家单位的那些人提供福利服务。居委会作为基层组织的一个具体形式，用以组织那些不属于单位的城市居民。单位成为城市社会结构的基本单元，单位制也因此成为我国政治制度和社会制度的基本组织制度，单位制作为基层社会管理体制被视为适应计划经济体制的"空间重组"①。单位体制具有"政治性、全能性"特征，配合了国家对整个社会体制的选择，即集中分配社会资源和高度一体化的政治体制和行政体制的需求，在资源分配、社会调控和组织管理三个方面，构成了整个社会调控的基层体制。可见，单位制形塑了中国"总体性社会"结构。

随着经济的发展，计划经济转变为社会主义市场经济，政府关闭不盈利的国有企业，而私营企业、外资企业不断涌现，这使得城市的政治和社会体制基础——单位——变得无关紧要。作为传统组织基础和社会服务的供给机制，单位的解体具有重要意义，它使城市中产生了权力控制较弱的政治空间，许多人不再获得基本社会服务，失业增加，在公共部门外就业的劳动力猛增。原本在"单位"里的人，越来越多地成为"原子化"的个体存在，人们的生活需求发生了很大的变化。单位制解体后，原来由单位承担的社会福利功能要么转移到个人（如住房），要么由市场承担（如健康服务），要么转移到社区（如个人社会服务）。社区替代了单位制成为城市居民社会服务的主要提供者，也成为为城市居民提供安全网络的所在地。政府通过调整社区工作人员，加强培训，提供更高的工资和更好的待遇，使年轻

---

① 路风：《中国单位体制的起源和形成》，《中国社会科学季刊》1993年第4期。

人、高学历者成为社区领导，使得居民委员会更加专业化。然而，有限的资源、缺乏政治权威使社区很难为居民提供重要的服务。

2000年，国家发起了"社区建设"运动，社区被认为是社会、政治和行政组织的基本单位，其目的是将社区作为城市治理的新基础单元，建立一种基于社区的新管理体制。文件指出，社区建设是促进社会发展、提高生活水平、扩大草根民主和维持城市稳定的重要工具。社区建设的目标是实现城市社会的重组和重构，一方面通过提高地方政府解决当地问题的能力来增加地方政府的权力，另一方面鼓励社区在服务提供中发挥更积极的作用。社区建设的提出表明政府决定扩大社区服务供给的范围和目标人群，扩展社区工作范围，增强整个基层组织建设。这也意味着最初的社区服务思想逐渐转变为更广义的社区建设概念，社区不再局限于服务和福利提供问题，而是被赋予了更多的责任，包括文化、健康、环境、教育、道德、治安、基层民主和党建。自此，社区迅速从一个相对抽象的概念转变为一个具体的制度模型，成为政府思考和解决城市社会问题的新方式，政府通过推动社区发展来解决经济改革和社会变迁所带来的基层问题。社区成为"原子化个人"进行交流的原初场所，人们通过参与社区活动，使个体习得社会文化和群体价值，并将其逐渐内化，从而改变行为模式，使"原子化个人"变成可以互动协作的"伙伴"。同时，社区也成为新型社会福利体制的基础，被看作培育社区感和幸福感的一个重要的场所。社区还被赋予了有限的政策自主权，具有一定的政治角色，通过提高社区民主来加强政治建设。

二 基层治理结构及分析路径

（一）基层治理结构及社区模式

在中国，基层治理更多还是基层政府的社会治理，而不是基层社会的自我治理。就目前来看，基层政府还是权威性资源配置的中心，在市场和社会领域仍具有支配性力量，在基层治理上发挥着决定性作用。传统的地方政府结构表现为每一层级的政府部门都属于条块关系的一部分。每个部门都有自己的控制领域并极力地保护其所拥有的特权，因此，不同部门的法令和规则以及各个层级的政府常常是很难协调的。这种结构使政策制定和执行更加复杂化。现有的城市治理结构包括三个官方机构和一个非官方机构：市、区、街道和社区。尽管社区不是正式政府结构的一部分，它没有法定权力，也不是法律意义上的实体，法律规定社区是自治组织，但在现实中社区更像是街道政府的一个延伸。正如学者指出，"在城市治理过程中，作为决策政府派出机构的街道办俨然变成了社区的领导机构，虽然社区居委会名义上是自治组织，但实质上却一直在担当政府'形象代言人'角色"[1]。大多数社区拥有居民代表大会和社区居委会。居民代表大会成员包括来自政府、单位、街道办、党组织、社会组织的成员和居民。在理论上，居民代表大会制定决策，包括选举社区领导、赞同发展方案和预算、改变社区规则等，然后交由社区居委会执行。然而，在实践中，社区居委会拥有更大的权力，大多数社区决策都是由社区居委会制定，然后再发布给居民。从社区居委会的领导产生方式来看，通常由三种方式产生：任命、间接选举和直接选举。任命是社区领导产生的一种标准方式，中国《城市居民委员会组织法》规定社区领导需要由居民或代表大会选举出来，然而大多数社区领导并不是选举出来的，而是由街道来任命的。正如学者指出，"宏观的国家行政体制和微观的基层自治之间存在着一种结构和运行逻辑的错位，以居于绝对强势地位的压力型行政运行模式和居于绝对弱势地位的居民自治的民主化基层治理的同时存在为特征"[2]。近年来，间接选举和直接选举更受到关注，因为它们改变了社区领导产生的传统方法，对社区未来发展具有更大的意义。有研究表明，领导选举的方式会影响社区领导特征，如果社区领导是被任命的或是通过间接选举产生的，那么一般而言，社区领导会有较高的学历、行政经验，且年龄通常小于 45 岁。而如果是被直接选举出来的，那么社区领导会有多样化的特征。社区居委会负责管理和监督其他部门，其功能对应于中国《城市居民委员会组织法》规定的居委会职责，包括党员活动、计划生育、安全保障、社

---

[1] 王岩、魏崇辉：《基层社会治理的理性认知与实践路径探究》，《中国行政管理》2016 年第 3 期。

[2] 吴毅：《双重边缘化：村干部角色与行为的类型学分析》，《管理世界》2002 年第 11 期。

会调解、服务文娱等。一些社区还建立了解决特定问题的部门，每个部门由居委会的成员领导，辅之以志愿者、单位代表、社区代表大会成员、有特殊利益或技能的居民等。就开放性而言，尽管居民代表大会和社区会议面向社区居民开放，但是居民在协商中所起的作用非常有限，对居民来说，只有当被讨论事项与他们相关或有诉求想要表达时，他们才有想法去参加社区会议，而在做决策时居民又被要求离场。而且，在多数情况下，社区决策并没有正式的会议通知，这使得社区居民很难参与，也没能对政策产生重要的影响。社区的预算大多数是由街道政府和地方政府提供的。街道从上级政府那里获得大部分的活动资金，也可以从地方税收中获得一些资金，这部分资金由社区收取，还有一些资金来自个人或企业的捐赠，为社区服务付费。社区也可以从优惠的税收政策中获得好处，如社区企业雇用失业人员能够减免部分税收。尽管这能够给予社区一定程度的财政掌控权，但大多数预算还是来自政府，这也是社区在很大程度上听命于政府的原因。

有鉴于此，社区模式大致可以分为三种：强化行政模式、自治模式以及介于二者之间的中间模式。强化行政模式旨在将权力集中在街道政府，社区只是街道政府的延伸，把政策制定与政策执行分开，即社区和街道负责政策制定，社区负责执行。其目标是提升管理效率而不是培育社区参与。可以说，这种模式下的社区与政府间关系类似于传统居委会与街道政府间关系。批评者认为强化行政模式实质上增加了街道政府的权力而不是发展社区组织，因此这种模式是"内卷化"的。与强化行政模式相反，自治模式认为，国家已经不再有资源来解决持续增长的社会问题，因此必须给社区更多的责任。在自治模式中，社区有重要的决策自治权，并被鼓励创造性地解决社区问题。正如一位民政官员指出，只要群众遵守法律并认可党的领导，就可以被允许自主解决问题。介于强化行政模式与自治模式之间，还有中间模式。这些模式主张区分地方政府、街道和社区的责任，并在不同层级间进行互动，共享行政和社会资源来改进社区治理和服务。尽管社区事务仍由地方政府决定，但能够给予社区更多的资源，更为重要的是，社区在执行政策中拥有一定程度的自治权，同时关注培育草根社会组织来促进社区稳定。这些模式给社区治理带来了一些重要启示，如赋予社区和居民委员会更多的自治权,促进社区多元利益表达,培育公众参与。而且,将志愿者纳入社区工作人员队伍,节省了地方行政成本。

(二) 基层治理的研究路径

在治理现代化的背景下考察基层治理问题,"主体能动性的发挥需要结合时代背景进行剖析"[①]。对中国基层治理的研究,大体上可以分为两种不同的取向,一种是关注基层治理结构的变革,即结构学取向的研究;一种是关注基层治理工具的运用,即技术性取向的研究。

结构学取向的代表性观点主要有"内卷化""自组织""网络化"等。"内卷化"观点认为,基层治理的许多事务仍然是在科层制的框架下以传统的公共行政方式运行。有学者从发展目标、行为主体和环境三方面说明当前基层治理中改而不变现象与"内卷化"揭示的现象[②],也有学者指出我国城市社区自治组织改革从"民主化"目标到"再行政化"结果的转变过程,体现出改革中的"国家"角色及其作用是具有多面性和复杂性的[③]。而"自组织"观点认为,基层治理不需要政府干预,甚至不需要协商治理。然而,在实践中,我们常常发现政府会直接或间接影响治理网络的运行。正如学者所说,"国家与社会在公共场域的融合和重叠使得中国的基层治理成为国家主导下的基层政府与社会合作治理"[④]。"网络化"超越了"内卷化"与"自组织"之间的争论,提出通过政府、市场与社会来构建网络进行公共政策的制定和执行,相互依赖的伙伴关系和互动行为是治理网络的具体形式。上述观点体现了基层治理在改革和创新过程中的不断调适。在创新实践中,基层治理结构进行着不断的调整。"一方面,基层治

[①] 吴新叶:《基层治理需要跨越科层制范式的藩篱——与王龙飞博士商榷》,《探索与争鸣》2016年第1期。

[②] 马卫红:《内卷化省思:重解基层治理的"改而不变"现象》,《中国行政管理》2016年第5期。

[③] 王迪:《从城市社区改革的失效看"国家"的自主性与异质性》,《新视野》2016年第1期。

[④] 崔晶:《基于公共场域视角的基层政府与社会合作治理研究》,《武汉大学学报》(哲学社会科学版)2017年第3期。

理结构需要应对不断变化的经济社会情境而做出调整，以适应治理变革的需要；一方面，针对体制机制方面存在的问题，着力探索新型的基层治理结构来突破原有的束缚。"①

技术性取向的研究与治理工具的革新存在着内在关联。这种研究路径强调治理的技术和策略，将治理看作政府完成任务的一种方式。新公共管理主张使用已在私人部门被证实了的价值理念和技术，通过私有化和合同外包来提高服务供给的效率，并建立市场或准市场机制来提高服务的竞争性水平，使用绩效指标来评价公共部门的产出。受此影响，政府远距离掌舵，运用绩效指标和市场机制，将政策与执行分开，这些治理工具也被应用到基层治理中。近年来势头强劲的政府购买服务、项目制治理的前提假设就是政府应该设立清楚的目标，运用灵活的激励，将执行功能留给其他组织。互联网技术和大数据进一步推进了治理的技术和工具创新。尽管上述两种路径在基层治理研究中很重要且取得了卓有影响的成果，但还不能完全解释基层治理中所有的问题，我们还需要关注治理过程内在的本质。治理过程就其本质而言是在政策制定和执行中纳入具有不同价值观的行动者，这使得治理变得尤为复杂，很难用结构和技术的分析框架予以解释。

三 基层治理结构的拓展：从科层到网络

治理主体的多元化和治理问题的复杂性，促使治理对资源的相互依赖以及服务的整合需求日趋凸显，治理结构从科层拓展到网络是不可避免的趋势。网络结构通过在许多不同行动者和利益相关者之间进行资源和知识的组合来达到更高效和更适合的解决方案。相比于科层所描绘的静态结构，网络更像是一种动态结构，因为网络更多地关注行动者之间的互动。运用网络来描述互动模式是了解核心行动者和外围行动者在网络中角色关系及行为的一种非常重要的方法。

在治理过程中，网络结构主要表现为三种类型：政策网络、服务供给网络和治理网络。（1）政策网络主要是基于政治科学传统，关注决策的制定和效果，以及政策问题和议程设置中的权力关系，即参

---

① 周庆智：《基层治理创新模式的质疑与辨析》，《华中师范大学学报》2015年第2期。

与政策制定的行动者和那些有权力制定政策的行动者之间的关系。政策网络认为水平网络中存在权力不同，某些行动者可能不被允许进入网络。这类研究可以回溯到20世纪60年代关于权力的诸多讨论。传统的政策制定过程大都是自上而下的单向路径，而现代的政策制定过程由于纳入了多样化的行动者和治理目标而变得复杂，这种"复杂性促成了治理网络结构的生成"[①]。（2）服务供给网络采用组织间关系视角，把网络视为服务提供的工具，其关注点在于如何协调和改进服务和产品的提供。服务供给网络指出，组织间协调是网络固有的问题，有效参与需要的技能和行动者之间的日常互动在网络中十分重要，因此，应该更多地聚焦如何构建共同提供服务的网络。在一些特定领域，如医疗卫生和社会服务，组织间形成的网络在提供更为复杂的服务中发挥了重要作用。有研究关注了消费者如何与服务供给相关，并突出了绩效指标、市场激励和消费者的影响，进而提出共同生产理念。（3）治理网络回应了公共行政的传统，强调政策制定的复杂性。它关注现有的政策制定和执行网络，以及网络中政策行为过程，通过连接治理网络与传统的组织机构，试图重建或改进网络以增强公共治理的合法性。治理网络中的伙伴关系被认为是新的有效治理形式，因为公私主体之间的联盟会带来更高的效率和更好的产品。治理网络被看作一种组织形式，网络中的行动者之间并非松散的关系，而是强调组织特征和程序，以此来形成行动者的策略，并关注行动者之间的协商过程和包括可能的结果，以及行动者在找寻解决问题的可行方案时产生的价值冲突。

在治理改革和创新过程中，地方（基层）政府致力于探索并构建网络化的治理结构。如英国政府提出的"第三条道路"和"联合政府"、中国政府提出的"政社互动"和"基层协商"都表现出了治理网络结构的特征，即组织间通过联合行动来提供更加整合的服务。布莱尔领导下的工党宣称要走介于国家中心的福利主义和激进自由市场的个人主义之间的"第三条道路"。根据吉登斯关于第三条道路的阐

[①] Erik Hans Klijn , "Governance and Governance Networks in Europe", *Public Management Review*, Vol. 10, No. 4, July 2008. p. 505.

释,社区是新政治的基础,社区的第三条道路并不意味着是对传统价值的回归,而是进一步推进邻里、城镇和大城市的社会和物资重建的一种实践方法。吉登斯将社区角色聚焦于解决城市衰退和犯罪问题上。在这种场景下,培育和动员社区参与是为了帮助警察和其他国家机构实现公民秩序的回归。不同于新社区主义自下而上的方法,第三条道路更像一种合作形式,也即是说,国家发起行动,激发和指导社区行动。而"联合政府"强调政府与利益相关者之间合作的重要性,主张更好地使用可获得的资源和更强的协调来提供服务。中国基层开展的"政社互动""三社联动"和"基层协商"创新实践强调政府与社会和个人的互动与协商,主张治理改革需要赋予公众更多的权力,使他们能够影响服务供给和决策制定。需要指出的是,尽管许多地区涌现出关于网络化治理的政策文件和实践探索,但由于情境不同,我们必须谨慎而不要过度笼统概括这些地方经验。政策情境、财政支持和来自不同组织的必要资源都会使治理网络结构形成不同的特点。考虑到治理网络中的可能张力,有学者指出,中国基层社会治理的现代化转型面对着多重张力。"在政策制定和执行方面,既需要走向西方国家已经经历过的官僚制的标准化和规范化阶段,同时西方国家今天经历的后工业化时代的灵活管理、分权化等公共行政理论又影响我们基层治理的理论和实践。"[1]

四 基层治理网络的限度

尽管网络被认为是对传统危机的应对,但这并不代表治理网络的产生和运作就没有冲突。对各种形式的治理网络实践进行观察可以发现,有些治理网络不总是促进合作,也不会必然形成"更好的解决方案或更加民主的过程"[2]。这种失败的原因有很多,如网络治理机制的水平问责过程与代议制民主的垂直问责程序之间存在张力;复杂性更多地被看作协调问题,即如何有效连接多样性的行动者,

---

[1] 崔晶:《基于公共场域视角的基层政府与社会合作治理研究》,《武汉大学学报》(哲学社会科学版) 2017 年第 3 期。

[2] Michael Haus and Jan Erling Klausen, "Urban Leadership and Community Involvement: Ingtredients for Good Governance?", Urban Affairs Review, Vol. 47, No. 2, 2011, 256 – 279.

而不是价值问题,即如何连接不同行动者的价值判断,因此,主体本身在很大程度上被忽略了。由于传统的公共管理者是在一个确定的组织里工作,具有清晰的科层制目标和指定的管理职位,而治理网络结构中的公共管理者角色与上述表述却完全相同,有学者指出,"公共管理者常常缺乏清晰的权力和权威结构,他们也会受到缺乏清楚目标结构的困扰"[①]。缺乏清楚的目标结构主要是因为网络包含着许多具有不同目标的行动者,且公共领域中的管理活动也不同于经典的组织管理。总而言之,需要不断培育和扶持治理的网络结构,主要方法包括激活行动者,在行动者之间形成和维持共识的利益目标。尽管网络治理要求一个不同的政府形式,但这绝对不是缺乏积极性的政府。

第三节 社区发展:城市基层治理的新策略

一 社区治理与社区发展

面对人们日益改变的生活方式以及现代生活复杂化所带来的挑战,社区治理成为解决复杂性问题的一种方案,因为它使地方性知识和行动连接成一个广泛的学习网络,通过形成地方性的解决方案来应对这些复杂性问题带来的挑战[②]。作为实现特定政策输出的一部分,社区成为治理的一个必要过程。社区不再处于国家的对立面,而是作为政府的一个合作伙伴,成为解决社会问题的核心部分。近年来出现的"通过社区治理"表明,与社区相关的专业和技术知识越来越多地与政府治理实践相结合,出现了一大批"自治项目",旨在动员社区参与,协助环境和治安管理。"通过社区治理"的重要性在于,社区不再被简单地看作政府治理的对象,而是治理主体的一部分,并成为促进政府治理的一个有益补充。正如学者指出,"社区'治理平台'的兴起于促进型政府的建设,以及积极公民塑造基础上的道德驱

---

① Erik Hans Klijn, "Governance and Governance Networks in Europe", *Public Management Review*, Vol. 10, No. 4, July 2008, p. 505.
② Gerry Stoker, "Was Local Governance such a Good Idea? A Global Comparative Perspective", *Public Administration*, Vol. 89, No. 1, March 2011, p. 16.

动型治理与竞争性资金制度下的行为诱导式治理。'治理平台'既是社区的'试验场',社区作为政府治理技术试验场,使一系列制度转型得以落实到具体的政策执行层面,如社会福利制的推行、社区参与的发展、社区志愿服务的发展等,也是社区从治理对象向治理主体的转变"[1]。

很难界定社区治理的真正起源,因为它与社区进步的理念相关,西方的社区治理兴起于20世纪60年代。学者指出,从60年代开始,与移民、工业化、城市化和贫穷有关的社会动乱和问题在许多地方逐渐增加。社区观念开始具体化而不只是描述上的意义。社区被看作一种组织形式,社区成员能够组织起来反抗国家。在这里,社区成为一个描述某种地方的、集体的机构,如社区行动主义、社区政治、社区赋权。在这一模式中,社区能够对政府提出各种要求,包括公民自由权的运动,更好的服务,城市发展,反对跨国公司的活动,等等。从积极方面看,这些社区行动能够形成一种机制以使普通人面对政府的威力。社区主义运动使社区概念得以广泛流行。社区主义将道德置于议程的核心,用以抵抗过分强调个人主义而造成的社会道德结构的崩溃。作为回应,它的目标是启动道德上负责任的社区行动作为介于激进个人主义和过度国家主义的中路径的一种方法。社区主义强调需要"从个人权利转向社会与集体责任相平衡"[2]。我国早期关于社区的研究是由费孝通等第一代社会学家在20世纪30—40年代提出的,费孝通认为,"以全盘社会结构的格式作为研究对象,这对象并不能是概然性的,必须是具体的社区,因为联系着各个社会制度的是人们的生活,人们的生活有时空的错落,这就是社区,每一个社区有它一套社会结构和制度配合的方式。因此,现代社会学的一个趋势就是社区研究,也称作社区分析"[3]。而社区第一次出现在政府话语中是在20世

---

[1] 黄晴、刘华兴:《治理术视阈下的社区治理与政府角色重构:英国社区治理经验与启示》,《中国行政管理》2018年第2期。

[2] Vicky Totikidis, Anona Armstrong and Ronald Francis, "The Concept of Community Governance: A Preliminary Review", Paper Delivered to the GovNet Conference, Sponsored by Monash University, Melbourne, November 28-30, 2005.

[3] 费孝通:《乡土中国》,生活·读书·新知三联书店1985年版,第94页。

纪 80 年代中期，民政部首次提出了社区服务，并在 90 年代中期提出社区建设战略。根据民政部的文件，社区是城市治理体制的两个最低层级的地域区划，即街道办公室和居民委员会。根据这种表述，社区不是自然的社会组织，也不是由共同身份形成的，而是政府划分的基层行政单位。因此，城市社区有三个关键特征："每个社区都有一个清晰划分的领域空间，社区的本质和功能由政府决定，社区履行大量行政角色。"[1]

现代社区在公共部门中的应用与早期的社区意涵并没有太多关系，而是政府意识到社区有别于政府的需求，因此需要在社区层面特别地介入。社区治理产生于人们认识到社区面临的复杂问题超出了政府服务供给范围，不能被个人或部门独自解决而需要协作，因此，社区治理同时需要政府和其他主体。有研究发现，社区治理的出现主要是因为"地方政府的分解职能"，地方政府有许多组织和机构，各种特定目标的机构，如医疗卫生、教育、房屋机构等通过转移地方政府的部分责任使政府分解职能，这种分解职能由于竞争和外包变得更加复杂[2]。学者运用社区这一术语来研究社区决策，提出了一系列重要问题，如谁治理？谁做决策？谁对决策者有最大影响？重要的政治决策是如何做出的？还提出决策者之间的关系问题。社区治理关注组织做什么而不是人们有什么，它能够解决一些问题，这些问题是个人或市场、政府等单独无法解决的，因此更好地体现了善治方面。已有研究提出了有效治理的三个要素，即公民参与、绩效测量、政策执行（如表 1-4 所示）[3]。社区治理的一个关键问题是社区成员在多大程度上能够参与决策过程。

---

[1] David Bray, "Building 'Community': New Strategies of Governance in Urban China", *Economy and Society*, Vol. 35, No. 4, February 2007, p. 530.

[2] Vicky Totikidis, Anona Armstrong and Ronald Francis, "The Concept of Community Governance: A Preliminary Review", Paper Delivered to the GovNet Conference, Sponsored by Monash University, Melbourne, November 28-30, 2005.

[3] Martha Marshall, Lyle Wray, Paul Epstein and Stuart Grifel, "21st Century Community Governance: Better Results by Linking Citizens, Government, and Performance measurement", paper delivered to Quality Congress, sponsored by the American Society for Quality, Annual Quality Congress Proceedings, Milwaukee, 2000.

表1-4　　　　　　　　　　有效治理模型的要素

要素	定义
公民参与	吸纳公民参与，使用公民的广义，包括个人、群体、非营利组织
绩效测量	形成指标和收集数据来描绘、报告和分析绩效。测量能够应用于政府服务或社区情况
政府的政策和执行	公共政策决策形成，运用的策略、资源以及执行这些决策的行动，这些要素包括计划、预算、执行、评估政府运行

社区发展不同于市场发展和政治发展，正如学者指出，"市场中的主体往往遵从成本—收益逻辑，与之相联系的是契约机制和惩戒机制；政治场域中的行为遵从的是权威—付出逻辑，与之相联系的是服从机制和强制机制；社会场域中的主体遵从的是信任—认同逻辑，与之相联系的是认同机制和排斥机制"①。鉴于此，社区发展有其特定的领域和方式。学者提出了社区治理的六项原则："一是地方政府的关注点需要从服务提供扩展到所有福利领域，二是如果地方政府能够赋权社区，那么地方政府在社区治理中的角色才被认可，三是地方政府需要意识到其他组织的贡献，地方政府的任务是赋能而不是控制，四是地方政府需要保证社区所有资源都被用于服务社区，五是为了更好地使用资源，地方政府需要仔细评价需求如何更好地被满足，六是为了表明领导力，地方政府必须要调和、平衡和判断用途和利益的多样性。以上这些原则表明放权的重要性。"②

二　社区发展的不同形式

社区发展可以看作一个过程，这个过程能够生成组织和促进行动，使人们创造出自己想要的社区；还能够提供社区发展所需的观点、计划、方向、协调行动，为改进社区状况付出努力。社区发展的主要内容包括：促进环境可持续，提升社区服务和社会福利水平，以

---

① 褚松燕：《城市社区治理中的关系与逻辑及其整合》，《探索与争鸣》2017年第4期。
② Michael Clarke and Jojn Stewart, *Community Governance, Community Leadership and the New Local Government*, New York: New York Publishing Services, 1998, p. 35.

及社区感培养。社区组织、社区赋权和居民参与是社区发展的三个基本要素（如表1-5所示），可以从政府与社区关系、公众参与程度、互动学习过程等三个维度来区分不同的社区发展形式。

早期城市社区发展采用的是一种强制发展的形式，即通过发展社区基础设施或技术来改进社区生活状况。这种形式的社区发展不需要社区居民和社会组织的输入，也不会产生相互学习的过程（如学习技术、学习如何共同工作、学习地方资源）。强制发展形式尽管能够提供居民个人很难提供的资金和技术，但没能把居民纳入决策过程中，这会引起一些负面效果，如社区对政府的高度依赖、社区发展对居民的排外性，这些都可能会阻碍社区长期可持续发展目标的实现。由于不能赋权居民，因此并不能建立真正意义上的社区。

当前城市社区发展是一种直接发展的形式，这种形式的社区发展更多关注社区结构改进，通常由政府发起项目并实施，并鼓励社区参与。社区和居民直接面对已经被设计好的项目或活动，并被要求提供反馈。直接形式的好处是能够促进居民参与，如当地政府要求居民提供对某一项目设计的反馈。然而这种参与更多是一种形式上的参与。总的来说，直接发展形式是强制发展形式的进一步发展，因为它纳入了社区居民的声音，尽管居民参与还很有限。然而，当居民意见没有被充分考虑时，直接发展形式可能会引发居民的不满和意见分歧。而且，由于项目的设计和发起都是由政府进行的，当地方主政者调任或离任时，项目就不能持续进行了，这在一定程度上会限制创新的可持续。

将来城市社区发展应该是一种自治发展的形式。社区应该是由人与人之间的关系界定的，而不是每个人所发挥的功能。与强制发展形式关注任务完成不同，自治发展形式更关注互动过程，它强调建立机制使居民通过互动来进行能力建设，尤其强调通过互动来产生高水平的学习成果。自治发展形式给居民提供了相互学习的机会，使居民对社区改革有更多的决策权。社区社会组织和居民是社区发展主要的利益相关者，他们共同促进社区发展项目和行动，这会促进创新性和可持续性，有助于归属感和社区感的形成，建立真正的社区。但是，这种形式也存在一些限度，居民通常缺乏技术、时间、资金和专业知识来设计、执行和维持项目。此外，因为过分依赖于参与，这会反过来影响项目的效率和可持续。

可见，强制的发展过程能够促进基础设施建设，但没能回应居民诉求。缺乏居民参与会面临居民反对、冲突产生、过高成本以及依赖自上而下的方式等风险。而参与过程能够使社区拥有更加多样化的选择和自主决策，但很少有居民拥有足够的专业知识和技能来运行必要的发展项目。明确谁是社区的发展者很重要，因为这能够表明社区所需满足的要求是什么，以及社区发展的行动路径。尽管社区社会组织也被认可为社区治理的合法主体，但在社区治理、伙伴关系、政府赋权等方面却存在许多潜在的冲突目标。一方面，政府对社区社会组织一直持模糊和变化的立场，另一方面，社区社会组织被看作社区自治最重要的主体，但在权力的"下放"（从中央到地方、从地方到社区）中并不在场。近年来，政府逐渐认识到社区社会组织在社区中的重要功能，尤其是发挥了连接国家和草根之间的中介作用。

社区发展既包括改善社区设施和保护社区环境，也包括社区里个人的发展（如身体、精神、情绪健康、教育层次、特殊技能等），以及个人的社会心理和人际发展即社会关系。从这个意义上说，社区发展成为提高人们幸福生活质量的一个新路径。人们对社区幸福生活的感知可以通过两个要素来衡量：社区归属感和幸福获得感。社区感是一个心理学概念，它指一种共享信念，即社区成员的需求能够通过关系和承诺来满足。研究发现，当人们意识到能够从社区获得支持，就会帮助他们减轻压力带来的影响，通过对情况更加积极的评价，能够阻止负面情绪的产生。社区感以及随之产生的效能感能够激发人们积极处理困难的能动性。社区归属感是一种高度的社区感，它表明社区成员有信心对社区拥有控制权，并相信社区有能力满足他们的需求，表现出强烈的情感纽带和投入。社区归属感能够"预测并优化居民的参与行为，让他们认为这些行为能够满足自身的生理和心理需求"[1]。

---

[1] Ngai Ming Yip, Terry Tse Fong Leung, and Ronggui Huang, "Impact of Community on Personal Well-being in Urban China", *Journal of Social Service Research*, Vol. 39, No. 5, July 2013, p. 675.

幸福获得感在很大程度上会受到社区归属感的影响。而社区归属感和幸福获得感与社区邻里的关系密不可分。在社区，邻里关系表现为邻居间的社会互动和相互支持，如邻里之间的互借互还，或是非正式的邻里守望。有学者将城市社区邻里关系的构建视为一个过程，这个过程建立在理性和情感的行为以及工具性和社会性的关系上。他提出了四个因素：相互依赖、交易、情感、纽带，认为相互依赖和交易产生于邻里之间的互动，体现为邻里间的行为方式。相比而言，交易是更加客观且具有结果导向的，而相互依赖则更多与主观情感和团结观念有关。不同于上述的工具理性，"情感和纽带产生于社会关系，体现出价值理性的特点，纽带将情感融入社会关系中"[1]。邻里行为会增强人们的主观幸福感，而社区感有助于居民的幸福感获得。因此，政府努力提高城市居民的幸福感，关注居民的精神状态，通过提高社区感提升居民生活的满意度，这都是政策设计中需要注意的。

表1–5　　　　　　　　　　　社区发展要素

要素	社区组织	社区赋权	居民参与
内涵	社区组织（社区居委会、业委会）反映了个人和组织一起工作来实现共同的目标和愿景	赋权社区是赋予社区居民拥有和使用资源的权力。资源包括内部资源和外部资源，主要用于满足各种需求，从基本需求（食物、住所、收入）到更高层次需求（社会互动、支持，自我发展）	人们与社区连接的方式，有归属感，想要照顾社区
功能	共享愿景 社区参与 合作行为 社区引领	获得资源 共享权力 决策制定中的分权	归属感 关爱感 地区感 多元价值

三　社区发展的限度与突破

基层社区建设尤其是城市社区在基础设施与服务提供方面得到普

---

[1] Blokland, Talia, *Urban Bonds: Social Relationships in An Inner City Neighborhood*, UK: Cambridge Polity Press, 2003, p.7.

遍改善，如学者所言，"国家'社区建设运动'的双向互动与社区自主性力量的生成，培育了大量社区服务类组织，开发了志愿服务、互助服务、中介服务等资源，满足了居民个性化的物质精神需求"①。然而，也存在一些亟待解决的重要问题。社区并不是政府的法定部分，实际上却履行着政府的一些功能，完成政府下派的任务，是政府职能在社区层面的延伸。近年来，"基层政府通过目标考核、业绩考核与奖惩机制等方式日益强化对社区的控制"②。对社区治理来说，一方面是"琐事多、压力大、任务重"，一方面是缺乏训练有素的行政人员，这构成了社区发展的最大阻碍。为此，社区开始引入竞争性考试，基于道德和公开民主的选拔方式，通过培训和提高工资来招募专业的社区工作者。在参与方面，尽管越来越多的中产阶级参与到社区治理中，但大多数"活跃分子"仍然是那些领养老金的、缺乏行政技巧和技能的人。

社区发展的另一个阻碍是合法性模糊问题。尽管社区改革实践得到党和中央政府的许可，但社区一直没有合法性身份。许多社区是由居委会合并而成的，它们遵循的是1982年通过的法律，与当前的情境毫无关联。相比于其他社会实体，社区目前还没有法律来描述其职责、权力以及与政府的关系。概念的模糊性导致缺乏一个理论和政策框架来指导社区发展，社区发展过程多是零碎的。一些社区利用法律的模糊性来尝试政策创新，然而由于缺乏法律地位而限制了社区发展。由于没有法律地位，社区运行完全依赖于地方政府的决定。例如，尽管中国《城市居民委员会组织法》规定社区实行直接选举，但许多社区的领导都是街道任命的。而且，很难区分社区和居民委员会，这使得社区很难关注为居民服务的首要任务。进一步地，由于社区不是法律实体，他们不能签合同、制定规则等。

社区发展的第三个阻碍来自公众不参与。受到传统行政习惯的影响，社区领导委员会会议很少对公众开放，官员更多是维持秩序

---

① 樊红敏、刘晓凤：《共生理论与有机社区——城市有机共生社区建设模式的提出与构建》，《马克思主义与现实》2017年第1期。
② 肖唐镖：《城乡基层治理"复合性危机"观察》，《人民论坛·学术前沿》2015第3期。

和完成任务而不是培育社会发展和公众参与，他们认为社区的主要目标是确保与政府政策保持一致。而居民也不认为社区会代表他们的利益，且他们的参与并不会给社区带来任何影响，因此对参与没有热情。有社区领导指出，大多数居民并不知道什么是社区，更不用说他们在社区中的角色是什么。社区概念一旦解释给当地居民，他们便知道如何从服务中获得好处，也会感到更具有支持力。因此，政府需要通过强调社区的重要性来提高居民的参与意识，并鼓励他们积极参与。

由于社区改革试验呈现出多样性和差异性特征，因此我们很难对正在进行的社区改革试验进行评估，尽管如此，可以通过民政文件提出的目标进行衡量，即在新经济环境中整合社会服务，使地方政府更加有效，共享资源和专业知识，提高政府合法性，改进生活质量，培育社会参与，加强党的作用。党和政府在社区发展中的引领作用是一个重要问题，社区能否成功发展的一个重要前提是党和政府是否能够有效地赋权社区。社区发展主要有两种选择，一种是政府主导社区发展，另一种是让居民自我管理来推动社区自我发展。就目前来看，社区发展由政府主导，这对早期的社区发展具有积极的推动作用，但也会产生一些弊端：一是将居民参与限制在社区建设中，二是不仅不能减政，反而增加科层层级。许多地方官员以看待居委会的方式看待社区，将社区看作地方权威的下一个层级，把社区作为政策执行的工具，加强政府的管制。当社区被纳入地方政府结构中，社区就不可能拥有重要的决策自治权。除非社区权力被清晰界定，尤其是与地方政府的关系，否则社区很难在决策中扮演重要的角色。因此，加快社区建设，需要政府转变行政功能，改变"无所不包"的行政模式。只有当社区独立于政府，才有可能实现自治。可见，社区发展试验的成败能够使我们洞察城市政治发展的过程。社区建设不是政府简单的重构，而是一个对社会发展具有重要影响的深度改革。社区建设应该扩大地方民主（政治改革），转变政府的职能，改变街道和社区之间的关系（体制改革）。

第四节　城市基层治理的合法性建构

经济改革提升了人们生活水平的同时，也加剧了收入不平等和失业，导致持续增加的社会不满和政治张力，严重破坏了人们对政府的信任。政府通过分权释放一些功能，促进公众参与，拉近政府与人们的距离，进而提高其合法性。合法性通常被看作统治者与被统治者间的关系，治理的合法性提出了一个重要问题，即被治理者是否接受治理者作为合适的人选。在基层层面，由于政府项目与居民日常需求有鸿沟，政府希望社区通过其"更加接近群众"的优势来建立国家与社会的联系，并解决居民日常生活问题，社区治理过程促进了城市社区发声。社区参与不仅让人们在解决与自身利益相关的问题上更加富有责任，还能够提高政体的合法性。需要思考的是，治理在基层层面的合法性是什么？基层治理的合法性是怎样被建立起来的？

一　合法性的基础与情境

合法性对于治理体制来说非常必要：它能够将权力转换成权威。在民主治理背景下，输入的合法性发生了重要变化。利益相关者主要通过合法选举的代表、专家或共享身份、直接在场等方式来表达诉求。传统代议制民主是基于决策者的选举合法性，咨询者凭借专家经验在政策构思中占有一席之地。治理的发展推进了利益群体代表和直接参与，使政策能够通过合作协商来形成。与传统的代议制民主相比，利益群体代表和直接参与让公众和社会组织有机会进入原来看似很遥远的决策制定过程，从而增加了政策产出的民主合法性。

分散决策的权力要求重新关注合法性的问题，权力的使用不再是正式的、清晰的过程，而是一个治理过程。参与协商民主理论指出，当所有受到决策影响的人们直接参与真正的协商时，他们才能够达成共识，从而使政策产出具有合法性。合法性具有情境性，尤其是在社会规范和制度结构发生变化时很容易受到挑战。当权力控制下的人们相信权力时，权力就具有合法性。合法性并不是一个由体制给予的理所当然的品质，而是一种被建构出来的品质，合法性问题表现为人们是否能接受这一事实或过程。

二 基层治理的合法性建构

在基层治理中，治理项目可能会包含完全不同的合法性基础，可能体现为遵守社会正义的道德原则，也可能是韦伯的传统魅力型领袖原则。在这种情况下，评价合法性的一种方法通常是假定一个首要的规范并将其作为一个优先的、给定的框架。但是，目前还没有清晰的依据来选择任何一个标准（来自一个民主理论特定的分支）。在这种情形下，可以引入行动主义的价值作为合法性被认可的基础，即基层治理的合法性在一定程度上取决于那些嵌入基层治理过程中的行动者的能力。

社区组织（社区居委会）作为基于社区的具有一定治理结构的组织，是基层治理的主要行动者，它能够实现合作治理和社区参与的目标，社区居委会的管理者（通常是社区书记和社区主任）被认为是基层治理的重要主体。然而，当合法性被看作代议制民主传统或是更为狭隘的现代协商民主立场的标准规范时，社区组织的合法性就会显得较为脆弱且易受到挑战。通过访谈城市社区居委会的管理者来探讨基层治理的合法性问题，并通过考察当地文化和合法性规范在基层治理中如何相互作用来产生、维持和破坏合法的社区组织。需要思考的是，指导基层治理实践的正式和非正式的规则是什么？在基层治理过程内部和外部如何表达诉求和意见？在某种程度上，任何一个社区都可以选择成为政策试点的对象，这给社区发展提供了功能和目标上的共性。基层政府可以自主决定这些试点社区是如何被选择的以及基层政府所应扮演的角色。研究数据来自对基层政府、社区管理者和社区居民的半结构访谈以及与此相关的文件资料分析。访谈的主题包括社区组织目标，合法性的来源，合法性是否显著，社区组织与基层政府、社区居民的关系。需要指出，由于关注的是社区组织，访谈不可避免地会涉及个人合法性问题，这也提出了基层治理过程中管理者品质的重要性。我们还召开了座谈会，与受访者共同讨论合法性是如何实现的。在多数情况下，基层政府在上级政府工作指导下规划了社区的发展，考虑到上级政府的考核与回应，他们的感知和解释成为基层治理合法性建构的一个重要因素。通过访谈社区管理者和社区居民，尤其是那些在社区里不怎么活跃的居民，有助于全面了解基层治理的合法性来源。在访谈中，我们基于一系列规则和实践，以及正式和非正式的治理过程来建构基层治理合法性。

（1）正式的治理结构。在法定框架内，基层政府对社区组织的成员身份和管理者选择上采取了不同的规则，选择范围包括所有有资格的社区成员，以及由社区组织推荐的社区领袖或由基层政府任命的管理者，这使得正式民主与有效性（了解管理者的专业素质和能力）之间能够达成平衡，这一原则体现了选举民主的特征。社区组织扮演着重要角色，它们通过宣传、沟通等方式使那些不会主动参与的社区居民加入进来。在治理过程中，信任的合法性来自实实在在的产出，如促进社区发展，提高生活品质，让居民感到幸福，等等。一些受访者表示，并不是通过沟通就能够发展成为信任，信任的构建还需要维护社区的利益，形成对社区发展有益的能力，排除那些只代表特殊狭隘的或个人利益的行为，以及破坏性或无能力的行为。这一过程也可以通过其他非正式的方法来确保社区组织的行动与社区利益相一致，如通过问卷咨询，社区会议和常规的听证会，让居民直接参与，这可以将提升社区参与水平和增加合法性输出结合起来。有趣的是，居民认为，民主过程和成员资格都不是重要的因素，而有能力的管理者是产生合法性的关键。这表明，合法性的构建不仅要遵守规则，还要基于居民的表达同意，但是，很难判断正式过程的合法性在多大程度上是基于社区居民的表达同意。

（2）非正式的方式。在一些情况下，基层治理的结构和过程并不是健全和充分的，但这并没有影响基层治理合法性的构建。社区组织可以通过非正式的机制与社区成员相联系，如在日常工作或随意谈话中，或是在居民参与社区项目中进行利益诉求表达，或是与社区成员交流，对社区给予回应等都可以通过非正式的方式进行。需要指出的是，非正式机制的发生途径很关键，社区成员需要可以进入社区治理的渠道，这样社区组织才能够通过有效提供服务和给予回应来构建合法性。此外，社区信任也是非正式机制的关键，这源于人们普遍的观念，即居民的意见应该被听到，事情应该被做好，信任可以看作正式结构的一个重要替代。

（3）社区管理者的合法性建构。这里的社区管理者主要指社区书记和社区主任，他们不仅是社区的管理者和项目执行者，也是社区组织内部和外部利益的有效代表。决定社区组织发展的一个重要因素是社区管理者的个人理念以及他们在多大程度上用相似的价值观渗透进基层治理。通常，社区管理者通过判断社区需求来构建合法性。一些研究认为，社区工作人员可能会阻碍社区居民的诉求表达，而社区管理者却常常会得到居民认可，这是因为社区管理者将个人的合法性归因于其代表着社区经验和行为，或是来自特殊的专业知识和外部授予的权威。而对居民来说，社区管理者的合法性还在于管理者的个人品质。实践也表明，社区管理者是社区治理优劣的一个重要因素，而合法性的建构在一定程度上会加强他们发挥积极作用的能力。

考虑到多样化的民主规范和治理结构特征，经验研究并没能覆盖复杂的情境。在不同的情境中，行动者采用不同的合法性规范作为政策执行过程的一部分。尽管如此，实践表明传统的代议制规范仍占据主要地位，这是因为，"合法性并不是凭空产生的，而是在现存的社会和政治过程中表达出来的"[1]。合法性规范会或多或少地受到当地文化和社会话语的影响，合法性规范既可以影响治理过程，也可以是治理过程的产物。人们对治理过程知之甚少，尤其是在自己的社区，这使得社区社会组织在社区治理过程中的合法性得以产生，并在社区建设中发挥重要作用。社区社会组织积极地参与社区治理和服务提供，其合法性取决于所提供服务的质量以及社区社会组织的内部治理。社区社会组织为社区居委会的治理活动提供支持，作为邻里的草根组织，它们在地方合作伙伴治理中扮演着不可或缺的角色。这些角色的合法性原则上体现为外部行为与自身治理过程间的关系。社区社会组织是社区内部的组织，并受到社区的管理，社区社会组织连接着居民和社区，既能确保他们的行为符合社区的需求和愿望，又能在社

---

[1] Cathryn Johnson, Timothy Dowd, and Cecilia Ridgeway, "Legitimacy as a Social Process", *Annual Review of Sociology*, Vol. 32, August 2006, p. 53.

区治理中提供更加广泛的支持。社区社会组织与参与治理相结合,形成了一系列创造性的参与实践,如议事会、协商论坛等。作为一种能够将更多的人纳入基层治理过程的方法,社区社会组织成为居民参与最为简单的渠道,居民的观点通过社区社会组织能够传递到更广泛的政策过程中,它将"邀请"空间和"大众"空间相连接,关注人们的自我诉求表达。

总的来说,基层治理的一个显著特征是将多元主体和参与过程结合起来,在同样多元复杂的治理网络中运行,将多样化的行动者和组织连接起来,将传统的和创新的连接起来,将基于科层的、伙伴的和市场的原则连接起来。基层治理在社区层面的合法性很复杂。正式结构和过程以及代表制和参与因素都会影响合法性的构建,这体现了基层治理的策略性方法,即为了维护社区的善治,规避过度民主的危害。由于基层治理的正式结构还非常薄弱,因此,更多地依赖于非正式的参与过程会使治理变得更加有效和合法。一方面,持续的互动交流过程能够产生可见的回应性并将其输入日常决策中,从而构建合法性,这需要通过社区组织的有效性来予以判断;另一方面,社区管理者的个人特质,如热情、能力、工作方式、领导魅力和承诺等,也能够促进合法性的构建。上述两个方面都会影响合法性,而后者通过自我判断能够产生合法性,这种判断几乎与规则毫不相关,这提出了表达一致同意的问题。目前还不能明确社区的表达同意在多大程度上是必须的,因为社区居民并没有机会选择治理结构,而且,表达同意一旦被建立起来就很难撤回。可见,合法性有赖于正式与非正式过程之间的动态平衡,以及在良好的过程和合适的产出之间进行权衡。合法性的构建需要通过充分的表达同意来得以加强,并通过管理者积极灵活的管理予以实现。需要指出的是,基层治理的合法性构建会根据情形的不同而有所不同,它取决于组织目的、个人以及本土化情境。在多数情况下,社区组织的实践可能与任何一种民主规范都不一致,社区组织实践更依赖于非正式的工作方法,以及输出的合法性,即基于自我界定的社区的"善治"。

第二章　基层治理网络与伙伴关系

第一节　基层治理中的伙伴关系

一　伙伴关系与协作治理

治理概念的界定通常基于两种视角，一种是区分政府与治理，认为政府和治理不同，政府具有合法的、正式的权威和政策权力，而治理是由共享目标的个人和组织合作，他们可能并没有权威和政策权力；另一种是考虑政府与其他主体间的相互依存关系，这种视角把治理看作一个"伙伴关系网络"[1]。基于不同的分析视角，治理也出现了不同的表述，有协作治理、协作伙伴、合作网络、网络治理、政府间关系等。萨拉蒙指出，新治理通过现代化的协作关系来满足人们的需求，并广泛使用治理工具将公共和私人的行动者纳入复杂的网络中，这必然要求一种新的公共管理模式，即强调协作和赋能而不是科层和控制。他认为，"新治理需要新的技能，如协商、协作、赋能、和谐、激励、调解等，激励能够促进参与，和谐能够使人们协作，调解能够激发合作行为"[2]。

近年来，治理文献大量关注了政府与社会组织、公众之间的相互依存关系，以及由此产生的复杂的互动过程，复杂性成为了解现代政府和治理过程的一个重要特征，伙伴和互动成为治理的核心要素。从政府到治理的转变表明，政府已经越来越多地与其他主体共同解决棘

---

[1] Erik Hans Klijn and Joop Koppenjan, "Public Management and Policy Networks", *Public Management: An International Journal of Research and Theory*, Vol. 2, No. 2, June 2000, p. 135.

[2] Salamon, Lester, ed., *The Tools of Government: A Guide to the New Governance*, New York: Oxford University Press, 2002, p. 11.

手的社会问题。治理的目标、规范、行动者以及他们的价值观和行为关系，构成了治理的重要元素。行动者是社会的微观主体，行动者在治理过程中，一方面会受到自身条件（生理情况、经济条件）的限制以及周围环境的影响，一方面也会受到社会结构以及社会规范的约束，而后者的影响尤其明显。借鉴帕森斯提出的"结构功能主义"，他认为，"结构功能主义着重分析整体内各组成结构之间的功能结合关系，及组成部分与整体之间的功能关系，结构和功能是同一事物的两个方面，结构是静态而功能是动态，功能是结构内的过程、结构之间的相互作用以及结构与整体之间的相互作用和过程"[1]。结构功能主义给治理研究提供了一种分析方法，即通过分析行动者之间的关系和行为，以及这些关系行为与社会结构之间的相互关联，来研究治理的过程和各种体制或机制。

在治理实践中，由于多元主体间利益诉求不同，在互动时表现出来的更多是"利益联盟"式的协作关系。相比于更具功能性和更抽象的国家关系或是更具形式的社会关系，协作伙伴关系显得更直接、更形象且更具有意义，它包含了各种不同的行动方式。有学者提出协作治理过程，指出多元主体在这个过程中共同解决由单个主体无法解决的问题。管理者在传统的科层组织和协作治理中的管理方式会有所不同。协作治理强调协商技巧的必要性，"决策来自于相互学习，最终的结果来自于讨论后得到的创造性的解决方式"[2]。协作治理的优势在于，多元主体共同工作比单独工作会更有效，因为资源依赖是必要但非充分条件，不同的资源如金钱、信息、知识、技术必须放在一起来解决问题。此外，资源能够促进组织间互动，通过互动加强共同价值观和目标共识的表达，有利于实现公共利益。当处理复杂公共问题时，政府很难独自解决，需要与非政府组织和公众一同来解决公共问题，而协作会产生有益的效果。通常情况下，协作水平与其所关注的是立场还是利益有关，"立场是人们想要什么，而利益是为什么人

---

[1] 傅正元：《帕森斯的社会学理论》，《国外社会科学》1982年第11期。

[2] Agranoff, Robert, and Michael McGuire, *Collaborative Public Management: New Strategies for Local Governments*, Washington, D. C.: Georgetown University Press, 2003, p. 41.

们想要这些"①，在多数情况下，利益会受到价值观的驱动。从这个层面来看，敌对或对抗过程倾向于基于立场，而协作过程倾向于基于利益。

二 基层治理中的伙伴关系

尽管治理研究取得了很大进展，在国家和地方层面也出现了许多协作伙伴关系的实践，但是在基层治理的研究中应用还很有限。近年来，关于基层治理的研究逐渐转向研究与居民日常生活息息相关的社区机制。在实践中，解决社区多样化、个性化需求的一个最常见的方法是形成协作伙伴关系，在基层政府和社会组织间构建协作关系网络。这一方法的逻辑是社区能够从协作伙伴关系中获得广泛的资源，从而使社区成员的福祉得到改进。协作伙伴关系能够提高社区服务的效率和有效性，通过将不同的行动者聚集在一起共同解决社区难题，从而提高社区治理能力。协作伙伴关系成为提高社区服务能力的一个重要机制。然而，由于缺乏足够的资金支持，或是伙伴关系发生改变等，协作关系网络很难建构或持续。学者指出，大多数社区组织必须回应特殊的利益相关者，如资助者、管理者等，"当他们意识到管理权可能会被削弱或是稀缺的资源必须被分享时，这些主体并不认为协作是最好的方式"②。

在基层治理中，社区通过与基层政府、社会组织和居民建立协作伙伴关系，发展协作关系网络来提升社区能力，解决居民需求。需要思考的是，哪些主体在协作关系网络中是最核心的，这些主体能够回应社区需求吗？哪些主体与重要资源有关？哪些伙伴关系较强而哪些伙伴关系较弱？协作伙伴关系的利弊是什么？本书通过对社区治安中的协作伙伴关系进行研究来回答上述问题。在社区治理中，协作伙伴

---

① Tina Nabatchi, "Putting the 'Public' Back in Public Values Research: Designing Participation to Identify and Respond to Values", *Public Administration Review*, Vol. 72, No. 5, August 2012, p. 699.

② Keith Provan, Mark Veazie, Lisa Staten, and Nicolette Teufel – Shone, "The Use of Network Analysis to Strengthen Community Partnerships", *Public Administration Review*, Vol. 65, No. 5, September 2005, p. 603.

关系作为社区安全策略的一个基本构成，通过在民警和居民、社会组织之间建立协作伙伴关系网络，旨在共同维护社区的公共安全。社区治安中的协作伙伴关系是民警和社区为解决社区治安问题而建立起来的伙伴关系网络，社区主体包括社区居民和社会组织等。协作伙伴关系被认为是维持社区秩序的有效策略，警察通过动员社区居民进行自我防卫，构建协作关系网络来预防犯罪。有学者指出，"根据公民需求解释，协作伙伴关系能够扩大政府责任，加强公民与警察间的伙伴关系，从而促进公民需求表达和监控警察部门行政的有效性和效率，警察部门必须对公民负责"[1]。公民需求解释强调协作伙伴关系在提高警察部门清楚地了解公民需求方面起到重要的作用。而根据公民供给解释，协作伙伴关系会加强社区里非正式的社会控制机制。当社区通过警民协作得以良好的运行时，居民愿意参与监视或监督活动来防止潜在的侵犯者。这两种解释的不同点在于居民在社区治安中的作用，即居民是作为公共安全的需求者还是共同生产者。协作伙伴关系给社区居民提供了一个沟通支持网络，在这个网络中，居民可以表达他们的想法和诉求，同时也给警察提供了获知信息和问题的渠道。

本节对协作伙伴关系与社区治安情况进行考察，研究关注社区特征对协作伙伴关系以及社区治安状况的影响。社区特征体现了社区治安的静态环境，环境主要因素不仅包括宏观的政策和制度环境，也包括了文化习俗、社区人口规模和多样性、法律法规等因素。为了强调案例的多样性和典型性，我们包含了丰富的变量：社区人口，社区年龄，人口比例，购房比例，大学及以上学历人口比例，贫困人口比例。已有研究表明，一些社区特征如社区失能和集体效能感会影响社区的邻里关系，进而影响社区的协作伙伴关系。社区失能是社区不能实现共同目标和解决社会问题。社区失能具有两个特征，即难以管制居民的行为和邻里间缺乏价值共识。在社区失能状况下，非正式的社会控制如相互间密切的关注行为、发现犯罪或违法行为时报警等能够预防犯罪，从这个意义上说，非正式的社会控制是预防犯罪的一个重

---

[1] Cheon Geun Choi, Sang Ok Choi, "Collaborative Partnership and Crime in Disorganized Communities", *Public Administration Review*, Vol. 72, No. 2, January 2012, p. 228.

要机制。而非正式社会控制的可获得性有赖于协作伙伴关系的建立。社区特征如社会失能和集体效能感会影响社区协作伙伴关系的建立，而协作伙伴关系会影响非正式社会控制的可获得性，也就是说，社区失能或缺乏集体效能感会阻碍非正式社会控制形成，相反，集体效能感会促进社区协作伙伴关系建立，促进非正式社会控制的形成。协作伙伴关系通过回应居民需求和提供非正式的社会控制来促进社区治安绩效。研究选取了四个社区作为案例分析来对上述假设进行检验。数据收集包括采访基层政府和社区负责人、警务人员、社区居民和社会组织负责人来获得一手数据，从警务机构获得二手数据。作为数据收集过程的一部分，受访者被要求说明他们参与了哪些活动，以及他们与其他主体间的关系。

G社区：G社区位于城市中心，社区居民大多是企事业单位退休的老同志。社区先后被评为全国最美志愿服务社区、江苏省文明社区、江苏省和谐示范社区、江苏省绿色社区，可以说，这是一个相对有序的社区。G社区的特色在于社区社会组织和志愿者非常活跃。社区从2013年起开展了一系列居民自治化项目活动，让每个居民都能在社区建设过程中协商共治、民主对话，在理性讨论和集思广益中做出具有公共约束力的决策。《美化家园，从我做起》专项公约就是在这个背景下产生的，社区与居民一起利用"民主协商工作方法"中的"卡、归、打"技术，针对小区治安、环境中存在的一些共性问题，引导各方代表从"担忧""改变""贡献"等方面进行了探讨，以"平安社区""绿色社区"为着力点，集中商讨拟定小区公约的事宜。经过几番商讨制定及修改，《美化家园，从我做起》文明公约正式出台。志愿者们在辖区各个楼道内张贴公约进行宣传，使居民能够直接看到，知晓公约的具体内容，同时还在文体活动中穿插邻里公约内容以广而告之。G社区一方面利用网络平台和项目运作等方式，加强信息化管理，整合资源优势，推进网格化管理，形成以"社区、业委会、物业"三位一体的管理模式。设立警务室，开展"六五"普法教育，强化平安社区、无毒社区建设。另一方面，以党建工作为引领，推进党员在社区治理方面发挥作用。社区党委下属2个党总支、5个党支部，有202名党员。其中，公益坊社会组织联合党支部涵盖公益坊入驻的18家社会组织，建有志愿服务团队11支，党员志愿者130余名。在社区的各项活动中，常常不经意地就会"冒出"党员身影，通过策划实施各类公益项目及活动，开展互帮互助活动。

L社区：L社区是新型城市社区的代表，具有人口数量大、结构多元化、国际化社区的特点。社区居民包括来自全国各地的"新苏州"，以及来自美、德、法、韩等国家的"洋苏州"。可以说，L社区是居民高知化的移民型社区。社区形成居委会、业委会、物业公司"三位一体"的运行模式，建立党组织与居委会、业委会、物业公司负责人"交叉任职制度"，从机制上强化党组织对居委会、业委会、物业公司等各类组织的指导、协调和监督。在社区治理过程中，进一步推行以党支部牵头的居委会、业委会、物业公司、居民代表"四方联席会议制度"，通过发挥联席会议协调解决社区事务的作用，将联席会议作为常态化工作之一。联席会议的召开和落实，不局限于会议形式，也不局限于社区内的重大事项和参与主体的固定性，参与主体在会前充分沟通，会上协商讨论，会后监督落实，提高了主体参与会议的主动性。此外，社区将物业工作人员、辖区企业纳入治安防控体系，成立"治安联防队""红袖标巡逻队""义警分队"等，吸纳社会力量参与社区治安管理和服务。L社区通过开展一系列活动，如给外籍居民推出对外汉语培训、"说法堂"课程；组建党员"先锋志愿队""便民服务队""文体关爱志愿队""爱心学社志愿队""暖玲珑义工队""萌芽义工团"六大特色志愿服务团队；协同党建成员单位、网格内商业载体共同开展"四联"活动，即安全教育联搞、安全文艺联演、安全演习联练、安全防范联做等，在丰富社区生活的同时，也有助于维护社区治安。

H社区：H社区是地处城乡接合部的拆迁小区。社区居住人口主要是征地拆迁后的当地农民和外来务工人员，私房出租现象较为普遍，导致小区人员复杂、流动量大。住户之间互不熟悉，缺乏邻里守望的基础，加上文化风俗、生活习惯的差异导致各类矛盾纠纷高发。此外，社区居民大多法律知识匮乏，防范意识薄弱，常有电瓶车乱停乱放、防盗门不关等习惯，存在较大的安全隐患，导致入室盗窃及盗窃电动车警情高发。拆迁小区大多保安力量薄弱，人员和车辆出入随意,物业公司的工作也仅限于收费、保洁,很难发挥治安防范作用。即使有一定的安防设施,在设备配置、布局设点、维护更新上也不够到位,小区安防形同虚设。H社区通过安装监控探头进行实时监控,将监控探头接入勤务指挥室,对小区实行高强度空中巡逻。派出所还专门招收调配新的警辅力量充实到巡防队伍中,专业巡防数量增至12名,巡防点增至18个。同时,改变了原来巡防警辅又要接处警又要巡逻的局面,让巡防力量专心做巡防,优化了巡防勤务机制,调整了路线、频率,确保高频率、不间断巡逻。此外,社区进一步加强了社区群众自防力量,发展了房东、退休工人、物业和工厂保安等治安积极分子,建立了一支为数100余人的见义勇为志愿者队伍,通过加强宣传和提高报酬,引导这支队伍发挥优势作用。

Z社区:Z社区属于较早建成的动迁安置小区,是新型的"组团式"农民动迁社区。社区居民暂住人口数量大大超过常住人口,外来人口多、流动性大、无业人员聚集,这些都成为治安不稳定的隐患。对于动迁社区来说,社区治安管理工作面临着诸多困难,如社会资源难以整合,大多数情况下仅依靠辖区民警力量,民警、协管员的工作任务非常繁重。Z社区提出以"包楼制、月清制、导航制、筛选制"相结合的方法,调动社区居民共同防治。包楼制就是将社区内出租房的管理和外来人员的登记、发证工作层层分解,对协管员的工作明确任务、落实责任、合理安排,结合日常的抽查、倒查对协管员进行考核,改变了原先协管员职责不清、任务不明、工作随意性大的缺点。月清制就是解决协管员入户调查周期的问题。由于外来人口众多,流动性大,常常出现刚登记后,没几天就已经搬离的情况。对此,协管员在走访过程中需要与居民保持密切联系,及时获得信息。导航制是利用居委会掌握的治安管理积极分子作为外来人员登记的导航员,对他们宣传发动,由他们提供外来人员入住信息,以便于协管员及时上门登记。目前社区内的外来人员登记导航员已经发展到了数十人,他们是由治安管理积极分子、老党员、退休老干部、退休教师等组成,每个人负责他们所住的及周边的一幢动迁居民楼内外来人员入住的信息提供工作。这些导航员组建成一支"夕阳红"巡逻队,每天由8人到9人参与社区的治安巡逻工作。筛选制就是将辖区内的租住的"危险分子"梳理出来,作为重点进行管理。

一方面加大对外来人口的登记力度，尽可能的采集人口信息；另一方面将采集来的人口信息与违法犯罪人员数据库进行比对，将有前科劣迹的暂住人员筛选出来作为管理重点。

在上述案例中，G 社区和 L 社区属于相对有序的社区，而 H 社区和 Z 社区属于相对混乱的社区。G 社区表现出积极的社区特征，如社区居民拥有较强的集体效能感，集体效能感能够促进居民之间的集体行动意识，加强彼此间的信任，通过互动来增强非正式的社会控制。信任对主体间建立协商关系非常重要，"基于信任的关系能够完成传统基于合同关系不能完成的任务"[1]。而在 L 社区，参与者的知识和资源对协作伙伴关系的成长和发展非常有用。为了挖掘新思想、知识、资源，社区工作人员通过发起社区活动使居民参与社区治理。与之相反，H 社区和 Z 社区表现出负面的社区特征，如社区失能，社区失能对犯罪率会产生正向影响。因此，警务人员和社区工作人员通过发动居民积极分子，使其有意愿将信息告知警察部门，可见，建立协作伙伴关系能够促使警察改进与社区居民的关系，通过动员居民进行志愿巡逻、运用邻里守望等方式能够及时发现犯罪行为。通过比较有序社区和混乱社区里协作伙伴关系对社区治安的影响，可以发现，当警察部门与社区主体进行协作时，社区治安状况会变好。这表明，警察部门通过与社区主体建立协作伙伴关系，使社区参与到预防犯罪中，警察和社区能够利用可获得的资源来加强社区治安的非正式控制。我们用伙伴关系缓冲效果来表示，社会失能对犯罪的不良影响被非正式社会控制缓冲了，这种缓冲可能是协作伙伴关系产生的。协作伙伴关系会影响犯罪率，这支持了协作伙伴关系会提高组织绩效和治理效果的观点。本书指出了需要考虑外在的社区特征来理解协作伙伴关系的影响效果。协作伙伴关系的重要性表明我们需要重新思考治安策略来应对犯罪，公共部门与社区组织和居民基于相互负责和相互信任一起实现基层治理目标。

---

[1] Keith Provan, Mark Veazie, Lisa Staten, and Nicolette Teufel-Shone, "The Use of Network Analysis to Strengthen Community Partnerships", *Public Administration Review*, Vol. 65, No. 5, September 2005, p. 603.

哪些主体会被纳入协作伙伴关系中呢？在 G 社区，社区社会组织和志愿者较多，老党员成为志愿者的主力军，他们在社区治安中发挥了重要作用。由于 G 社区内居民生活相对稳定，邻里间熟悉程度较高，传统的邻里守望和互帮互助能够发挥很大的作用。可以说，警务部门、社区工作人员、社区居民、社区社会组织以及辖区企业、志愿者共同构建了协作伙伴关系。在 L 社区，社区居民呈现多元化、异质性和高知性的特征，他们能够给社区带来许多资源，社区工作人员通过动员居民参与社区决策，共同制定公约，来维持社区治安环境。此外，党组织、党支部在社区治安工作中也发挥了重要作用，他们更多是以先锋模范和党员志愿者的身份进入协作伙伴关系中的。在 H 社区，由于外来人口较多、居住人员身份杂乱且流动性很强，很难建立邻里关系，而且，大多数居民白天忙于生计，对社区事务漠不关心，很少参与社区活动。因此，社区民警和巡防辅警承担了大量的治安工作。但由于居住人口数量大且信息收集十分困难，因此，社区工作人员发动居民中的一些积极分子来协助民警进行巡逻工作，并将发现的异常情况和信息及时汇报给警务人员。类似地，在 Z 社区，社区民警、协警与社区工作人员、积极分子组建的志愿者巡逻队共同进行治安工作。

哪些主体是最中心或最多参与协作关系网络的呢？在大多数的社区协作网络中，比起关注权力的影响，讨论哪些主体在解决社区问题上更能发挥有效作用似乎更有用。基于对资源和信息的控制，警务部门和社区工作人员在社区治安的协作关系网络中处于最核心的位置，因为他们与居民、志愿者等其他主体间发生的关系最频繁。然而，社区居民的角色却常常被忽略，这对理解为什么协作关系网络没能够实现关键目标来说非常重要，它能够帮助公共管理者和社区领导形成关系策略来构建未来的联系，使居民作为重要的主体能够发挥更有效的作用。

主体间的关系程度如何？伙伴间的关系强度可以区分为强关系和弱关系。强关系意味着关系的可持续性，关系的可持续性与许多因素有关，如参与承诺、资源、领导力，然而，关系的可持续性是基于简单的人际关系还是基于制度化的结果并没有明确的论述。我们将强关系描述为一种常态化的关系,当关系常态化时,表明关系是经常发生的,协作网络是发展良好的,这种关系能够长时间维持。相反,如果主体间关系并没有常态化,说明这种关系非常弱。在上述案例中,可以看到,四个社区中的居民与警察之间并没有明显的、主动的联系。这表明,主体间关系并没有常态化,且关系非常弱。因此,需要加强主体间的关系强度,建立常态化的关系机制,因为有效的治安需要依赖居民,建立协作伙伴关系是提高社区治安水平的一个重要策略。在四个案例中,我们看到协作伙伴关系的建立并不是基于正式的规则和程序,而是更多地基于非正式的互惠规则。尤其在失能社区,因为这些社区更容易发生犯罪,协作伙伴关系在促进非正式的社会控制效果上更加明显,因此需要非正式的社会控制来预防犯罪。而有序社区面临较少的犯罪,因此协作伙伴关系对社区治安的影响效果也较弱(如表2-1所示)。

协作伙伴关系为理解基层治理如何运作以及多元主体如何互动提供了一个有价值的方法。协作伙伴关系能够促进社区非正式控制的形成,这对社区能力建设尤其是社区治理水平的提升有积极影响。第一,通过一起工作,警察能够更多地获得居民提供的信息和资源。第二,在预防犯罪方面,信息从社区流向警务室对社区治安有效性非常重要。第三,在协作伙伴关系中,社区扮演了一个共同治理的角色,有助于社区自主解决问题。总之,协作伙伴关系的重要性表明我们需要重新思考安全策略来改善社区治安状况,公共部门与社区居民和社会组织能够基于相互负责和相互信任一起实现基层治理目标。

根据集体效能感理论,居民参与社区治理能够促进集体效能感的产生。集体效能感有很多形式,如居民关心所在社区的福利,共同保卫邻里安全,参与集体行动,等等。它表明居民有意愿协作以实现公共利益。集体效能感在改变邻里间集体行动的同时,还影响了邻里间的团结和相互信任,协作伙伴关系的建立有助于构建并维持关系网络(在医疗健康、社会治安、环境卫生、公共服务等领域)。不同于传统的分析方法,伙伴关系分析的单元是关系而不是主体本身,这能够给基层政府和社区组织提供一个重要工具来帮助他们建立更强的协作关系网络。社区领导和基层政府以及社会组织有责任继续建立和维持社区协作网络的运行。参与者偏好从自己的立场出发，但是大多数参与者相信协作伙伴关系的价值，他们希望通过协作网络来解决复杂问题，回应社区需求，组织集体任务，有效提供服务，影响决策者和领导者，最终达成共识。当参与者意识到协作网络并没有发挥预期功能时，或是可能无法实现目标时，他们就会对协作伙伴关系的质量和协作网络的功能进行检验。尽管基层治理刚刚开始零星地、碎片化地尝试议事机制和对话机制，但是，协商已成为基层治理的一个重要方式。

表2-1　案例比较分析

社区	哪些主体被纳入进协作伙伴关系中	哪些主体是最中心或最多参与协作网络的	主体间的联系程度是常规性的还是偶发性的	主体间互动的层次是决策层面还是执行层面	伙伴间关系强度如何
G	大多数成员直接或间接地纳入	居委会、一些居民	主动联系	决策和执行	强关系，基于非正式的互惠规则
L	被动员的居民和党员骨干	居委会、业委会、物业公司、党员志愿者	形成许多相互联系的子组织	决策和执行	关系多样化，基于正式的同意、规则、程序、信任
H	志愿者	居委会	居民形成小圈子	执行	弱关系
Z	积极分子	居委会	关系网络呈碎片化的形式	执行	基于一种关系

第二节　伙伴关系与基层治理网络构建

一　协作伙伴关系与网络构建

传统的公共管理主要聚焦政府，尤其是正式组织结构（如科层制）的研究，认为"组织是统一的，行动者是理性的"[①]。然而，随

[①] Erik Hans Klijn, "Complexity Theory and Public Administration: What's New?", *Public Management Review*, Vol. 10, No. 3, May 2008, p. 299.

第二章 基层治理网络与伙伴关系

着实践的不断推进,研究者逐渐意识到组织统一和理性行为的假设并不能有效解释公共管理问题。公共管理通过引入其他学科的理论和概念(如从组织理论中引入决策模型概念、从经济理论中引入委托代理概念等)来丰富人们对政府和政策过程的认知。近年来,公共管理研究开始用更加复杂的治理结构来取代科层制或官僚结构,研究焦点逐渐从政府转向治理,提出了多元协作和伙伴关系理念。受社会网络分析方法的影响,网络方法拓展到组织研究中,用以分析组织间关系以及组织在互动过程中的策略。研究者认为,"组织为了生存,需要从其他组织那里获得资源,这促使组织之间建立起相互依赖、相互交换的关系,从而使网络得以形成并发挥重要的治理功能"[1]。有学者将网络区分为三个子集,即"政策网络、协商网络和治理网络",政策网络侧重形成公共决策,协商网络主要用于提供服务,而治理网络包括政策制定和服务提供[2](如表2-2所示)。

表2-2　　　　　　　　三种网络比较

	政策网络	协商网络	治理网络
主要起源	政治科学	组织科学/组织间理论	公共行政
关注	决策制定和效果,关于问题和议程设置中的权力关系	组织间协调,有效的政策/服务供给,整合的政策/服务	解决社会问题,管理水平治理关系,连接治理网络与传统机构,协商过程
主要研究问题	哪些行动者参与决策制定?权力关系的本质是什么?对决策制定的影响是什么?	如何协调复杂的整合的服务?哪些机制是有效和效率的(外包、伙伴)?	治理网络如何管理?应该如何组织治理网络,并与传统制度相连?如何改进各种内容?如何统合各种价值判断?
历史	开始于20世纪60年代的多元的政治科学研究,继续研究子系统、政策社区和政策网络	开始于最初的组织间理论,关注组织间协调,继续研究服务提供、合同和执行	开始于20世纪70年代中期,研究政府间关系,继续分析新治理形式,包括治理的效果和管理要求

---

[1] Jesse Lecy, Ines Mergel and Hans Peter Schmitz, "Networks in Public Administration: Current Scholarship in Review", *Public Management Review*, Vol. 16, No. 5, January 2014, p. 643.

[2] Kimberley Isett, Ines Mergel, Kelly LeRoux, Pamela Mischen and Karl Rethemeyer, "Networks in Public Administration Scholarship: Understanding Where We Are and Where We Need to Go", *Journal of Public Administration Research and Theory*, Vol. 21, No. 1, January 2011, p. 1157.

还有学者根据互动程度不同,将网络区分为协同网络、协作网络和合作网络,其中,协同网络是最低程度的整合,仅仅关注组织间信息的交换。更高一级是协作网络,网络中的组织需要更多地将它们的政策与可获得的结果保持一致,这个结果必须与其他组织合作才能实现。合作网络是最高层级,表明组织间真正的相互依赖(如表2-3所示)。协作网络要求"形成信任来有效解决特殊的复杂问题"[1],这些问题超出了单个部门的能力范围。

表2-3　　　　　　　　　三种模式比较

关系	持续时间	目标和前景	结构联系	正式性	风险和收益
协同	短期	独立结果,参与的组织仍然保持独立	成员自由进出,松散灵活的连接	非正式的	低风险,中等收益
协作	中期:取决于先前的工作关系	联合计划和规划,成员保持自主性	成员相对稳定,中度的连接,经常是中心枢纽	非正式、正式	风险和收益增加
合作	长期	新的系统和运行,高度依赖并分享权力	成员离开传统的功能区域,紧密的联系	正式的	高风险和高收益

政策网络与治理网络。有学者将网络方法应用于政策研究中,用以回应那些无法通过单一主体有效解决的政策问题。政策网络是网络结构、网络行为与网络环境三个因素相互作用的结果,它们之间的互动关系表现为"网络结构与网络成员的关系,网络与环境的关系以及网络与政策结果的关系"[2]。具体而言,"环境(当下的经济、意识形态、政治、知识基础以及不同的政策网络)影响网络结构和网络成员所拥有的资源,网络成员的协商技巧既有先天的,也有后天习得的;

---

[1] Jesse Lecy, Ines Mergel and Hans Peter Schmitz, "Networks in Public Administration: Current Scholarship in Review", *Public Management Review*, Vol. 16, No. 5, January 2014, p. 643.

[2] 石凯、胡伟:《政策网络理论:政策过程的新范式》,《国外社会科学》2006年第3期。

第二章 基层治理网络与伙伴关系

网络互动行为和协商折射出网络成员的资源、技巧、网络结构以及政策互动的整合;网络结构是结构化的环境、网络成员的资源、网络互动行为以及政策结果的写照;政策结果折射出网络结构与网络互动行为的相互作用、相互影响"[1]。政策网络方法的理论假设指出,"行动者是相互依赖的,相互依赖既产生了可持续关系,也产生了否决权(撤回资源来终止互动),可持续性的互动巩固了行动者之间的资源分配,制定规则可以管理行动者的行为,但资源分配和规则制定有可能会排斥网络外部的行动者"[2]。政策网络关注权利、规则、偏好和资源等形塑政策结果的过程。政策网络分析不仅关注什么界定了好的政策过程,而且强调复杂的政策问题可以通过行动者基于网络关系来解决,代表性、问责性和平等性是网络方法的核心。政策网络聚焦个体行动者,用以描述多元主体的关系模式,并评估这些模式对政策过程的影响。由于多元主体在资源上需要相互依赖,因此,政策过程的成败在一定程度上取决于多元主体的互动情况。然而,在政策过程中,主体间的相互依赖关系与多元利益目标之间存在着张力,因此,在多数情况下,多元主体间的互动并不是简单的或自发的,它需要构建网络来增强行动者之间的互动。

随着多元主体参与到治理过程中,他们基于共享信念,通过公共舆论和集体行动共同影响治理过程。治理过程也越发关注行动者以及行动者之间的互动关系,尤其是"在科层制和市场之外形成治理网络"[3]。不同于网络治理,治理网络面临着一对张力,多元主体间既是相互依赖的关系,又存在着多元和冲突的利益(如表2-4所示)。通常,多元主体基于对公共政策的认知出发来选择具体的策略,由于多元主体存在众多的观点和诉求,治理过程显得非常复杂且难以预测。从这个意义上说,治理网络可以被视为行动者之间进行的复杂互动过程。互动过程包含了两个条件:制度条件和互动条件,制度条件

---

[1] 石凯、胡伟:《政策网络理论:政策过程的新范式》,《国外社会科学》2006年第3期。

[2] Erik Hans Klijn and Joop Koppenjan, "Public Management and Policy Networks", *Public Management: An International Journal of Research and Theory*, Vol. 2, No. 2, June 2000, p. 137.

[3] Jesse Lecy, Ines Mergel and Hans Peter Schmitz, "Networks in Public Administration: Current Scholarship in Review", *Public Management Review*, Vol. 16, No. 5, January 2014, p. 643.

包括资源和规则，互动条件包括行动者以及他们的利益和策略。其中，行动者分析对理解互动过程是如何运作的非常关键。有研究发现，"行动者没有意识到相互依赖性、利益冲突、互动成本和博弈风险都是互动失败的原因"[1]。行动者的偏好是不固定的，观念不同或不同意对方的观点都可能导致行动者之间产生互动冲突。当治理项目并不是行动者关注的议题时，行动者可能表现出互动冷漠从而导致互动过程停滞。因此，寻找行动者感兴趣的议题能够防止互动停滞。只有当行动者能够达成共同目标时，互动才可能产生满意的结果，这要求行动者能够意识到相互依赖性和合作的可能性以及对互动风险和成本进行评估。为此，互动过程中的相互学习显得非常重要。

表2-4　　　　　　　　　　治理网络与网络治理

	理论主张与研究假设
治理网络	1. 行动者是相互依赖的，相互依赖在行动者之间产生了可持续的关系 2. 可持续性的互动产生并巩固了行动者之间的资源分配，资源分配和规则形成会使网络排斥外部的行动者 3. 在网络中行动者的互动关注张力的解决，一方是相互依赖，一方是多元和冲突的利益
网络治理	1. 合作不是自动产生的，合作行动可以通过合作激励、过程和冲突管理，从而降低合作风险来改进 2. 在互动中，制定并巩固规则来管理行动者行为 3. 行动者基于认知选择具体的策略，网络治理是参与网络中的行动者间复杂互动及策略选择的过程

在基层治理中，政策网络"有利于将基层政治中的各种活动主体纳入研究视野，分析基层行政组织与其他的网络成员之间的合作机制"[2]。而基层治理网络需要在行政权力相对集中和社会权力相对分散之间取得平衡。基层治理网络包括了来自不同层次与功能领域的基

---

[1] Erik Hans Klijn and Joop Koppenjan, "Public Management and Policy Networks", *Public Management: An International Journal of Research and Theory*, Vol. 2, No. 2, June 2000, p. 137.
[2] 彭勃：《"政策网络"理论与中国基层政治研究》，《中共浙江省委党校学报》2004年第1期。

层政府和社会行动者，这些基层组织和个人因资源（权威、资金、合法性、信息、组织）依赖而彼此结盟。基层治理网络是由那些彼此间有共同目标的、相互依赖的多元利益主体所构建的关系网络，这种具有协调关系与整合资源的治理网络就成为一种新的基层治理模式，其中最为普遍的就是基层协商治理模式。有学者指出，"基层协商治理是一种基于正式规则与非正式规则驱动的制度性创新。从非正式规则方面来说，基层协商治理的价值旨归和伦理意蕴因为与基层治理变迁三大张力之间的或耦合或冲突而呈现出以渐进、内生方式改革基层治理格局的倾向。从正式规则方面来说，基层协商治理因为契合了基层治理制度变迁的逻辑而不断生长，但是其自身的制度功能缺陷又严重限制了其发展"[①]。

二　基层治理网络的构建

随着基层治理改革的不断推进，城市基层治理新格局逐渐形成，基层政府（区政府、职能部门、街道办）、社区组织（居委会）、物业公司、业主委员会、社会组织、志愿者和居民都被置于一个复杂的、不断演进的治理网络中。基层呈现的是"一种散点式样的分布，却能够以不同的机制联系起来，并形成自己的水平化网络结构，同自上而下的科层制结构存在差异"[②]。然而，已有关于治理网络的研究对基层层面的关注并不多，本节主要关注基层治理网络实践，改进网络方法作为解释和评价基层治理的框架。本节主要研究基层政府与社区居委会、志愿者协会和业委会在基层治理网络中的互动行为，分析政府如何在治理网络中纳入这些组织作为多功能的合作伙伴，使其成为政府和居民的中介者，既协助政府提供社区服务，又可以维持社会稳定和政府合法性。同时，考察在基层治理中社会组织是如何参与基层治理网络构建，并在治理网络中发挥功能的。研究以社区环境项目为例，考察了社区居委会、志愿者协会和业委会是如何回应政府的要

[①] 蔡林慧：《论正式规则与非正式规则对基层协商治理制度变迁的影响》，《中国行政管理》2015年第12期。

[②] 吴新叶：《基层治理需要跨越科层制范式的藩篱》，《探索与争鸣》2016年第1期。

求并与社区居民进行互动的。研究采访了基层政府官员、社区工作人员以及志愿者协会和业委会的成员,与焦点小组进行讨论,并参与观察他们的会议,获得了相关的文件资料。本书重点探讨政府如何设计政策议题或项目来使社区志愿者协会和业委会进入基层治理网络中并发挥作用。这个案例被看作关于治理网络在基层治理中应用的具有深远意义的实验,它阐明了当前城市基层治理中国家与社会关系的复杂性与制度的灵活性。

社区志愿者协会是社区里最早出现的草根组织,它为基层社会组织研究提供了丰富的素材。作为辅助政府服务供给不足的社会志愿者服务,具有较古老的"自愿服务"意涵。对社会组织而言,它们首先要关注的并不是它们能否推动中国社会走向民主或自治,而是把自己视为地方政府的合作伙伴,通过遵守承诺来协助政府更好地治理。鉴于此,有学者将社区志愿者协会看作基层政府的伙伴,基层政府通过社区志愿者协会来实现社会稳定和维持合法性。在这种角色下,社区志愿者协会作为连接政府和社区居民的桥梁,不仅协助政府提供社会服务,而且作为价值观形成的媒介,从"社会化的原子单位发展为鼓励社区居民学习知识和技能的论坛"[1]。

传统的社区非正式邻里互助为社区志愿者协会的产生奠定了基础,志愿活动不仅是个人被组织起来的一种方式,也是一种强烈的道德责任,志愿者被认为是那些出于自发意愿服务社会而不需要报酬的具有公共精神的人。早期的志愿者被称为义务工,这体现了志愿活动的义务类型。它出现在单位制解体后,社会服务需要新的提供者,民政部看到了城市社区居民提供服务的热情和能力,出台政策激发城市社区通过继承传统的互帮互助模式来建立社区志愿者协会,其目标群体主要是需要帮助的老年人、残疾人、孤儿、贫困户、五保户、军烈属家庭等。随着经济社会的发展,城市社区也经历了巨大的变化,越来越多的商品房小区建立起来,城市居民可以购买或租住在公寓里,

---

[1] Outi Luova, "Community Volunteers' Associations in Contemporary Tianjin: Multipurpose Partners of the Party-state", *Journal of Contemporary China*, Vol. 20, No. 72, September 2011, p. 773.

这些都打破了传统单位制下的居住模式。城市移民逐渐增加，社区居民的流动性也不断增加。邻里之间不再相互认识，居民对社区事务不感兴趣，对社区也没有认同感。在这种情形下，国家推动了新一轮的社区志愿者协会建设，要求扩展专业化的社区志愿组织，通过动员党员、共青团员、公务员、专家、老师、学生、健康的退休人员等，增加志愿者队伍人群，并提供志愿活动培训，强调了培育志愿精神和社会责任。自此，志愿者的贡献不再被称为义务工作，而是志愿服务。义务和志愿最大的不同在于，义务强调责任和职责，而志愿反映了个人的意愿和志向。

在现代城市，社区争论主要发生在业主的维权活动中，维权的原因多是开发商没有兑现服务设施承诺，违法侵占场地，没有支付共担维修基金，管理机构滥用开销，等等。通常，当业主面对房屋质量不合格或服务设施不完善时，会通过非制度化的抗议来表达他们的不满，如拒交物业费。当多数业主诉诸不满时，他们会联合起来，通过业委会组织的非对抗行为，以更激进的方式来请愿，这时，单独诉求扩展为集体诉求，并逐渐形成了业委会集体行动的制度化形式。当争论没有得到解决时就会演化为冲突，究其根源，争论产生的原因在于行为主体间地位和权力的不平等。尽管业委会在基层治理中发挥着重要的作用，但业委会作为独立的合法实体并没有得到法律的认可，这使得业委会的权力被严格限制，行为也要受到社区居委会的监管，业委会弱势的法律地位在一定程度上加剧了行为主体间的权力不平衡。相反，房地产开发商与地方政府部门（控制土地供给和城市规划）有密切联系，而且，由于缺乏市场管制，政府很难对大多数房地产的资金进行控制。当业主想要维权时，他们常常被强大的开发商和管理部门阻挡。如果业主诉诸法律程序，开发商和相关机构就会凭借大量的经济资源在法律过程中占有优势，加之房地产商与地方政府联系密切，因此，当业主寻求地方政府介入时，地方政府的偏好尤为关键。

在一些城市，业委会会通过与社区志愿者协会建立协作网络来提供相互支持，从而加强集体行动。尽管协作网络还处于萌芽阶段，但业委会和志愿者协会的运作都相对开放，且与社区居委会和基层政府官员也能维持常规对话，因此，从某种意义上说，这种协作网络的形成也是在试探这些社会组织在基层治理中的吸纳程度,这对基层治理具有重要意义。尽管这些社会组织仍然很弱小,也不能形成任何重大运动,但它们联合构建的协作网络提供了基层治理中行为主体间的互动方式,故此不能被忽视。

三 案例分析

案例一：X街道的SY社区人口密集,外来人员多,加之社区内有菜场、学校,环境治理难度很大。而且社区违章搭建问题较为严重,有些居民在楼道堆放垃圾、杂物,将楼道变身"杂物间",或占用草坪,用彩钢板搭成简易房来堆放杂物和垃圾。社区居民常常因此发生争吵,有时甚至演化为肢体冲突。由于社区人员流动性大,业委会成员极不稳定,业委会形同虚设。社区志愿者协会中的一些"能人"(这些"能人"多是社区中退休干部、老党员,他们有较强的组织能力、协调管理能力和群众工作能力,在社区事务中发挥了重要作用)主动与社区居民进行沟通,在劝导无效的情况下向社区居委会反映问题。社区居委会召集物业、志愿者与社区工作人员一同对楼道环境卫生和违章搭建进行清理,在清理过程中,社区工作人员、党员、志愿者和保洁员共同参与,社区工作人员先在小区公示栏内张贴清理整治工作通知,动员社区居民对楼道自家堆放杂物先自行清理。社工和志愿者还上门为小区每一单元楼张贴环境整治告知书,请居民配合行动,将各自放在家里及楼道内废弃不要的杂物堆放到垃圾桶旁,在集中清理日统一进行清理。居民楼长"纠察队"每天在各个楼栋检查,发现问题及时上报社区居委会和物业。社区还组建了一支数十人的居民志愿者队伍,不定期排查小区里的违章建筑、检查垃圾乱堆地点。

在环境清理和整治过程中,由于涉及公共设施(如公共草坪和广场等)的改建和维护,这些都需要资金投入,所以,社区居委会一方面向基层政府申请资金,一方面向居民和物业征求收费意见,以"政府补贴+有偿收费"的形式共同筹集资金。为此,社区还专门召开了环境整治工作会议,针对目前存在的问题,大家群策群力,集思广益,共同讨论辖区公路和小区内部的主次干道、公共花园绿地、健康步道、卫生清运设施、沿街店面等方面问题。经过分组讨论制定出工作方案,包括建立网格化管理工作,当场可以处理的环卫问题就立即处理,而暂时不能处理的环卫问题,市容员、志愿者、社工、网格长定期召开沟通会,由市容员汇总后上报城管中队,跟踪直至解决;除了城管、环卫等综合执法力量进一步下沉到基层社区,参与社区日常巡查管理,社区志愿者组织也要加入整治队伍,并明确了志愿者的权责范围,规范了志愿者的培训和巡查考勤,鼓励社区党员骨干与志愿者参与到环境整治活动中,对社区所辖范围进行全天候监督检查。同时,借助综合行政执法大队下设的社区联勤工作站,不间断巡查,第一时间发现、处理问题,排除安全隐患。然而,由于社区成员在资金分配上存在很大分歧,筹资事宜不了了之。

"我们交了钱,也不知道能不能享受,说不定建好了我们也搬走了。" A 居民表示对未来收益的预期很低。

"我们出多少钱到底怎么计算的?我们会不会吃亏?" B 居民对成本和收益之间的分配充满疑虑。

"这都是政府的事,我们不应该掏钱。" C 居民对分摊资金表现出不满。

社区居委会面对来自居民的质疑和否定意见,意识到很难在社区层面上达成共识,于是便向基层政府提出申请。基层政府联合社区,以居民自治项目化形式,由社区申请环境项目,政府通过购买服务进行资金支持。同时,在申请项目过程中,基层政府和社区居委会多次与社区志愿者协会、业委会、居民进行沟通,对资金分配方案征求意见,最终以公益基金筹资和自愿捐助的方式完成筹款。

"在大街小巷中,有一批女性志愿者,她们以沟通反映、协调督促的方式发现环境问题并及时解决,占道经营、破坏绿化、非机动车停放、乱堆乱放……任何细节她们都不放过。"她们被称为"城市绣娘"。

案例二:CL 街道的 JH 社区位于古城区中心,社区房屋建于 20 世纪 90 年代,社区居民大多是企事业单位退休职工。社区是最早一批社会组织孵化基地试点,截止到目前,基地已孵化出数十家社会组织,并成立了公益坊,入驻公益坊的社会组织也有好几十家。由于社区地处闹市区，社区周边以及社区里面有不少的门市店面，环境污染和扰民问题一直困扰着社区居民。社区业委会向居委会反映过多次，但由于势单力薄，只能对这些门店商户进行规劝，很难真正解决环境污染和扰民问题。2017 年，CL 街道组织发起了一场打好环境卫生综合整治的"攻坚战"，街道办制定了《街道机关干部环境卫生综合整治进社区工作方案》，并按照《重点任务细化计划》《综合整治标准详规》等文件开展巡查宣传，填写《巡查信息采集表》，绘制问题隐患地图，并上报综合行政执法大队进行整治。综合行政执法大队党组织通过大队骨干、市场监管分局、网格片和社区联勤工作站联合行动，采取"集中充电+分片讲解"的模式，借助网格之力，强化环境整治。

JH 社区借此机会强化宣传造势，在党支部开展环境卫生整治主题党日活动，并建立了以社区党委为核心，共建单位、综合行政执法大队、社区业委会和社会组织"四元"联动方式，针对社区周边和社区内的重点区域，分片包干，开展了环境卫生的"保卫战"。社区居委会联合业委会和志愿者协会共同提出了"社区环境共建、社区难题共商"目标，积极动员社区内社会组织共同参与环境整治项目。社区业委会吸纳并整合了居民中的积极分子，组建了"巡逻队""宣讲团"等队伍参与环境整治。社区志愿者协会通过动员社区社会组织和公益坊中的党员志愿者一同参与环境整治。社会组织结合自身资源优势，助力社区环境项目，如"红色管家"通过平台系统操作，将居民的各种诉求和问题整合并上传到智慧平台上，然后由红色管家志愿者和社区工作人员一一解答回复，这使问题能够在第一时间被发现、反馈和解决。此外，社区通过组建"社情观察员""发展咨询员""勤廉监督员"团队将社区居民和社会组织成员嵌入协作网络中，共同执行环境整治任务。在门店巡查中，为了让门店负责人了解街道关于环境整治的要求以及社区的环境项目，社区志愿者带领社会组织成员在辖区范围内进行巡查，详细讲解门店巡查要求，发现问题及时拍照记录下来，并反馈给社区工作人员。在环境整治工作中，社区里的一些社会组织还自发组建了三支先遣队，由社会组织负责人和老党员担任先锋，每天一巡查一上报，对社区内的门店开展巡视、监督和环保工作，防止噪声扰民、污水乱排，并对社区内的所有门店进行逐户入户劝导，发放宣传材料，宣讲环境保护意义。

"有些门店负责人缺乏环境保护知识，做事只图方便，随意乱丢废弃物，在午休时间打开音响，这些（现象）十分常见，现在在志愿者们的劝导下，他们才逐渐意识到了这样做是不对的。"社区志愿者说。

案例三：ST 街道 GJ 社区是一个入住时间还不满十年的高档社区，社区居民大多是"新市民"，属于新社会阶层人士。社区内贯穿着一条小河，它属于城市河道的一条细小支流，小河将整个社区一分为二。由于受到城市规划的影响，这条小河在社区外的部分被阻断，这使得小河变成了死水，无法循环流动。社区业委会多次向居委会反映情况，对阻断小河提出异议，街道办建议居委会联合物业将小河进行填河修路，这个建议遭到了一些业主的强烈抗议，认为这样做既破坏了美观，也不利于生态保护。而一些业主认为填河修路更实用，这样就不用再绕河走远路了，而且也安全，毕竟很多小朋友在河边玩耍存在安全隐患。也有业主认为小河变成了死水一潭，如果不及时清理，小河就可能会变成一条臭水沟，影响社区环境。社区业委会召开了几次会议，但都因各方意见相左且僵持不下，无法达成共识。社区业委会联合居委会和物业就填河修路事宜共同策划了一次投票活动，也因各方势均力敌，难分伯仲。最终，社区以《倡议书》的形式向社区居民、物业、社区业委会和志愿者协会等社会组织发出倡议，充分告知提议和方案。

ST 街道为此专门召开了小型听证会，召集了社区居委会、业委会、志愿者协会成员，还有一些社区社会组织成员和社区居民参与了听证会。在听证会上，街道政府和社区意识到需要挖掘社区里的新社会阶层人士，为社区建设助力。因此，街道政府联合社区居委会共同发起并组建了新社会阶层人士联盟，新社会阶层人士联盟成员是来自业主中的一些精英人士，他们服务于各行各业，具备丰富的专业知识和不同资源。在这次填河修路项目中，新社会阶层人士联盟发挥了他们的智力和资源优势，有专业人士评估了填河方案的可行性、填河对生态环境的影响，还有一些成员利用专业技术优势对小河的水系统循环提出了改造建议。新社会阶层人士联盟与居委会和物业一同提出改造方案，社区还专门成立了议事厅作为整合社区资源和联盟资源的商事议事机构。最终，在议事厅里，各方达成了共识，决定保留小河，并改造小河的水循环系统，使其变成生态河流，这样既不破坏社区美观，还可以保护生态环境。联盟成员还联合社区业委会和志愿者协会共同募捐筹款，为改造方案提供了一些资金支持。

以此为契机，ST街道提出了"环境整治+社区建设"双配套改革方案，将社区环境项目与社区建设共同推进，在推进过程中广泛吸纳新社会阶层人士联盟。GJ社区的议事厅通过定期收集居民提出的问题，与社区内各主体共治协商、民主议事，定期会商。社区党委书记表示："议事厅的设立调动了社区多方力量，汇聚了更多的智慧和资源，让社区居民的'小家事'变成了社区共治的'大家事'。"街道通过创建"社区+联盟"模式，内延社区居委会、业委会、社区社会组织和居民等，外延辖区企业、共建单位和新社会阶层人士联盟，形成了一张"关系大网"。街道办事处主任认为，"关系大网"让社区获得了更多的资源，必须依靠"大网"持续推进共享共建共治的基层治理新格局。社区工作人员表示，环境整治过程中容易激发矛盾，有了联盟的介入，多元利益诉求可以充分表达。

四 案例讨论

本书基于规则（正式或非正式）、资源分配和行动者，通过考察网络结构和互动过程来对基层治理网络实践给予解释。公平分配规则和有效遵守规则还取决于基本规则如何制定。如果规则制定过程没有包容性，那么规则可能被那些排除在外的个人或组织认为是不公平的。从网络结构上看，①行动者在多大程度上拥有话语权，这取决于行动者所拥有的资源是不是不可或缺的，②拥有话语权的行动者在多大程度上实际参与了过程，③网络中的行动者是否形成了相互认可的规则，④明确问题和解决方案在多大程度上符合网络规则。

从互动过程上看，①行动者在多大程度上意识到相互依赖性，②行动者在多大程度上将多元冲突的利益调整为共同利益，③互动在多大程度上能够使行动者获益，④互动中风险（其他行动者策略的后果）在多大程度上受到限制，⑤互动治理在多大程度上是可预见的（相互感知的形成、安排、冲突管理)[1]。

从案例中可以看出，基层政府是项目的发起者，但由于项目存在组织和技术的复杂性，基层政府常常面临一系列挑战，如获得信息、资金、技术、专业知识以及政治支持来促进治理项目的计划和执行。基层政府需要动员社区资源，鼓励社区居民和社会组织参与，与多元主体形成伙伴关系来获得所需资源，这些伙伴关系就成为基层政府获取资源和信息的主要方式。当基层政府与社会主体拥有较少冲突和较多伙伴关系时，这能够使基层政府从大量的伙伴中寻找资源来获得相关信息和专业知识等，会更容易构建基层治理网络，使社区项目获得成功。在一定的政策和制度背景下，较低的内部冲突和更多的公众参与行为有助于合作行为产生。受此启发，本书将社区资源、内部冲突、公众参与、社会吸纳和伙伴关系看作基层治理网络的主要特征，以此探讨这些特征对基层治理网络构建以及项目成效的影响。以往研究多是强调政府资源对于成功完成项目的必要性，关注政府资源对项目绩效的影响，将其作为解释项目成效的重要因素，而忽视了社区资源的作用。一些研究表明，在社会政策和公共资源环境中，"社区资源在解决社区成员间的集体行动问题中发挥着重要作用"[2]。可见，社区资源是构建基层治理网络的重要组成。社会排斥常常会导致不公平地分配获益机会，动员社区居民来参与治理网络构建以及项目执行，有利于形成社区资源共享，通过促进主体间协调和合作来实现个人或集体的目标，因此，动员个人并贡献他们的资源对社区更好地完成项目非常重要。将社区资源纳入基层治理网络中能够解决多元利益冲突，培育信任，在成员间形成团结，促进公平正义，提高治理产出的合法性。

---

[1] Erik Hans Klijn and Joop Koppenjan, "Public Management and Policy Networks", *Public Management: An International Journal of Research and Theory*, Vol. 2, No. 2, June 2000, p. 135.

[2] Manoj K. Shrestha, "Internal Versus External Social Capital and the Success of Community Initiatives: A Case of Self-organizing Collaborative Governance in Nepal", *Public Administration Review*, Vol. 73, No. 1, December 2013, p. 154.

社区内部冲突能够更好地构建基层治理网络阻碍。基层政府进行社区动员的一个主要因素是受益者共享项目成本，因为这些成本通过集体规则进行分配，受益者是否愿意对项目做出贡献取决于成本和收益能否在受益者之间公平分配，并确保受益者遵守这些规则。在社区环境项目中，个人或组织间的冲突是集体行动的一个主要阻碍，社区能够通过解决这些冲突来获得集体利益。社区内成员间的信任对集体行动产生非常关键，因为冲突会削弱信任，更多的冲突意味着更少的集体行动，这一关系强调个人的信任对服从集体规则非常重要。埃莉诺·奥斯特罗姆指出，"尽管成员之间会有利益冲突，集体设计和强制执行的规则对成功执行项目有重要作用"[①]，在受益者之间平均分配成本和收益是非常具有争议性的问题，因为成本和收益分配会受到缺乏客观性和透明性等问题的困扰，因而逐渐成为冲突的根源。社区内部冲突的出现会导致伙伴关系失衡，因为组织间或个人间在互动时怀有不信任或敌意态度，较低程度的内部冲突能够为解决分配规则的争议进而构建相互信任创造机会。

公众参与程度高能够促进治理网络的构建。需要指出的是，集体行动固有的机会主义是社区伙伴关系的一个阻碍。社区包括多样化组织或个人，他们对项目的认知水平也不同，信息不对称会产生机会主义行为。受益者在项目中的贡献，如动员或帮助技术人员等都难以测量，当这些努力很难被衡量时，个人倾向于通过付出较少的努力来搭便车，有能力控制搭便车行为对集体行动是很有必要的，通过加强监管和惩治机制来控制机会主义将会增加合作成本。公众参与是建立社会资本的有效工具，它会培育公共精神并限制机会主义行为。通过促进个人或组织间的合作，治理网络能够形成互惠规则和社会信任，这又会拓宽个人对项目的感知，培养共同合作习惯，形成对集体行动的认同。公众参与加强了互惠和信任，鼓励个人通过控制自己机会主义行为对集体行动做贡献。而且，社会信任能够建立个人声望，使他们

[①] [美]埃莉诺·奥斯特罗姆：《公共事物的治理之道》，余逊达、陈旭东等译，上海译文出版社2012年版，第37页。

难以表现出机会主义，因为声望受损可能会超过由于破坏信任带来的收益。此外，彼此间的信任会增强人们自愿遵守规则的意愿，当他们相信其他人也都愿意如此时，个人会更愿意遵守规则。可见，公众参与会减少机会主义行为，提高信任水平，个人更愿意为集体行动做出自己的贡献。

社会吸纳程度越高，治理网络和项目成效越高。异质性越强的社区里，由于主体在资源和利益分享上的冲突很明显，公众参与、组织间互动、公共物品提供和人际间信任就越少发生。当边缘群体或个人被纳入社区决策制定，他们就有机会通过参与互动和设计规则来表达他们的诉求。社会吸纳的理念不仅仅指吸纳受益者，更需要建立结构化的干预来确保边缘群体和弱势群体被纳入规则制定制度中。社会吸纳提供了协商公平的机会。社会吸纳有助于社会团结，进而有助于集体行动。让边缘和弱势群体参与规则制定是基层治理变革的关键。当边缘或弱势群体在规则制定过程中不能充分表达诉求，结果就很有可能有利于优势群体，使他们更多的获益。相反，更多的社会吸纳会使受益者更多地参与设计他们的项目。

社区拥有更多的伙伴关系会更有可能成功构建治理网络并完成项目。社区与多样化的伙伴建立联系来获得所需资源以更好完成项目，这些资源包括信息、资金、专家、监管和政治支持。由于不同的伙伴拥有不同的资源，社区有不同的伙伴能够获得多样化资源。由于建立伙伴关系要投入时间和努力，因此与许多不同的伙伴建立关系可能在动员资源上更能获益。研究表明，在多样化的项目背景下，"拥有广泛的伙伴关系是项目成功的一个重要指标"[1]。调查结果显示，社区与多元伙伴保持联系，包括基层政府、党组织、非营利组织、志愿组织、辖区企业、社区社会组织等。在这种情境下，拥有更多的伙伴意味着社区拥有更强的能力，能够从不同的伙伴中获得多样化的资源来完成项目。"拥有多元伙伴也意味着可以较少

---

[1] Agranoff, Robert, and Michael McGuire, *Collaborative Public Management: New Strategies for Local Governments*, Washington, D. C.: Georgetown University Press, 2003, p. 41.

依赖任何一个伙伴"①,因此有更大的自主权来寻找其他资源。当社区很难寻求到外部资源时,发展内部资源的效果就会更加明显。当社区拥有较少的内部资源时,可以通过动员外部资源来平衡发展。需要指出的是,社区可能需要更多的内部和外部资源来增加项目成功的可能性。基层政府也可以组织论坛使社区和潜在的伙伴进行互动,促进社区与多元主体相互熟悉并构建基层治理网络。

需要指出的是,基层政府的角色以及政府与社会间的关系也会影响治理网络的构建。以社区志愿者协会为例,基层政府通过影响道德价值观来促进社区志愿者协会发展,进而维持社会稳定,确保政府合法性。而志愿者协会采用动员方式响应基层政府号召,激发居民为了共同利益参与社区志愿活动。然而,在这个过程中,基层政府角色不应该被过分高估,志愿者组织也不应该被简单地认为是政府的工具,研究需要认识到二者的异质性以及彼此间的互动关系。正如海贝勒研究发现,"在当今中国,国家鼓励并培训城市居民通过参与志愿者协会来解决社区的日常问题"②。目前,许多志愿活动仍然是自上而下进行的,常常被界定为义务性的。尽管如此,志愿活动的其他特征,如志愿参与、相对独立、自下而上的方法也越来越多地被强调。一些研究也表明,城市居民愿意通过志愿方式为社会做出贡献,而政府也积极尝试提供具有吸引力的、建设性的和井然有序的论坛让居民参与。为了使志愿服务能够满足居民的各种需求,政府采用民主集中制方法,在区、街道、社区层面安排调查,并基于调查结果来决定服务供给,而志愿者协会则扮演着连接居民和政府的桥梁,通过建立网页、出版社区杂志、运用手机平台来传播活动信息。政府认识到志愿活动的许多好处,志愿活动不仅被看作服务的供给者和政府与社会关系的调解者,而且居民通过论坛能够学习参与。政府鼓励更有活力的

---

① Manoj K. Shrestha, "Internal Versus External Social Capital and the Success of Community Initiatives: A Case of Self-organizing Collaborative Governance in Nepal", *Public Administration Review*, Vol. 73, No. 1, December 2013, p. 154.

② Thomas Heberer, "China: Creating Civil Society Structure Top Down?", in Jianxing Yu and Sujian Guo, eds., *Civil Society and Governance in China*, New York: Palgrave Macmillan, 2012, p. 64.

志愿活动，推动志愿者协会功能更加制度化和规范化，并要求志愿活动提供"更多的专业管理和服务"①。

五 基层治理网络构建策略与限度

协作关系网络的建立是为了对社会主体参与治理网络提供系统支持，当行动者"发现合作的获益超过成本时就会参与合作"②。尽管在地方注册的社区业委会和志愿者协会是合法组织，但是能否建立治理网络在很大程度上还是要取决于社会组织发展的趋势。有学者对社会组织协商进行研究发现，"社会组织发展会受到政策、长官意志等不确定性因素影响，行动空间十分有限，程序性制度缺失。由于未能娴熟地掌握协商技术，致使社会组织协商很难与既有社区权力关系网络、地方知识等实现有效结合"③。治理网络作为一种新的治理技术增加了非官僚层级之间合作的机会。在治理网络中，非正式规则与正式参与渠道同等重要。治理网络提供了集体学习的平台，行动者通过平台能够分享经历和经验，这些网络可以作为组织基础来形成新的观点和策略，从而加强社会主体行动的力量。

考虑到多元化主体对治理网络和项目成功的影响，案例表明内部冲突强的社区会减弱建构基层治理网络的可能性，而拥有大量的伙伴关系会增加基层治理网络构建的可能性。因为社区内部冲突低会加强组织间或个体间的相互理解和受益者间的信任，这对产生广泛认同和建立社区团结是非常必要的。同样，当个人或组织间分歧较少时，政府更容易设计规则来动员项目的受益者为社区项目贡献他们的资源，社区内部的高度共识也会极大化建立伙伴关系的可能性。研究表明，培育多元伙伴能够扩展社区寻找所需资源的机会，而扩展的伙伴关系

---

① Outi Luova, "Community Volunteers' Associations in Contemporary Tianjin: Multipurpose Partners of the Party-state", *Journal of Contemporary China*, Vol. 20, No. 72, September 2011, p. 773.

② Manoj K. Shrestha, "Internal Versus External Social Capital and the Success of Community Initiatives: A Case of Self-organizing Collaborative Governance in Nepal", *Public Administration Review*, Vol. 73, No. 1, December 2013, p. 157.

③ 孔祥利：《城市基层治理转型背景下的社会组织协商：主体困境与完善路径》，《中国行政管理》2018 第 3 期。

能够提高治理网络构建的可能性。这也意味着,在一些社区,尽管内部冲突增加,但是通过发展更多的外部伙伴关系可能会平衡内部冲突带来的负面效果。可见,内部和外部资源对基层治理网络的构建是很有必要的。在不同的政策和制度背景下,较低的内部冲突和更多的公众参与会对基层治理网络的构建有积极影响。大量伙伴关系给基层治理提供了多样化的资源和知识,这对成功规划社区项目也很有必要。当申请内部冲突较低和伙伴关系较多时,社区项目执行状况就会变好。此外,案例研究还揭示了社区在内部和外部资源中面临一个权衡,内部冲突造成的损失可以提供增加外部的伙伴关系来弥补。这些发现对我们理解基层治理网络的构建具有重要意义,它强调了基层治理可以通过权衡对内部和外部资源、对内部冲突和伙伴关系之间的关系进行调解。这一发现对理论和政策都具有重要意义,因为它表明基层治理应该考虑当前的情况,保持内部和外部资源最优组合来获得最大收益。这可以使个人和制度化的集体行动视角统一在基层治理层面。与此同时,社区领导也可以从这项研究中获益。因为较低的内部冲突和较多的伙伴关系对项目成功很重要。这尤其对异质性社区(不同的人群拥有不同的机会参与集体决策制定过程)很关键。了解到社区在动员资源上面临权衡也是很有价值的,这会帮助基层政府和社区领导对资源进行最优组合来制定决策,进而增加成功机会。

第三节　基层治理网络及其管理

一　基层治理网络管理

为了使治理网络运行有效,实践者提出了许多方法,如改进网络结构,促进互动机制,关注网络管理者能力。有学者指出"网络管理的'大问题'包括问责问题、信任、权力、网络产生的结果"[1]。治理研究的分析单元开始从项目转向网络,并将治理问题与

---

[1] Robert Agranoff, and Michael McGuire, "Multinetwork Management: Collaboration and the Hollow State in Local Economic Policy", *Journal of Public Administration Reseach and Theory*, Vol. 8, No. 1, January 1998, p. 67.

第二章 基层治理网络与伙伴关系

网络结构的解释相结合。尽管行动者对于什么构成了有效的治理结构并不一定能够达成共识,但是他们认识到网络可以作为有效互动的一个方式。然而,批评者认为,网络方法由于缺乏理论基础和明确的概念,更多是描述性的,因此不能为治理过程的产出提供解释。而且,网络方法过分强调合作与达成共识,忽视了冲突和权力的作用,认为政府组织和其他组织一样,忽视了它们作为公共利益保护者的角色,过分强调合作与达成共识,而没有意识到冲突和权力的不同。网络方法还缺乏清楚的评价标准,比如它"拒绝使用事前表述目标作为评价标准,因此没能提供一个清楚的评价框架"[1]。尽管在网络中,伙伴之间想要努力建立包容性的共识,使他们相互之间具有吸引力,但这也会产生排外性实践。然而,网络分析作为一种方法能够给基层治理提供一个重要工具来帮助他们建立更强的治理网络。本书从治理网络的结构、互动机制以及治理网络中的行动者和管理者等方面对基层治理网络的管理进行研究,基层治理网络管理的一个核心问题是行动者如何建立起协调的行动,使治理网络能够有效运行,从而达到满意的结果。

网络情境是基层治理网络的前提条件,它会影响基层治理网络的其他要素。网络情境体现为制度环境是否稳定,资源供给是否充足,外部的控制和支持情况,等等。网络结构通常与网络规模相联系,一些研究发现,"网络规模越大,有效性越低,为了实现更高水平的网络绩效,需要规定网络成员数量"[2]。网络与市场体制完全不同,网络更多地依赖于协商和合作。因此,需要思考治理网络结构在多大程度上能够解释基层治理的过程和结果,以及治理网络特点与主体间互动行为有什么关系。网络机制被看作维持伙伴间关系的手段和工具,它强调了正式的整合、非正式的协调和控制,网络机制会影响伙伴关系和有效互动。网络机制主要包含整合、协调和控制机制等。在网络中,伙伴之间的关系能够提供更高效的整合和协调机制,"控制、问

---

[1] Steve Connelly, "Constructing Legitimacy in the New Community Governance", *Urban Studies*, Vol. 48, No. 5, July 2011, p. 929.

[2] Jesse Lecy, Ines Mergel and Hans Peter Schmitz, "Networks in Public Administration: Current Scholarship in Review", *Public Management Review*, Vol. 16, No. 5, January 2014, p. 643.

责和透明机制与网络绩效也被认为有积极影响"[1]。伙伴间的不同利益会使网络治理变得困难,但是在治理结构清晰和伙伴间整合程度高的情况下会改进治理困难。网络行动者在治理网络中发挥着重要作用,他们能够激活网络并予以执行,网络中的行动者具有形成清晰任务和重点战略的能力,以及在外部环境变化情况下调整和重新设立网络目标的能力。Agranoff 和 McGuire 指出,"激活能够为网络指定参与者和利益相关者,并赋予他们技术、知识和资源,网络中的行动者促使、激发和劝说其他网络成员进行承诺,使其支持网络,并在网络角色和运作范围上达成一致"[2]。网络管理者是那些通过选择和利用合适的管理机制发起和支持成员间互动,解决和管理冲突和变化,引导网络实现目标和任务,建立信任和沟通的人。网络管理者也被称为网络促进者、协调者和领导者,这取决于他们在角色中表现出的能力。网络促进者是那些创造了(重新界定了)制度环境来促进和维持伙伴间互动的人。网络协调者通过讨价还价和协商来解决伙伴间的张力来助力网络成功。更具体来说,调解者是那些在关键情形下运行网络,重新调解或重构已有网络关系的人,他们"获得并收集解决冲突的必要资源,在利益冲突的成员之间创建一个中立的平台,探寻或建议解决方案,并激励行动者建立共识,遵守网络的共同目标"[3]。将网络理论应用于政策研究中,强调网络领导者产生决策,"决策制定需要将明确的问题与已知的解决方案相连,并得到政治事件的支持来实施行动"[4]。从范围上看,存在两种决策形式,一种是大群体决策形式,还有一种是小桌决策形式。大群体形式(如听证会),一般采用的是单向或有限的双向交流。与大群体形式相反,小桌形式会提高

---

[1] Daniela Cristofoli, Laura Maccio and Laura Pedrazzi, "Structure, Mechanisms, and Managers in Successful Networks", *Public Management Review*, Vol. 17, No. 4, July 2015, p. 489.

[2] Robert Agranoff and Michael McGuire, "Big Questions in Public Network Management Research", *Journal of Public Administration Research and Theory*, Vol. 11, No. 3, July 2001, p. 295.

[3] Erik Hans Klijn, Bram Steijn and Jurian Edelenbos, "The Impact of Network Management on Outcomes in Governance Networks", *Public Administration*, Vol. 88, No. 4, December 2010, p. 1063.

[4] Erik Hans Klijn, "Complexity Theory and Public Administration: What's New?", *Public Management Review*, Vol. 10, No. 3, May 2008, p. 311.

协商交流的可能性，因为协商需要为所有的参与者提供充分表达意见的机会，所以协商很少应用于大群体形式。参与过程的设计会受到多种因素的影响，如目标、工具、技术、程序、情境、背景、时限和政策领域等。需要探索参与设计与参与结果之间的关系。

二 案例分析

我们想要了解在给定的情境下，在不同的网络结构中，网络机制和管理能力对基层治理网络的影响。我们采用案例研究方法，关注为社区养老服务网络。我们的研究设计能够使我们探讨具体的、信息丰富的案例，特别是异质性使我们去证明检验不同案例的分析结果。数据的收集分为两步，第一步，与网络组织中的关键人物进行半结构访谈。每个伙伴组织至少有一人被访谈，在一些案例中，相同组织里的多个人被访谈以获得更多的关于治理网络的观点。受访者被分为四个部分：治理网络的伙伴，为了确认治理网络中包含的组织以及这些组织间的关系；治理网络机制，为了了解当前伙伴间互动实际运用的机制；治理网络管理者，为了明确网络管理者并了解他们的能力；受访者对网络绩效的感知。治理网络机制的访谈问题包含一系列整合、协调和控制机制，受访者被问及他们是否使用这些机制来与质量网络中的伙伴进行互动。我们关注了三个成功的社区养老服务网络，社区养老是指在机构养老和居家养老之外，社区层面提供的养老服务，其背后的理念是老人可以在社区或家里获得由受过训练的社工和护工以及专业化的组织提供的帮助和服务，从而提高被服务者的舒适感和自主决策能力。

（一）虚拟养老院

虚拟养老院构建了政府主导下的社会化虚拟养老服务体系。2007年，全国第一家虚拟养老院"居家乐养老服务中心"诞生，它为高龄、空巢、特困老人提供上门居家生活照料服务。所谓"虚拟"，就是依托自主研发的信息化系统平台，完成服务派单、质量管控、统计分析、呼叫、授权管理等一系列工作，并组建职业化养老服务队伍，为老人提供上门生活服务。作为民间非企业社会组织，居家乐服务中心主要运营模式是政府采购服务，即居家乐服务中心向符合政府救助条件的老人提供服务，由政府统一结算费用。目前，虚拟养老院在信息化服务模式基础上，将"互联网+"融入居家养老服务，进一步推进了养老数据资源中心及应用服务平台的使用和研发，充分整合了涉老信息，形成信息通畅、资源共享、无缝对接的动态数据，并研发出新的数据应用服务产品，让老人们在服务范围内自主菜单式选择服务内容和服务频次。老人在家就能享受到包括洗衣、烧饭等便民家政类服务17项，修理电器等物业维修类服务14项，陪同就医等助医保健类服务13项，还有人文关怀类、文体娱乐类以及应急求助类等6大类53项服务，充分满足了个性化的需求。同时，虚拟养老院通过职业化员工队伍与志愿力量相结合的方式，加强养老服务的专业供给。

（二）日间照护中心

日间照护中心是一种"白天入托接受照顾和参与活动，晚上回家享受家庭生活"的社区养老服务模式，公益性是社区日间照料中心的基本属性，日间照料中心为社区70周岁以上老年人提供助餐、助浴、助医、助娱以及康复等养老服务。不同于传统的养老服务机构，其将自身职能定位于中介服务，服务人员及服务内容主要依靠加盟的家政服务企业提供，日间照护中心则通过社会化招聘、职业化培训、制度化管理，形成了专业化、规模化、职业化的养老服务支持网络。在政府的引导下，民营资本和社会力量越来越多地进入养老服务业。全市有38.1%的日间照料中心实行社会化运营，通过合作、租赁、委托管理等方式，吸引社会力量参与投资和管理公办养老服务设施。如与辖区有资质的医疗机构建立协作机制，引入具备专业技能和经验的护理师、营养师和康复师等人才，为社区老年人开展定点义诊巡诊、健康宣教、慢性病管理和康复护理等专业医疗服务。通过社会化运营，日间照料中心从项目运作到服务细节，形成了为老服务的集中地，吸引了很多社会组织和爱心企业参与孝老服务。

（三）社区嵌入式小型养老机构

社区嵌入式养老就是依托社区空置房源，引进专业化的养老服务机构，为社区及周边的老人输送专业化、精细化的养老服务。社区嵌入式小型养老机构是由专业养老服务企业和组织开办的规模化、连锁化、嵌入式的社区养老服务机构，为有需求的老年人提供个性化、精准化服务。社区嵌入式的养老公寓，集约了居家养老、社区养老和机构养老三者的优势，以社区为依托，通过盘活周边的养老服务资源，在为入住的老年人提供周到细致的生活照料的同时，还兼有日间照料中心的助餐、助医、助学、助乐等功能。"这个养老机构主要在居民社区，离家不离社区，比较方便。老人虽然不在自己家里住了，但是离自己的小区还是很近很方便。它投资规模也比较小，能够适应周边社区诸多老年人的需求，从而解决一些实际问题。""社区嵌入式小型养老机构是把居家、日间照料和机构相应地结合在一起，除了正常的生活护理以外，还会将日间照料所有的活动全部引入到老年公寓来，包括健康讲座、评弹表演等。这样，老人所需要的生活和个人卫生的照料都解决了，同时还把医养结合在一起。"工作人员介绍道。

三 案例讨论

网络分析为解释错综复杂的治理过程以及互动模式提供了一个有用的视角。我们的研究开启了如何确保治理网络成功运行的新思考，正视网络机制的重要性，以及网络管理者在治理网络成功中的关键作用。上述案例表明，为了使治理网络有效运行，互动机制和管理者能力是不可或缺的两个因素，而治理网络的结构特征也会影响互动机制和管理者能力。通常，政府通过建立规则和程序来回应不确定性和复杂的问题，但是当问题被界定清楚且易于管理时，政府的灵活性就会更加获益。此外，比较案例还可以发现，人际关系也是影响治理网络有效运行的另一个重要机制。在良好建构的治理网络中，网络的有效运行还取决于网络管理者是否能够纳入在规则和程序边界之外的行动者。尤其在多中心网络中，治理网络的成功在很大程度上取决于行动者能够遵守规则和程序。

在给定情境下，不同结构要求不同机制实现治理网络成功，不同的网络结构要求不同管理者能力来管理治理网络，不同结构要求不同的网络机制和管理者能力来实现治理网络的成功。基于此，本书提出了治理网络管理策略，网络管理者需要广泛选择和激发行动者，并提高对问题和解决方案的感知，通过改变质量网络的运行规则，使网络的正式和非正式的规则在不同的情境下发挥最大的效用。此外,网络管理还需要提升知识和互动技能,使其不仅仅是核心的行动者和指挥者,更是治理网络的调节者和促进者。因此,谁有权力和机会来做网络的管理者主要取决于其自身的地位和行为规则等[1]。同时,本书还提出了如何成功管理网络的一些重要建议,综合考虑治理网络的情境和结构,并将网络结构与网络机制和管理能力相结合,在正式性和灵活性之间进行权衡。正如案例表明,整合程度越高、越集中的网络结构,其正式的功能机制就越少,网络管理者的权力集中就越高。相反,网络集中程度越低,依靠正式性和适当分权就显得很重要。因此,在结构良好的、整合的治理网络中,网络管理者应该采用更灵活的、非正式的治理,依靠人际关系。本书在理论和实践上的贡献表现在:首先,综合考虑了网络情境和结构、互动机制和管理者能力之间的关系,表明三者会共同影响治理网络的运行;其次,不同的网络结构要求不同的互动机制和管理者能力,要因地制宜;最后,还强调了人际关系作为更加强有力的整合和协调机制的重要性。需要指出的是,由于只比较了成功案例,在案例选取上可能并不全面,对问题的解释性会产生影响。

第四节　基层治理网络中的社会组织

推进"国家治理体系和治理能力现代化"是党的十八届三中全会确定的全面深化改革的重要目标。国家治理现代化包含着多方面的内容,其中,政府治理现代化和社会治理现代化是其重要的组成部分。社会组织作为衔接政府和社会的一个重要桥梁,在推进政府治理现代化和社会治理现代化过程中扮演了关键角色。新一届国务院对进一步转变政府职能、改善公共服务作出重大部署,明确要求在公共服务领域更多利用社会力量。社会组织作为承接政府部分公共服务的主体之一,对于创新公共服务提供方式、推动政府职能转变、整合利用社会

---

[1] Erik Hans Klijn and Joop Koppenjan, "Public Management and Policy Networks", *Public Management: An International Journal of Research and Theory*, Vol. 2, No. 2, June 2000, p. 135.

资源、增强公众参与意识、激发经济社会活力等都具有重要意义。基层社会组织作为社会组织的基本元素，由于其根植于草根组织，多见于居民的自发自助，因此，在基层社会治理和公共服务中发挥了不可或缺的作用。随着经济社会的快速发展，居民需求日趋多元，对服务的专业化和高效化的关注也逐渐增强，基层社会组织的运作模式和能力都遇到了新的挑战。改革创新基层社会组织、重建基层社会组织能力成为当前推进基层政府治理现代化和基层社会治理现代化的重要突破口。本书将从基层社会组织发展的新趋势和能力建设两个方面来探讨基层社会组织发展问题，并通过对当前苏州所进行的"政社互动"实践和基层社会组织发展的案例分析来进一步思考推进基层社会组织改革创新的启发性经验。

一 基层社会组织发展

治理现代化是治理发展的一个全新阶段，它是在具备较为成熟的多元治理主体的条件下得以实现的，这也意味着增强多元主体能力、构建多元治理格局是推进治理现代化的重要前提。有学者指出，治理现代化的前提是分权化，"只有这种分权体制，才能为多主体的民主参与搭建宽广的平台，才能为政府治理的科学化和法治化创造条件"[①]。行政分权作为纵向分权重塑了政府间的垂直关系，研究表明，"行政分权能够促进地方经济发展是因为地方政府能够有更多的自主性并积极支持更多的社会经济活动，从而促进了更加自由的市场经济"[②]。与纵向分权相对应的是横向分权，即政府向市场和社会的分权。《中共中央关于全面深化改革若干重大问题的决定》明确提出，要发挥市场在资源配置中的决定性作用和更好发挥政府作用，改进社会治理方式，激发社会组织活力。横向分权是构建多元治理格局的前提和基础，多元治理格局的核心理念就是多方参与，在治理过程中，既有政府主体，也有市场和社会主体，市场的主体是企业，社会的主

[①] 薄贵利：《推进政府治理现代化》，《中国行政管理》2014 年第 5 期。

[②] Jianxing Yu, Xiang Gao, "Redefining Decentralization: Devolution of Administrative Authority to County Governments in Zhejiang Province", *Australian Journal of Public Administration*, Vol. 72, No. 3, September 2013, p. 239.

体是社会组织和民众,从这个意义上说,多元治理格局就是政府、市场企业、社会组织和公民在社会治理和公共服务中的协同共治。

社会组织作为一个关键的治理主体,其自身能力建设和发展必然成为关注焦点。有学者考察了中国社会组织的总体特征,指出"在以政府逻辑为主导的多层次制度逻辑共同作用下,中国社会组织的特征表现为依附式自主"[①],即"中国社会组织的实际情况及其面临的社会环境,迫使其在方方面面对国家有所依赖,然而这些组织依然可能享有各种实际的自主性"。从独立性的层面上说,当"政府在社会组织领域的(干预)力量(包含了权力与资源两大要素)越大,其塑造社会组织周围正式或非正式制度的能力就越大,组织的独立性就越弱",而"如果社会组织拥有的相对于其他社会部门及政府部门的比较优势越明显,其独立性越强"。也有学者对行业协会的研究表明,"政府主导行业管理的特征依然突出"[②],"政府支持力度成为影响行业协会发挥促进经济转型升级作用的关键因素"[③]。可见,我国的社会组织无论是在自主性还是在独立性上都极强地依附于政府。基层社会组织是社会组织的一种草根形式,多产生于社区居民的自发意愿,具有互帮互助、自娱自乐的功能;抑或是产生于社会组织或公益组织进驻社区,在社区中提供某种服务。这些基层社会组织大多不具备登记注册的资质,而且结构简单、功能有限,但它们却是社会组织自治的雏形,是自我组织、自我管理、自我服务的践行者。从这个意义上讲,研究基层社会组织的运作模式以及与基层政府间的互动关系,不仅有助于推动基层社会组织的改革、促进基层社会治理和公共服务创新,而且对于推进社会组织自治具有良好的启示意义。

已有关于基层社会组织的研究中,有学者提出"社会性团结"概念,指出"培育应该是政府扶助下的民间组织的发展过程,是以民间

---

① 王诗宗、宋程成:《独立抑或自主:中国社会组织特征问题重思》,《中国社会科学》2013年第5期。
② 周俊、郁建兴:《行业管理体制的变革与出路》,《思想战线》2012年第6期。
③ 郁建兴、沈永东、周俊:《政府支持与行业协会在经济转型升级中的作用——基于浙江省、江苏省和上海市的研究》,《上海行政学院学报》2013年第2期。

组织为主体的自我成长过程"①，有学者提出互动模式，即"搭建政府与社区社会组织良性互动的平台，拓展多元化互动模式和互动领域，在公民参与中实现良性互动"②，也有学者基于公民参与视角，指出"居民参与型社会组织比政府组织为居民提供服务更为便利，比企业更能发挥公益组织的特长，比一般社区社会组织在动员居民参与社区服务方面更有优势"③，还有学者从社会治理的视角，提出需要"界分政府与社会二者之间的边界与职责，充分发挥社会组织推进自律自治、形成社会认同、促进多元融合、集结公民意愿、实现利益表达等作用"④。尽管基层社会组织在参与基层社会治理，尤其是在提供个性化、差异性、分散性、小规模服务方面所发挥的作用日益得到人们的认可，但由于受限于制度环境及政策法规上的困境，基层社会组织发展非常缓慢，更多是处于一种自生自灭的生存状态。随着经济社会的快速发展，一方面，政府需要基层社会组织能够更多地参与基层社会事务治理，协同政府提供服务，弥补政府在提供规模化、制度化的基本公共服务之外的那些与人们生活息息相关的个性化和专业化服务；另一方面，基层社会组织也逐渐意识到其自身结构和能力方面的不足，力图寻找变革的突破口。无论是从增强与政府间互动关系还是从提高组织自身能力角度出发，基层政府和基层社会组织都在努力尝试改革创新。基层社会组织作为社会组织在基层社会的草根形式，其运作模式和在基层事务治理中的功能作用发挥在一定程度上都会影响社会组织的发展。从这个层面上看，本书认为，在治理现代化情境下，基层社会组织在推进社会组织自治方面发挥了重要的示范作用。下文将从两个方面对基层社会组织进行考察。

一是基层社会组织发展的新趋势。随着治理工具的多样化和网络信息技术平台的普及应用，基层社会组织开始运用网络技术来构建组

---

① 王思斌：《城市社区建设中的中介组织培育》，《北京行政学院学报》2001年第1期。
② 张静波：《社区社会组织参与社会建设的路径》，《光明日报》2009年11月4日第7版。
③ 陈洪涛、王名：《社会组织在建设城市社区服务体系中的作用——基于居民参与型社区社会组织的视角》，《行政论坛》2009年第1期。
④ 郁建兴、李慧凤：《社区社会组织发展与社会管理创新——基于宁波市海曙区的研究》，《中共浙江省委党校学报》2011年第5期。

织结构，通过建立信息平台来促进沟通交流，这种新的结构形式不仅有助于增强组织的专业性和包容性，还可以克服信息不完全的弊端，从而提升组织运作效率。然而，尽管在技术层面上实现了工具设备的现代化，但由于传统组织管理理念的根深蒂固，基层社会组织必然要面对工具现代化和理念传统化之间的冲突，为此，基层社会组织需要寻找新的突破口来应对这一冲突。

二是基层社会组织的能力建设。尽管基层社会组织有越来越多的机会参与到基层社会治理和提供服务中，但这种参与仍处于初级阶段，多表现为形式上的分散参与。参与之所以很难到位，主要是基层社会组织能力不足的问题，尤其是在专业化和职业化的能力上比较欠缺，因此在提供较为专业性的治理和服务中就很难胜任，这也是当前基层社会组织大多停留在自娱自乐功能层面的原因。而且，基层社会组织还面临着发育良莠不齐、资源整合有限等问题，这些问题在很大程度上阻碍了基层社会组织自身的发展。社区异质化程度不断提高，社区社会组织的发起、培育和治理具有多样性和复杂性特征。那些发展良好的社区社会组织都会在运行过程中进行动态调整，在组织发展初期较弱维度的资源也会得到吸纳和整合，实现发展轨迹的"殊途同归"[1]。社区社会组织的公共性包含公共服务提供、公共利益表达以及公共精神传递三方面，"嵌入性包括行政嵌入、人际嵌入和组织嵌入三方面，社区社会组织的公共性与其治理动力和意愿相关联，嵌入性与其治理能力相关联，治理能力和治理动力进而影响社区社会组织参与社区治理的绩效"[2]。

本书将通过对苏州"政社互动"和基层社会组织改革创新的实践进行考察，试图从上述两个方面对案例进行分析，总结苏州在基层社会组织改革中的一些做法。在此基础上，提炼出相关经验，为进一步推进基层社会组织改革创新和推进基层社会治理现代化提供有益思路。

---

[1] 徐林、许鹿、薛圣凡：《殊途同归：异质资源禀赋下的社区社会组织发展路径》，《公共管理学报》2015 年第 4 期。
[2] 郑永君：《社会组织建设与社区治理创新》，《中国行政管理》2018 年第 2 期。

二 苏州"政社互动"和基层社会组织改革创新案例研究

苏州自 2012 年 6 月启动"政社互动"试点工作以来，主要以理顺基层政府与自治组织、社会组织职责为切入点，以规范政府行政行为、深化自治实践、提升社会组织服务能力为着力点，基本做法主要是进行法治政府、基层社会和互动平台"三大建设"。2012 年至今，苏州市先后出台了《镇（街道）开展"政社互动"试点工作操作指导办法》《村（居）民委员会、社会组织开展"政社互动"试点工作操作指导办法》《关于在全市开展"政社互动"试点工作的指导意见》《关于进一步推进"政社互动"工作的实施意见》等一系列政策文件，规范了基本操作程序，为推进"政社互动"提供了政策支持。

在基层政府方面，通过加强对基层政府工作人员的培训，提升基层政府在"政社互动"中的素质和能力。苏州市连续两年举办乡镇（街道）领导干部"社会建设与管理专题培训班"，组织试点镇（街道）领导参加中组部、民政部在太仓举办的"乡镇长示范培训班"，参加省委组织部、省民政厅联合举办的社会建设专题研究班等，使基层干部对政社互动有更加科学和全面的认识，并直观已有经验，提高业务能力。在基层社会组织和社工人才方面，苏州市设立工商经济类行业协会（商会）、科技类社会团体和公益慈善类、社会福利类、社区服务类社会组织，统一由民政部门直接登记。通过采取"政府支持、民间兴办、专业管理"的创建模式，实施"以奖代补"等激励措施，推行在区（市）、街道（镇）和社区（村）多个层面建设社会组织培育基地，为初创期、成长期的社会组织提供场地、资金、能力支持。同时，苏州市、县（市、区）两级还投入了超过 2000 万元的资金用于开展公益创投活动、创意设计并实施社区服务项目。

案例①：姑苏区昌和公益坊社会组织孵化培育基地

随着基层社会组织尤其是公益组织的蓬勃兴起，如何挖掘它们在基层社会治理和服务供给中的潜力和能量、激发它们的参与热情、规范它们的行为成为一个亟待解决的问题。"公益坊"正是在这样的情境下应运而生。昌和公益坊通过积极引入"生态型"社会组织"产业链"理念，形成由待孵化社会组织为种子，公益研发、能力发展、资源支持为"有机"土壤，成熟型社会组织、社会企业为培育方向，政府购买为链接的相互促进的"有机生态"环境。"公共服务区""成熟社会组织入驻区""政府购买服务区""公益资源区"等多个功能片区通过有效连接，在发挥所处领域专长的同时形成合力，抱团发展。

为提升社会组织培育的专业度，昌和公益坊积极通过政府购买服务形式引入"苏客会"、"乐助事务所"和"双助服务中心"三家专业社会组织为入驻组织提供专业服务。"苏客会"提供物业管家式服务，"双助服务中心"提供宣传推广、组织协调等行政托管服务，"乐助事务所"成立"公益创意研发中心"，为入驻组织提供团队建设、项目设计及运作、组织诊断等专业技术服务支撑。公益坊投入使用半年多来，通过组织公益洽谈会、举办公益沙龙、召开诊断会等多种形式促进入驻组织取长补短，抱团发展。通过个性化指导和专业化运作，"幸福呼"等5家社区社会组织成功注册民办非企业，2个民办非企业完成社会企业发展规划，设计公益项目100余个。昌和公益坊还通过"公益微博""公益网站""公益地图""公益风采展"等多种形式，传播公益文化、传递公益信息，聚集政府部门、企业、基金会等对公益领域的关注与投入。苏州市残联与昌和公益坊合作，采用助残社会组织和助残服务项目"双孵化"的模式，投入200万元，委托公益坊"乐助事务所"和"双助服务中心"，每季度举办一次助残服务项目孵化评审，目前已孵化项目17个，即将启动助残服务项目政府招投标平台。姑苏区委组织部依托昌和公益坊平台，选取6个组织8个项目，试点机关党员参与公益服务工作，共有来自全区十几个部门的100多名党员志愿者与社会组织对接。昌和公益坊还积极与基金会、商协会和爱心企业对接，通过项目合作、资金支持等途径支持入驻组织开展社区服务。截至目前，昌和公益坊已入驻社会组织28家，服务人群覆盖老年人、残疾人、青少年、外来人口、失独家庭、刑释解教人员等特殊困难群体，直接受益人2000余人。昌和公益坊成为成就公益产业的苏州样本，形成了"一网""两中心""三平台""三大孵化网络""四大工作机制"的社会组织培育新模式，推动了政府依法行政与社会组织协同治理的衔接互动。

案例②：太仓市推进基层社会组织改革发展

近年来，太仓市积极探索社会组织向社区延伸政府服务，提高社区自治功能的新途径、新模式，推动"小政府，大社会"的政府职能回归，为社区社会组织的适时、适机发展提供了良机，社区社会组织在社会建设方面的作用日益显现。在政策层面，太仓市出台社会组织内部管理制度示范文本，文本制定了社会团体12项制度、民办非企业单位6项制度，规范了社会组织民主选举、会议、自律、财务、用工、信息等内部管理制度，有效推进社会组织规范化建设。

在平台层面，为大力培育社区社会组织，进一步加强社会组织建设力量，太仓市率先推进镇级社会组织服务中心建设。太仓市的镇级社会组织服务中心性质为民办非企业单位，主要采取政府扶持、民间运作、专业团队管理、社会组织受益的运作模式，重点培育本区镇范围内有社会需求、有发展前景，能直接为社区提供专业服务、志愿服务和便民服务的社区社会组织。镇级社会组织服务中心主要为辖区内社会组织提供五大服务：一是对经审查核准入驻的初创期社会组织提供1—2年孵化培育服务，包括免费提供办公场地、办公设备、注册协助、扶持资金、能力建设、发展指导等关键性支持；二是指导村（居）培育壮大社区社会组织；三是指导区镇所辖村、社区公益创投项目申报、督导、评估、资金拨付及监管；四是结合本地区实际探索有效的"三社联动"服务新机制；五是提供与促进社会组织发展有关的其他保障服务。太仓市把镇级社会组织服务中心打造成为镇级区域内服务社会组织的有效平台和培育社区社会组织的重要力量，并依托镇级社会组织服务中心，进一步理顺市、镇、村三级社会组织服务网络，提升全市社会组织建设水平。

在提升社会组织承接能力方面，太仓市从可持续发展能力、自我管理能力、开展活动能力、社会参与能力等方面抓住社会组织能力建设的着力点。通过建立领导机制，将监督管理和培育发展并重，加大工作指导力度，建立健全指导社会组织能力建设的长效机制。通过建立人才机制，推进社会组织专职工作人员的职业化发展进程。有效利用志愿者资源，把志愿者充实到社会组织工作人员队伍，使之成为解决社会组织人力资源问题的出路。通过建立指导机制，对于不同类别、不同层级的社会组织分别设定不同的标准和目标，通过举办各类培训班，从而提高社会组织自我建设、自我发展的本领，通过召开经验交流会和现场观摩会等形式，推广先进典型和经验。通过评估机制，引导和促进社会组织融入公共服务体系，使其社会组织的能力建设全面、健康、持续的发展和提高。同时，太仓市还推出了政府与基层社会组织"双向评估"的"考核机制"。每年年中、年末，太仓市各镇政府及市各部门，与基层组织互相就履约情况进行打分"考核"，基层自治组织可以自信地对行政越界的"权力进村（居）""政务进村（居）"等擅入事项，亮出"红牌"；对政府在履约中的行政指导、社会服务、行政干预等，基层自治组织将进行等级评估，保障了自治组织话语权、监督权的实质性运用。

上述两个案例分别从基层社会组织发展的新趋势和能力建设两个方面考察了苏州基层社会组织的改革实践。昌和公益坊的实践表明，通过建立社会组织孵化基地来推进基层社会组织的培育和发展成为一个新趋势。社会组织培育基地具有组织孵化、项目研发、能力提升、资源链接、示范引领等功能，有助于系统地推进基层社会组织成长。而且，培育基地能够将政府、社会、专业人才汇聚在一个平台，将社会组织培育、社会服务提供和社会资源交流集中于一个流程，从而促进社会组织发展的专业化、标准化运行。太仓市基层社会组织改革实践表明，通过应用"智慧社区"信息化平台建设，不仅有助于提高社会组织培育的效率，而且能够促进社会组织发展的科学性和可持续性。同时，通过机制创新，激活基层社会组织改革创新的动力，通过制度保障，规范基层社会组织在参与基层社会治理和服务提供中的行为。

三 推进基层社会组织发展和能力建设的经验和限度

在苏州"政社互动"和基层社会组织改革实践中，其基本经验主要是进行法治政府、社会组织培育基地和网络信息互动平台的"三大建设"，以此来规范基层政府行为，形成社会组织培育发展的长效机制，推进机制创新和载体创新。

具体来说，在法治政府建设方面，一方面，积极推进政府职能转变和简政放权，通过梳理本级政府拟向社会转移职能事项清单，建立相应的动态调整机制和公示制度，逐步将政府承担的技术性、服务性、辅助性的行政事项和公共服务事项，交给有资质的社会组织来完成；另一方面，明晰政府权力边界，通过梳理自治组织依法履行职责事项和依法协助政府工作事项"两份清单"，经由依法清理、部门审核、信息公布等程序加以明确，综合运用公开招标、邀请招标、竞争性谈判、单一来源采购等方式确定承接单位，并签订委托协议、落实工作责任。此外，政府还运用行政指导、行政合同、行政资助（奖励）等新型行政管理方式，支持、帮助基层群众组织和社会组织更好地依法参与社会管理、化解社会矛盾。

在社会组织培育基地建设方面，培育基地主要是为社会组织与来自政府、企业以及基金会等资源提供方搭建沟通、交流、分享以及合作的平台和渠道，通过采取"政府出资、专业运作、多方协同、社会组织受益"的运作模式培育和扶持初创期社会组织尤其是基层社会组织和草根公益组织的发展。培育基地主要提供政策、资金和组织方面的支持：在政策上，加大财政支持力度、税收优惠、简化登记手续、从业人员能力培训等；在资金上，通过政府购买服务以及开展公益创投，拓宽了社会组织资金的来源，缓解了社会组织资金不足的问题；在组织上，通过组成政府职能部门、知名公益机构、国内外高校专家学者的专业指导团队，对入驻的社会组织进行指导。此外，培育基地除为"出壳"社会组织提供更优更好的环境之外，还要吸纳和引进更多成熟型社会组织或社会企业入驻，并帮助这类社会组织通过商业运作手段实现公益化效果，助推社会组织向社会企业方向发展。

在网络信息互动平台建设方面，随着"智慧城市"和"智慧社区"建设的兴起，网络信息技术开始广泛地应用于基层社会治理中，使治理行为更加规范化、科学化和现代化。通过建立基层社会组织服务中心，构建"管理精细化、服务人文化、运行社会化、手段信息化、工作规范化"的社会组织管理新格局，形成较为完善的智慧基层社会组织信息化体系，使各种资源能够借助网络信息平台实现更为便捷的整合，提升基层社会组织的监督管理效能，促进信息资源的共享和协同。此外，通过健全沟通协调机制，推动政府、自治组织、基层社会组织三者之间的信息公开；通过畅通互动渠道，鼓励和支持群众自治组织、基层社会组织代表积极参与，深化以社区为平台、以社会组织为载体、以社会工作人才为支撑的"三社联动"机制。

总的来说，苏州基层社会组织改革实践经验表明，主体自身的能力建设和各主体间的互动平台建设是推进基层社会组织发展的两大基石。作为主体本身，政府和基层社会组织都需要提升各自能力。对政府而言，在推进政府职能转移和购买服务中，政府需要转变主导者和管理者的角色，重塑引导者和合作者的角色，形成基层社会治理的多元共治格局。基层政府不仅需要引入其他治理主体来共同推进公共创新，基层政府本身也需要进行自我改革和创新，通过法治政府建设，规范基层政府行为。对基层社会组织而言，最亟待提升的能力便是承接服务能力。社会的认可和政府的信任是社会组织承接政府服务的前提条件，为此，基层社会组织不仅需要提升专业化、职业化能力，还需要提升组织管理能力，包括可持续发展能力、自我管理能力、开展活动能力、社会参与能力等。政府和基层社会组织各自具备了相应的能力，还需要构建一个平台使各主体间能够有效互动。这个平台不仅要实现信息共享和资源互补，还需要在互动过程中促进机制创新。网络信息互动平台的应用，使治理工具和方法更加现代化和智能化，有利于促进基层治理的科学性和普适性，"中国社区的资源禀赋决定了社区社会组织的初始类型，但无论是什么样的起点，要实现社区社会组织的良性发展，必定要在发展过程中动态调整，吸纳和整合其他力量和资源，方能实现国家与社会在社区层面的协同共治"①。

需要指出，苏州的改革实践中也存在一些局限。主要体现在两个方面。一是尽管政府在推进基层社会组织改革方面出台了很多政策且改革力度也很大，但由于社会组织相关法制不健全且社会组织尤其是基层社会组织的能力太弱，而且，基层政府工作人员的管理思维很难快速彻底地从传统管制转变为现代治理理念，因此，在社会组织培育基地建设中，培育有资质、有能力承接政府服务的社会组织仍需要比较漫长的过程。当前更多的是以项目为载体的基层社会组织，也就是说，这些基层社会组织在获得公益项目资助完结之后可能就会消失，因为受限于自身的组织能力和筹资能力，大多数基层社会组织很难实现可持续发展。二是网络信息平台尽管在技术层面上实现了工具设备的现代化，但由于传统管理理念的根深蒂固，资源整合还存在很多困境。"智慧平台"需要获取与基层社会组织相关的各个上级部门的信息并将其整合在统一的网络信息平台上，但由于各个部门的信息难以充分共享，资源整合困难，而且，构建整体信息化平台所需要的口径也很难统一，所以，网络信息互动平台在管理和服务方面的应用也遇到了诸多限制。基层社会组织的培育和发展是一个循序渐进的过程，在这个过程中，制度环境、政策法规、组织结构、行为主体都在不断发生改变，这就需要政府积极发挥引导功能，促进基层社会组织管理体制和机制创新，进而推进基层社会治理现代化。

---

① 徐林、许鹿、薛圣凡：《殊途同归：异质资源禀赋下的社区社会组织发展路径，《公共管理学报》2015 年第 4 期。

第三章 基层干部与基层治理

第一节 基层治理中的基层干部

基层干部作为基层政府的领导，在基层治理中发挥了重要作用。基层社会治理成效如何，基层干部是决定性因素。要统筹考虑基层干部队伍建设，逐步建立一支素质优良的专业化社区工作者队伍。通常，干部被看作制度改革的对象和政策制定的发起者，这种看法多是基于制度主义的观点以及由地方政府的角色来界定的。在基层治理中，基层干部是核心问题，基层干部与制度化的职位和角色有关，这种制度化的职位具有公共问责性，使基层干部不同于基层治理中的其他主体。正如有学者指出，"基层干部既是国家治理的主体，又是国家和社会重叠区域的行动者，既位于一种自上而下的压力型科层制下，又被置于一个非程式化的基层社会之上，既受到来自科层体系自上而下的压力，更有来自社会自下而上的民众抵制事实，被各种关系网络体系包裹并制约"[1]。

一 基层干部的领导力

领导力与领导者的行为方式密不可分。当然，行为方式也会受到情境的影响，每个领导者根据自身需求来决定他的行动以及与其他主体之间的关系。帕森斯的行动系统包含了三个亚系统："性格系统，由行动者的动机和取向组成；社会系统，由多个行动者之间的相互作

---

[1] 田雄、郑家昊：《被裹挟的国家：基层治理的行动逻辑与乡村自主》，《公共管理学报》2016年第2期。

用和关系组成,其基本单元是角色而不是个人;文化系统,包括信仰、象征符号、价值观,三个系统密切相关、彼此渗透。"① 在韦伯的研究中,领导者具有理性的和合法的权威,这种权威来自国家的组织结构。关于领导者应该做什么以及如何做的问题,一种普遍的观点认为,领导者应该通过组织和管理方式来实现明确的公共目标。领导者在制定和执行公共政策中扮演主要角色,领导者的政治、管理和领导技能,以及情景、经验、专长、策略和个性,都可能会影响执行的有效性。

威尔逊的开拓性研究给公共行政的领导分析框架打下基础,他认为,公共行政领域和企业领域,都有一批训练有素的领导者,他们表现出了稳定的、热心的、忠诚的好行为。威尔逊的分析框架是政治中立或行政中立的,他提出构建一个特殊的领域彻底训练官员,强调将专业知识、技能、能力以及科学方法应用到公共政策和公共行政领域。泰勒运用科学管理理论阐明,在效率、节约、有效性的目标下,科学观察、分析、干预管理过程可能会提高生产率。本纳德认为任何组织的本质都是合作的,组织中的领导力是使个人动机与组织目标之间达成适当的一致。领导力能够提供沟通机制,促进必要的努力,完成构想和确定目标。由此,领导力方法作为一种组织现象得到了广泛关注,它强调组织的愿景、决策制定、机会、管理和象征,体现了实现目标所需的价值观和能力。

领导力是一个复杂的现象,在不同的地方表现不同。不同于企业家领导力,公共领导力是基于专业的专家、知识、技能和能力。由于工业化的领导范式强调狭隘的工具目的,不能满足社会需求,因此,领导者的行为应该代表公众,通过保持和加强合法权威来管理公共事务。领导力发展需要考虑情境,与培育社会关系一致,而不是提高人际间竞争来挑选个体。

二 权力与地位

Magee 等学者将权力和地位看作"公共管理者影响力来源的主要

---

① 傅正元:《帕森斯的社会学理论》,《国外社会科学》1982 年第 11 期。

基础"①。权力是对珍贵资源（包括物资的、财政的、社会的和知识的资源，如信息不对称、专家知识、自由裁量权等）的不对等控制权。权力具有情境性，管理者的权力会根据情境发生变化，外部约束条件也会对权力产生影响。正如有学者指出，"基层党政一把手的权力配置呈现出两个面向：一是面对上级，相对于上级要求一把手的责任而言，其法定权力配置缺失，集中表现为权力与责任的不对称；二是面对下级，一把手未经法定授权的权力却高度集中，甚至演变成为全能型书记、一言堂书记。基层党政一把手的权力配置呈现一体两面的状况，即法定权力不足、自授权力集中"②。权力研究关注分权、资源控制、权威等问题。学者研究发现，"权力能够促使人们主动去实现他们的目标，权力拥有者会更加关注与目标相关的信息并且会采取行动"③。

基于对权力的掌控程度，权力者可以区分为高权力者与低权力者。研究发现，"在协商情境中，高权力者对他们的观点更加确信并表现出更多自信，更愿意发起协商并首先提供帮助"④，因为高权力者能够预测风险情境中的积极结果，因此比低权力者更愿意做出风险性的选择。但是，高权力者也容易表现出独断和以自我为中心的特征，低估下属对集体目标的贡献。由于高权力者容易对他人造成贬谪或攻击，因此人们对于同高权力者的互动期望较为消极。

与权力不同，地位是被他人尊重的程度。地位是一个不断积累的过程，表现为两种不同类型的特征：一种是基于刻板模型，如年龄、性别、民族等；一种是基于能力，如政治技能、工程技能、政策能力等，那些在重要时刻表现优秀的人通常都会获得高地位。高地位的人常常受人喜爱并被认为是无私的和乐于合作的。在社会交往中，由于

---

① Joe Magee and Clifford Frasier, "Status and Power: The Principal Inputs to Influence for Public Managers", *Public Administration Review*, Vol. 74, No. 3, April 2014, p. 307.
② 王浦劬：《论我国基层治理权力与责任体制机制的优化》，《中共福建省委党校学报》2015 年第 1 期。
③ Joe Magee and Clifford Frasier, "Status and Power: The Principal Inputs to Influence for Public Managers", *Public Administration Review*, Vol. 74, No. 3, April 2014, p. 307.
④ Fast Nathaniel, Nir Halevy, and Adam Galinsky, "The Destructive Nature of Power without Status", *Journal of Experimental Social Psychology*, Vol. 48, No. 1, January 2012, p. 391.

高地位的人对社会交往有确定的预期,有助于形成积极的互动体验,因此更容易得到他人的支持。有研究发现,"相对于低地位的人,高地位的人更注重管理过程的公平性,在协商中更愿意在双方都满意的情况下达成一致"[1]。

需要指出的是,权力和地位并非完全对等的关系,即高权力不一定意味着高地位,或低地位不一定意味着低权力。利普斯基关于街头官僚的研究表明,尽管街头官僚在科层制等级中的地位并不高,但却拥有大量的裁量权,因此,科层制等级与权力之间并不存在必然联系,职位与影响力之间也不存在必然联系。权力和地位在人际交往中会产生非正式的影响,在不同情境中能够影响人们的认知和行为,但二者的影响却各不相同,主要表现在:第一,二者的主观程度不同,相对于权力,地位的主观程度更强;第二,下属扮演的角色不同,下属很难授予管理者权力,但却能赋予管理者地位。

三 社会认知

"喜欢(热情、信任)和尊敬(能力、效率)是社会认知研究的两个基本维度"[2],在研究人际间关系、评价核心领导以及刻板模型中应用非常广泛。社会认知模型主要应用于心理学和社会学研究,用来解释产生社会感知、行为和情感的动力。近年来,政治学和行政学研究也逐渐开始将社会认知模型应用于对政治心理、政治行为以及行政行为的研究。刻板印象模型(SCM)作为社会认知模型的一个重要方法,将社会感知与对人际情绪和行为的期望相联系。SCM 提出了两个维度:热情和能力,热情维度包括友好、容忍、乐于助人和亲社会感,能力维度包括智商、技能和功效。基于这两个维度,SCM 认为:(1)人际间的偏见既是给予群体的也是情境依赖的;(2)认知评价发生于交往时彼此对对方意图和能力的评价;(3)情绪会调节刻板印象对行为的作用。换言之,社会认知会

---

[1] Susan Fiske, "Interpersonal Stratification: Status, Power, and Subordination", in Susan T. Fiske, Daniel, T., eds., *Handbook of Social Psychology*, John Wiley & Sons, 2010, p. 6.

[2] Susan Fiske, Amy Cuddy and Peter Glick, "Universal Dimensions of Social Cognition: Warmth and Competence", *Trends in Cognitive Sciences*, Vol. 11, No. 2, March 2007, p. 77.

改变群体间影响和对行为的期望，"情绪是刻板印象转化成行动的关键因素"[1]。

人们对热情和能力的认知与其所处的地位和合作经历密不可分，一般认为，地位预期感知能力，合作预期感知热情。人们会从与他人的合作和竞争结构关系中推断热情，而从表面上的地位来推断能力（声望、经济成功）。类似的研究也表明，人们关于热情和能力的认知会受到情感和认知情境的影响，热情感知比能力感知更依赖于情感因素。在社会交往中的积极经历来自主观感知受到欢迎并对享受这种在交往中获得的潜在回报充满自信，这种信心能够通过预期未来而鼓励社会行为。而认知情境也会影响人们的感知和行为，关于政治参与的研究在检验超出个人层面之外的因素时发现情境会对行为产生影响，指出"人们所嵌入的情境会对其所获得的信息提供重要参数，互动过程中的经历也会导致个人更多或更少地投入政治参与"[2]。热情感知和能力感知对人际间形成的信任和相互关系的影响并不相同。有学者研究指出了基于情感的信任和基于认知的信任之间的不同，认为基于情感的信任是以真实的照顾和关心对方的福祉为前提形成的个人之间的情感纽带，而基于认知的信任是基于对个人能力和绩效可靠性的了解和期望形成的。也有学者区分了基于工作形成的关系和基于人际吸引形成的关系，认为"情绪主要影响人际间关系而不是基于工作形成的社会行为"[3]，他们对强关系和友谊关系进行了比较，指出情感强度是强关系的一个基本特征，情感要素（亲密感和时间投入）能够加强人际关系。而人际间关系也会影响和改变人们寻求和获得完成任务所需的资源，并通过非正式网络（如协调、协作和创新）来实现。

受此启发，在公共管理研究中，有学者提出了美德与能力维度，

---

[1] Susan Fiske, Amy Cuddy and Peter Glick, "Universal Dimensions of Social Cognition: Warmth and Competence", *Trends in Cognitive Sciences*, Vol. 11, No. 2, March 2007, p. 77.

[2] Mary R. Anderson, "Beyond Membership: A Sense of Community and Political Behavior", *Political Behavior*, Vol. 31, No. 4, March 2009, p. 603.

[3] Tiziana Casciaro and Miguel Sousa Lobo, "When Competence is Irrelevant: The Role of Interpersonal Affect in Task – Related Ties", *Administrative Science Quarterly*, Vol. 53, No. 4, December 2008, p. 655.

认为美德与能力是公共管理者的关键因素，成功的公共管理取决于"技术三角形"，即技术能力、领导力和道德能力，以此来区别所谓的"道德三角形"，即作为结果的道德（基于期望结果的决策）、责任道德（基于规则应用的决策）、美德道德（基于合适的道德特征的决策）[1]。对市民的仁慈是行政实践一种内在的善，并将道德能力视为对新公共管理所倡导的竞争和自利目标的必要弥补。传统的行政学研究区分了公共行为和私人行为，指出公共行为具有程序化和管制性特征，而私人行为具有亲密和情感特征。经典科层制模型将公共行为和私人行为分隔开来，把官员描述成置于特殊层级中执行上级决策的无情感的角色。公共机构的声望取决于技术能力、绩效水平、程序公平以及公共管理者的道德水平等方面。对政府而言，其声望和地位在很大程度上取决于其过去的表现。因此，公共管理者一方面可以通过主导性和优越性来展现其控制的形象，另一方面也可以通过技术能力及亲和力来增强其影响力。随着治理的兴起，建立伙伴关系、形成多元共治促使官员与组织内部和外部（市场与社会）进行合作，从而打破了公共行为和私人行为之间的樊篱，使公共行政更多地关注人际间关系的非正式网络。非正式网络能够给参与者提供信息和观点，这会产生一系列重要的结果，如"更多的协商、包容不同的观点以及更大程度的容忍"[2]。

第二节 基层干部如何激励社区参与

近年来，基层政府与基层治理研究方兴未艾。社区作为基层治理改革实践的重要场所，一直备受研究者的关注。社区治理被视为居民为满足日常需要而进行的自我组织、自我管理和自我服务的社会适应过程。社区是由高度组织化的社会单元和系统构成，因此社区治理包

---

[1] Michael Macaulay and Alan Lawton, "From Virtue to Competence: Changing the Priciples of Public Service", *Public Administration Review*, Vol. 66, No. 5, September 2006, p. 702.

[2] Tiziana Casciaro and Miguel Sousa Lobo, "When Competence is Irrelevant: The Role of Interpersonal Affect in Task – Related Ties", *Administrative Science Quarterly*, Vol. 53, No. 4, December 2008, p. 655.

含了地位、角色、群体和习俗等功能因素。社区最重要的特征是互动，社区成员在互动过程中分配和交换资源以满足需求。互动强调了（多元）关系和（共同）行动的重要性，使"社区治理研究从静态走向动态，并开始更多地关注人的角色和行为"[①]。

随着城市社区日趋多样化，采用同一性的政策已不能解决社区里的诸多问题。基层政府将面临一系列新生的复杂问题，如新资源、新技术、公共基础设施建设、公共服务供给创新、生态资源和环境保护，以及城镇化带来的其他困境和挑战等。基层政府很难凭一己之力解决这些问题，这就需要更多主体来参与基层治理过程。参与作为互动的一种重要形式，被看作连接政府和居民的制度桥梁。社区参与主要聚焦三个方面：一是关注社区参与的运作形式和过程；二是分析基层政府在社区参与中的行为策略；三是讨论市场企业（如物业公司）、社会组织（如公益组织、志愿组织、业主委员会）以及社区居民如何参与社区治理。

政府赋权和居民增权促使基层权力结构发生变迁，政治空间得到扩展。在这一背景下，基层干部的角色和行为也发生了一系列变化，主要表现在：一是年龄结构年轻化，中青年基层干部的比例逐渐提升；二是学历层次提高，大学本科及以上学历的基层干部日益增多；三是职业化水平提升，与以往凭借自身经验的工作方式不同，现在更加注重基层干部的职业化水平；四是社会交往增加，基层干部不仅需要与市场和社会合作来获取资源，还要与街道办和社区居民打交道。这在一定程度上使得基层干部的个人特质和能力因素在基层治理中得到凸显。基层干部的个性和态度会被公众认知，这种认知反过来会影响公众的参与度和满意度，而基层干部的工作能力也会影响基层治理的绩效。有效的基层干部能够帮助社区形成重要的关系、建立沟通、引导社区发展方向。

前辈学者对基层干部与社区治理进行了大量的研究，有研究指出，"我国的干群关系表现为有限的合作和局部的紧张，尤其是越往

[①] David Cascante and Mark Brennan, "Conceptualizing Community Development in the Twenty-first Century", *Community Development*, Vol. 43, No. 3, July 2012, p. 293.

基层情况越不容乐观"①，也有学者对中国基层党政领导干部的胜任特征进行研究，发现"基层干部更注重个人道德修养，而相对忽视处理实务的能力"②。还有学者认为，"基层干部作为政策执行的主体，被所处社会中的情感、地方知识和利益关系所形成的复杂细密的网络所制约。基层干部没有与更上一级政府谈判的空间和余地，唯有直面民众，通过各种妥协、冲突和联合方式完成工作。他们疲于应付、消极应对、相机处理"③，这影响了基层干部的行为方式。然而，关于基层干部与社区参与的关系讨论却并不多。本书研究在城市治理情境下基层干部与社区参与之间的关系，基于权力地位分析和社会认知分析，考察基层干部和社区参与的关系是如何影响基层治理进程和结果的。在城市基层治理中，基层干部设计和解释社区参与规则，并负责组织、资助和执行。社区参与通过将当地知识纳入政策过程，提高了政策过程的合法性、民主性和透明性，增加了政策执行的反馈，提高了政策执行的有效性。

一 热情感知与社区参与

政治学将认知方法应用于政治心理和政治行为研究中，指出政治认知是人们在复杂的社会情境中了解和思考政治世界，并从中感知个人政治目标的过程。政治认知范式分析了"人们如何产生个人政治目标和政治观点，以及在认知过程中产生政治回应和政治判断的动力机制"④。社区是人们日常生活的场所，社区里的邻里互动与交往，会影响人们的决策，如社区选举。研究发现，个人的政治成熟（政治专业性和政治意识）程度不同是政治信息过程出现异质性的一个非常重要的原因。个人参与社区事务能够提高其对政治信息的获得并可能引

---

① 龚维斌：《我国当前干群关系的现状、特点与原因》，《北京行政学院学报》2005年第4期。

② 王登峰、崔红：《中国基层党政领导干部的胜任特征与跨文化比较》，《北京大学学报》（哲学社会科学版）2006年第6期。

③ 田雄、郑家昊：《被裹挟的国家：基层治理的行动逻辑与乡村自主》，《公共管理学报》2016年第2期。

④ Kathleen M. McGraw, "Contributions of the Cognitive Approach to Political Psychology", Political Psychology, Vol. 21, No. 4, December 2000, p. 805.

起政治讨论和行动。而政治讨论多是社会互动的副产品，因为多数的政治互动的产生并不是在人们进行关于政治问题的特别演讲中，而是来自人们闲聊的社会过程中。社区成员在参与的过程中会形成社区感，社区感反过来也会影响社区成员的政治认知和行为，如效能感、政治参与和政治讨论等。社区感作为一种归属于群体的内聚感，是人们之间基于共享利益建立起的情感纽带，个人感知在社区中的重要性会对社区影响政治的方式产生深刻的影响，社区感使"社区成员有重视感以及相信通过互惠承诺能够使社区成员的需求得到满足"[1]。

相比于其他政府官员，基层干部更接近人们的日常生活，与人们打交道的机会也更多。由于地位预期感知能力，合作预期感知热情，因此，人们对基层干部的热情感知和能力感知都较强。基层干部的热情感知会受到个人特质的影响，如性别、学历、性格等。有学者对核心领导与社区参与的关系进行研究，发现"领导力比学历对政治参与的数量影响更大，而学历则比领导力对政治信念导向或质量影响更大"[2]。在互动过程中，亲社会动机强的基层干部在与社区成员的交往中会表现得更加热情，更注重与社区成员的情感沟通。当社区成员感知到基层干部的热情时，会更容易与之建立起基于人际的关系，并形成基于情感的信任，产生积极的社区感，进而更愿意参与社区互动。

二 能力感知与治理绩效

组织中的权力通常都是实质性的权力，高权力者能够对组织成员及组织进行影响和控制。有研究发现，高权力者在工作时会付出更多的努力，也更容易获得晋升。可见，权力与能力之间在某种程度上存在着正相关关系。然而，这种正相关关系并非必然和绝对的，那些没有实质性权力的人也可能具有较高的能力，这需要考虑到权力感的问题。与实质性权力不同，权力感是对自己影响他人能力的知觉。权力感可能自权力中产生，也可能与权力没关系。权力感知会使其超越自

---

[1] Mary R. Anderson, "Beyond Membership: A Sense of Community and Political Behavior", *Political Behavior*, Vol. 31, No. 4, March 2009, p. 603.

[2] Robert Alford and Harry Scoble, "Community Leadership, Education, and Political Behavior", *American Sociological Review*, Vol. 33, No. 2, April 1968, p. 259.

身地位而对他人产生实质性的影响，研究表明，那些具有强权力感的人能够增强他们的实质性权力，如基层干部就是一个很好的例子。关于能力，学者区分了能力和普通资格的不同，指出"资格是指简单的工作要求，而能力是个人的一种潜在能力使其能够成功处理各种情况或者完成工作任务，它包括一系列要素：智力技能、态度、价值、动机、个人品质和社会技能等"①。有学者对基层领导干部的胜任特征进行研究，提出了12个核心能力要素，包括"创新能力、学习能力、决策能力、组织能力、沟通协调能力、调查研究能力、激励能力、政策把握能力、信息整合能力、情绪能力、统筹规划能力和危机管理能力"②。考虑到基层干部所处的情境，既要受到上级政府的绩效考核，这会直接影响基层干部的职业生涯和晋升机会，又要面临来自公众的满意度评价，这会影响基层干部的声望并影响其绩效考核。

绩效考核已经成为干部晋升的一个重要取向。已有研究考察了绩效考核对基层干部行为的影响，海贝勒指出，绩效考核不仅是用于构建有效和理性官僚的一个政治工具，也是政治沟通和内化控制的一个工具。它不是惩罚或绩效监督，而是改变干部的态度和行为，有意识地调整干部的表现以符合政策和发展的要求，并确认他们解决问题的能力。如有的地方就规定，在干部提拔之前，要在邻里居民中咨询干部的行为，并强调将公众纳入评估过程（如群众满意度评估）。从这个意义上说，"中国情境下的绩效考核，一方面通过专门的政治沟通渠道引导干部行为，促进形成一个激励系统；另一方面引起大量的社会回应，这些社会回应对干部行为的影响比考核自身的激励效果更大"③。此外，绩效考核也成为不同层级间政治沟通的渠道，"上级政府通过评估在众多政策目标中确定优先考虑的事项，基层干部运用考核来表现政绩，并期望得到晋升，事业晋升是基层干部积极完成评估

---

① Michael Macaulay and Alan Lawton, "From Virtue to Competence: Changing the Priciples of Public Service", *Public Administration Review*, Vol. 66, No. 5, September 2006, p. 702.

② 胡月星：《基层领导干部核心胜任特征的实证探索》，《国家行政学院学报》2007年第5期。

③ Thomas Heberer and Rene Trappel, "Evaluation Processes, Local Cadres' Behavior and Local Development Processes", *Journal of Contemporary China*, Vol. 22, No. 84, May 2013, p. 1048.

任务的核心动机"①。因此，对于晋升意愿强烈的基层干部，其工作能力也相对较强，并且会努力地完成上级政府指派的任务，促进基层治理绩效的提升。

本书在跟踪考察了S市城市社区治理改革实践后发现，尽管各街道基层政府都落实了市政府关于推进社区治理改革的政策意见，并认真执行了上级政府所要求完成的任务，在制度背景大体相同的情况下，居民自治程度和参与水平在不同的街道和社区却表现出很大的不同。这种不同可能是街道所辖资源、居民构成、社区类型等原因造成的，但还有一个不容忽视的原因是主要行动者即基层干部在社区参与中扮演的角色和发挥的作用不同，而目前关于这方面的研究却非常少。基于此，本书重点研究基层干部在社区治理改革中的角色和行为特征，通过社区成员（社区居委会、业委会、居民、社会组织、物业公司等）对基层干部的认知分析，探讨基层干部是如何影响社区的居民参与程度，通过对不同社区进行观察，我们试图探寻基层干部与社区参与之间的关系。我们筛选的这几个社区中，基层干部的角色和行为都存在着明显的差异，在推进项目实施过程中所发挥的作用也各异，最终导致社区居民的参与程度和满意度大相径庭。

由于行为是个体和环境的函数，基层干部的行为会受到其性格和能力以及情境的影响。基于社会认知的SCM模型，本书将从热情和能力两个维度来分析社区成员对基层干部的社会认知以及由此引致的对社区成员参与度的影响（如图3-1所示）。我们需要思考：基层干部具有高权力还是低权力？基层干部处于高地位还是低地位？基层需要的是热情的基层干部还是能干的基层干部？

可以看到，基层干部的地位会在很大程度上影响社区成员对基层干部的热情感知，而对其能力感知的影响较弱。社区成员对基层干部的热情感知越高，社区成员的参与度也越高。社区成员感知到基层干部的热情，会更容易建立基于人际吸引形成的关系，并生成基于情感

---

① Thomas Heberer and Rene Trappel, "Evaluation Processes, Local Cadres' Behavior and Local Development Processes", *Journal of Contemporary China*, Vol. 22, No. 84, May 2013, p. 1048.

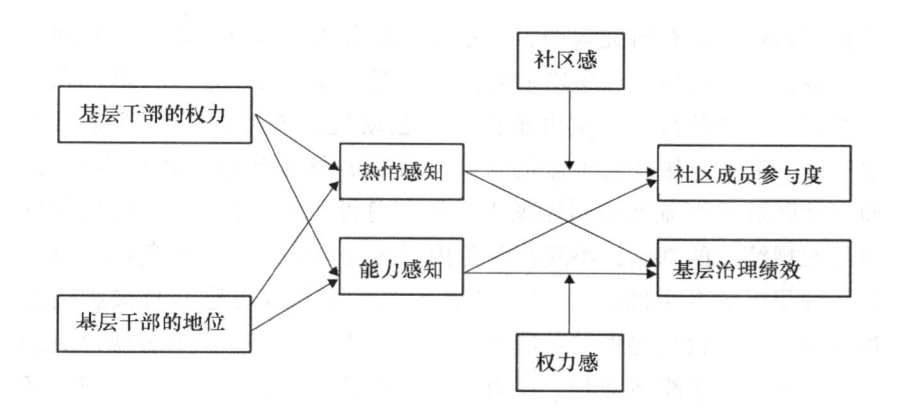

图 3-1 基层干部与社区参与、治理绩效关系

的信任，进而积极与基层干部互动，参与社区治理。而如果基层干部较为冷漠，与社区成员的交往仅限于完成工作任务的目的，即使基层干部可能具有较强的能力，但由于缺乏情感基础，社区成员对基层干部的认可度可能会影响他们参与社区治理的积极性。基层干部如果具有威权式作风，尽管可能会高效完成上级下派的任务，但却并不利于社区参与的可持续发展。此外，社区成员的社区感越强，他们对基层干部的热情感知就越有可能影响他们的社区参与程度。

基层干部的权力会在很大程度上影响社区成员对基层干部的能力感知，而对其热情感知的影响较弱。社区成员对基层干部的能力感知越高，社区的治理绩效水平也越高。从案例中不难看出，具有强烈晋升意愿的基层干部会更努力地完成上级政府指派的任务，其工作能力也相对较强，但与社区成员主动交往较少，交往也是建立在完成工作任务的基础上，情感沟通很少，那些希望得到晋升的干部，能够表现出更好的考核结果。相比而言，没有意愿晋升或终止的基层干部在与社区成员交往中会显得更为热情，更加愿意和居民交流沟通，他们晋升意愿（希望）不大，在社区工作中相对注重基于情感的人际间关系的形成。

心理学认为，权力感是对自己影响他人能力的知觉，其与真实权力之间并不形成直接对应关系，即个体具有高的权力感并不代表其实际拥有高权力。有研究表明,"个人权力感高,则预示着个体所拥有的资源多以及对他人产生影响与控制的能力强。有了这些保障,人们更会去从事各种行为,做出角色外的主动性工作行为"[1]。对基层干部而言,完成上级政府下派的行政任务通常被视作履行角色内行为,而与社区成员交流互动则体现为一种角色外行为。其中,"角色内行为是常规绩效的基础,不履行角色内行为会导致惩罚,而角色外行为是一种积极的自主性行为"[2]。基层干部自身的权力感会直接影响其角色外行为,权力感强的基层干部会在与社区成员交往中表现得更加积极主动,在组织活动时,权力感强的基层干部也会更倾向于同社区成员、辖区单位、社会组织等进行合作。

第三节 基层减负悖论与基层干部困境

党的十九届四中全会提出:"健全劳动、资本、土地、知识、技术、管理、数据等生产要素由市场评价贡献、按贡献决定报酬的机制。"数据已成为经济社会发展的一个重要生产要素。2020年《中共中央国务院关于新时代加快完善社会主义市场经济体制的意见》指出,要"加快培育发展数据要素市场,建立数据资源清单管理机制,完善数据权属界定、开放共享、交易流通等标准和措施,发挥社会数据资源价值"。数据要素市场的培育以及由大数据驱动的经济社会发展成为我国现代化进程中最为显著的特征。大数据、云计算、区块链、人工智能等技术创新与应用将进一步推动政府治理模式的数字化转型,数字政府和数据治理成为推进国家治理体系和治理能力现代化的重要路径和方式。

数据要素越来越广泛应用于社会治理领域,成为有效解决复杂社会问题的技术和手段。"海量数据的挖掘整合、统计关联和预测分析技术的成熟运用,可为社会治理领域民意感知和民情研判、社会风险

---

[1] 段锦云、黄彩云:《个人权力感对进谏行为的影响机制:权力认知的视角》,《心理学报》2013年第2期。

[2] 段锦云、钟建安:《"大五"与组织中的角色外行为之间关系研究》,《心理研究》2009年第5期。

评估和政府响应提供技术支持，为社会治理的智能化提供制度和技术保障。"[1] 尤其在基层社会治理中，数据被用于统计民情民意、回应多元化需求、进行精准化治理、提供精细化服务等诸多事项。然而，数据要素和信息技术在基层社会治理中迅速普及与应用的同时，基层社会治理却缺乏相应的制度环境和制度体系与之有效衔接，"信息孤岛""数据烟囱""僵尸系统"等问题突出，基层工作人员尤其是社区工作者的任务越来越多，责任越来越重，"表格满天飞、档案到处堆、数据随时催"现象十分常见，使他们疲于应付填报各种数据和表格，"白天巡查，晚上填表"成为工作常态，极大影响了工作绩效，技术创新带来的治理红利并没能有效转化为治理效能。为此，需要思考如何通过制度设计为数据要素和信息技术在基层社会治理中的应用营造良好的制度环境，促进技术赋能与制度体系有效衔接，从而提升基层政府社会治理效能，真正实现基层减负。本书通过考察数据要素和信息技术在基层社会治理中的应用，探讨制度设计和制度环境对技术赋能的促进和制约影响，进而探讨提升基层政府社会治理效能的可能路径和方式。

一 技术创新、制度与治理效能

熊彼特在《经济发展理论》一书中提出了"创新理论"，他试图建立一个以创新为内在动力的内生经济变迁的理论，即把技术创新内生化，进而研究由创新推动的经济结构以及制度变迁的过程。技术创新的目的在于服务某个特定的应用目标，并采用正确的技术和方法，以解决开发新技术、生产新知识和创造新组织等问题。技术创新不仅能够带来实体性技术的变革，而且能够对作为知识的技术（如技能、规划）和作为意志的技术（意愿、需求和动机等）等观念性技术产生影响，促进技术进步，因此受到国家和政府的重视和青睐。

理论上，由于技术创新会受到机会成本和逆向溢出等因素影响，技术创新对经济增长的作用是不确定的。已有研究表明，如果技术创

---

[1] 孟天广、赵娟：《大数据驱动的智能化社会治理：理论建构与治理体系》，《电子政务》2018年第8期。

新的收益低于机会成本，技术创新就可能阻碍经济增长方式转变；当技术创新逆向溢出至外资企业，也会使技术创新投入与生产技术进步不对称，导致技术创新收益低于机会成本[1]。为此，需要通过制度设计引导技术创新促进经济增长，正如吴敬琏所说，"一个国家、一个地区高新技术产业发展得好坏快慢的症结，在于是否建立了有利于发挥人力资本的作用、有利于创新的制度"[2]。林毅夫等在《技术选择、制度与经济发展》一文中也指出，大多数发展中国家没有实现向发达国家收敛的最主要根源是发展中国家政府采取了不适当的赶超战略，"采用扭曲利率、工资和其他价格并用行政手段配置资源的方式来补贴/保护企业。这样，市场的作用会受到抑制，发展中国家的发展绩效会很差，收敛也不会发生"[3]。制度成为技术创新和经济增长间关系的一个重要中介变量。

当前，我国的技术创新表现为以大数据和信息技术为主的综合技术体系的形成，管理方式表现为数字化、网络化和智能化治理等特点。数字化浪潮和信息技术催生了社会变革的同时，也要求国家治理体系和治理能力本身的变革，即"从生产关系变革层面回答数字社会形态下国家治理体系和治理能力现代化建设的核心任务和主要内涵"[4]。制度设计至关重要。吴敬琏曾指出，"如果我们热心于发展我国的高科技产业，就首先应当热心于落实各项改革措施，建立起有利于高新技术以及相关产业发展的制度。这样的制度安排才是推进技术进步和高新技术产业发展的最强大的动力"[5]。因此，建立一种有利于技术创新的社会增长体制，促进大数据和信息技术在社会治理中的作用发挥，提升社会治理效能，是当前政府推进技术治理的当务之急。

---

[1] 唐未兵、傅元海、王展祥：《技术创新、技术引进与经济增长方式转变》，《经济研究》2014年第7期。

[2] 吴敬琏：《制度重于技术——论发展我国高新技术产业》，《中国科技产业》1999年第10期。

[3] 林毅夫、潘士远、刘明兴：《技术选择、制度与经济发展》，《经济学（季刊）》2006年第3期。

[4] 鲍静、贾开：《数字治理体系和治理能力现代化研究：原则、框架与要素》，《政治学研究》2019年第3期。

[5] 吴敬琏：《制度重于技术——论发展我国高新技术产业》，《中国科技产业》1999年第10期。

在基层社会治理领域，数据要素和信息技术在推进基层社会治理数字化、信息化、智能化上效果显著，基层智慧治理的优势已充分显现。《人民日报》人民智库2020年8月份的调查结果显示，以"大数据+"为手段的基层治理在政务管理效率、城市治理水平等方面的作用大大提升，尤其是在提升办事便利性（61.79%）、推进决策更加民主化和科学化（61.42%）、提升群众获得感（62.21%）方面获得了公众的广泛认可。然而，调查数据也发现，在基层社会治理中，"数据烟囱""信息孤岛"梗阻凸显。这主要有两方面的原因：一是技术方面，由于缺乏统一的信息建设和技术共享标准，不同业务部门和属地区块各自进行信息化建设，信息系统很难兼容，数据和信息被分割存储，信息无法联通和共享。二是制度方面，由于科层制强调专业分工、等级结构和组织内外边界，其制度环境也必然是形成并促进领域的分割和边界的固化，业务部门的分割和属地管理的固化所造成的条块分割，最终导致数据和信息的碎片化存储。部门壁垒会形成信息壁垒，部门间竞争又造成信息封闭，增加了制度性交易成本。"数据烟囱""信息孤岛"的存在给社区工作者带来诸多梗阻，线下线上繁重的任务导致社区工作者身心疲惫，技术赋能不仅没能减轻工作任务，反而增加了重复劳动，产生了形式主义，基层社会治理效能大打折扣。

由此可见，尽管技术创新在基层社会治理领域的应用势如破竹，但如果没有良好的制度环境和适宜的制度安排与之相匹配，技术创新在推进基层社会治理上必然成为强弩之末，由技术赋能所带来的治理红利很难转化为治理效能。

二 数据治理进基层的三个维度

数据治理进基层在城市表现为"数字进网"，在农村则表现为"数字下乡"。"数字进网"是数据治理与网格化管理相结合，通过数字技术在网格化单元收集数据和信息。"数字下乡"则是通过数字量化自上而下推进乡村治理，这在精准扶贫中最为明显。尽管"数字进网"和"数字下乡"发生领域不同，但二者都体现出数字技术对治理结构与制度环境的依赖，具体表现为三个维度：数据治理科层化、数据治理在地化和数据治理系统化。

（一）数据治理科层化

技术创新的应用和扩散需要扁平化的治理结构。在扁平化结构中，数据和信息不仅能够互联和共享，还能够进行反馈和更新。然而，科层制的等级结构限制了数据和信息的水平流动，数据流向只能是上下级的垂直流动。通常情况是下级收集数据，上级管理数据，基层需要申请才能够得到上级政府的"供数"，这使得基层工作人员时常面临无"数"可用的窘境。而专业化分工和组织边界又进一步造成信息阻隔和数据重复收集，因为不同的业务部门对数据和信息收集有各自不同的专业偏好和要求，而部门壁垒造成的信息阻隔很难使数据和信息在不同部门间进行共享，导致下级工作人员不得不对数据进行重复收集、重复填报。而且，由于统计口径不同，数据常常出现不一致情况，而组织边界形成的部门壁垒又使数据和信息难以及时得到整合和反馈，这会影响部门决策和治理效果。

数据治理科层化意味着数据收集、数据管理和数据共享都是以科层化形式呈现的。大数据思维所具有的整体性、关联性和价值性与科层化存在明显张力。第一，科层制强调专业化分工，业务部门被条块分割，部门壁垒高筑，数据收集、数据管理和数据共享呈现出"纵强横弱"特点，整体性不足。第二，科层制强调组织边界，数据被碎片化存储在各个组织中，没有形成相互关联的"数据库"和"知识库"。第三，科层制强调等级，数据收集通常是自下而上，而数据管理则是自上而下，数据流通和共享受限，数据很难发挥其价值，因为"如果没有必要的数据共享和汇聚，也就不可能有数据的智能"[1]。

（二）数据治理在地化

"数字进网"和"数字下乡"都需要获得治理对象的在地化数字信息。在地化数字是指"基于治理对象的生活、生产空间建立起来的描述性数据"[2]。数据治理在地化强调构建治理对象的基础信息，为

---

[1] 杜小勇：《消除信息孤岛，实现"数据福利"》，《国家治理周刊》2020年第8期。
[2] 王雨磊：《数字下乡：农村精准扶贫中的技术治理》，《社会学研究》2016年第6期。

政府的基础性服务和兜底性保障建立纸质版和电子版的信息档案。以社会救助和精准扶贫为例，基层政府需要为低保户和低保边缘、贫困村和贫困户建档立卡，以此有针对性地提供帮扶措施并接受帮扶绩效考核。同时，基层政府还需要实时跟踪并记录治理对象的最新信息，动态增添或消减建档立卡的低保户和贫困户数据。

数据治理在地化强调基础数据的准确性和动态性。由于收集基础数据的基层工作人员大都属于外勤工作性质，他们分散在城市和乡村的各个角落，在传递信息和收集数据上缺乏有效协同，加之数据系统相对独立，不同系统收集的数据信息可能并不相同，数据准确性大大降低。在实际工作中，由于平台在技术和功能上互不关联，一些数据填报还需要借助人工操作重复输入，且数据和信息核实存在时滞性，无法实时动态更新。数据偏差、重复输入会减弱数据处理能力，降低数据价值。

（三）数据治理系统化

数据治理的系统化取决于基于数据建立的信息系统。传统的信息系统建立在不同部门的具体业务上，通过改进业务流程和操作系统以提高业务绩效，主要关注部门内部的运行成本和具体业务完成效率。大数据的信息系统在传统信息系统基础上，更加注重跨部门的业务流程和多平台的数据共享，运用互联网技术建立整合同一的技术平台，以克服"数据烟囱"和"数据垄断"弊端。

大数据和信息技术能够在整合同一的技术平台上迅速推广。因为碎片化的数据和信息通过整合同一的技术平台来统一口径和标准，这有助于破解不同平台间难兼容甚至不兼容问题。当海量数据在整合同一的技术平台上加以管理时，技术平台就能够对数据所有者和使用者进行监管，从而降低技术本身带来的风险，如隐私泄露、算法滥用等。就目前已有实践来看，技术平台多数在层级和区域中各自开发与应用，不同的技术平台之间很难整合，加之保密制度下的责任安全机制，使不同平台中的数据和信息仍处于权限管理方式，跨层级、跨区域、跨部门的数据和信息共享非常困难，区域协同和一体化建设面临技术平台难以整合同一的困境。尤其对于基础数据而言，标准化编码缺失影响了数据的准确性、可靠性和动态性，标准化的数据和信息很难持续不断地更新和应用。因此，大数据治理需要构建一个全新的社会化信息系统。

三 数据治理下基层减负的现实困境

中共中央将2019年作为"基层减负年"，着力解决困扰基层的形式主义问题，让基层干部轻装上阵。《关于持续解决困扰基层的形式主义问题为决胜全面建成小康社会提供坚强作风保证的通知》（下称《通知》）提出，"加强源头治理和制度建设，进一步把广大基层干部干事创业的手脚从形式主义的束缚中解脱出来"。

（一）从文山会海到政务 App 和工作群聊

基层减负针对的是基层治理中存在的形式主义、官僚主义问题。《通知》指出，"形式主义实质是主观主义、功利主义，根源是政绩观错位、责任心缺失，用轰轰烈烈的形式代替了扎扎实实的落实，用光鲜亮丽的外表掩盖了矛盾和问题"。传统的形式主义工作作风使基层工作人员在文山会海中花费了大量时间，也耗费了他们大量精力。基层减负的一个重要内容是精文减会，即对发文开会进行统筹管理，避免多头发文、层层开会。精文是指"既要严格控制向县级以下发文的数量，又要精减基层向上级报文报表的数量"。减会是指"不开应景造势、不解决问题的会议"。精文减会的目的是让基层工作人员从繁文缛节中解脱出来，使他们能够更多地走向田间地头和网格角落与居民进行沟通，回应居民诉求。

随着大数据和互联网技术的应用和推广，一些地方和基层政府积极开发政务 App，通过建立各种工作群聊完成工作部署和消息发布。然而，越来越多的政务 App 和工作群聊开始占用基层工作人员的大量时间，有调查显示，一名基层工作人员需要照管20—60个政务 App，手机随时连着充电宝，下班回家还要时刻关注多个工作群聊中发布的消息，还得在各种 App 平台上"刷分""投票""填写问卷""发截图打卡"等，这些都被纳入基层工作者形式化考核中。以大数据、政务 App、互联网平台为特征的数据治理本应成为方便工作沟通和提高工作效率的手段和方式，却逐渐成为基层工作人员的工作负担，使技术赋能下的"减负"异化为形式主义下的"增负"。

（二）数据治理悬浮于基层社会治理过程

数据治理的前提是数字能够有效测量治理对象，即数据治理在地化。尽管各地通过构建基层智慧治理体系，利用大数据、云计算等信息化手段使基础数据收集更加便利化。然而在实践中，数据治理很难做到真正的数字在地化，数据治理常常悬浮于基层社会治理过程。此外，数据收集任务繁重，出于完成任务和应付考核的目的，"坏数据""假数据"也会进入基础数据库，削弱数字在地化的准确性和可靠性，导致有"数"不愿依、不能依的困境，使数据治理在基层社会治理中的功能发挥大打折扣。

尽管许多地方和基层政府开发和推广了大量的政务 App 平台，但大多数政务 App 平台处于建而不管、用而不精的状况。地方和基层政府建好政务 App 平台后却疏于管理，懒于更新，导致许多政务 App 成为"一次性产品"，变成了"指尖上的形式主义"，这既是对公共资源的浪费，也降低了政府的执行力和公信力。在基层社会治理中，各业务条线部门要求基层工作人员在手机上安装不同种类的政务 App，但许多 App 只是上级部门为了收集数据，而数据上报后就处于停更状态，导致数据无法更新和反馈，降低了数据的准确性和动态性。在社会救助和扶贫工作中，"数字悬浮"现象尤为明显。尽管国家对低保户、贫困户有明确的政策筛选标准，而且基层政府也花费了大量的人力、物力进网、下乡走访低保户、贫困户，完成了详细的档案制作和信息核对工作，然而，在基层治理中却常常出现"有数不依"现象，这会影响基于基础数据运行的大救助系统和扶贫系统。

（三）"数据烟囱"与基层工作负荷

"数据烟囱"是基层治理数字化转型面临的主要难题。"数据烟囱"又称"数据孤岛"，是形容数字信息系统之间由于无法共享而形成的一个个相互封闭的数据库。尽管科技支撑推动了信息化建设以及社会治理的数字化转型，但在数据共享方面还存在许多问题和障碍，除了技术本身的原因，更重要的是体制机制方面的影响。由于"业务条块"和"属地管理"导致的"本位思想"，信息化建设并不是统一部署规划进行的顶层设计，而是各业务部门、各地方政府根据自身任务需要以项目化形式自行开发的，这导致各个信息化平台由于技术不兼容、业务不关联等原因数据无法共享,数据库壁垒高筑,"数据烟囱"林立。

"数据烟囱"阻碍了数据间互联互通,削弱了数据要素价值,破坏了数字系统化功能,并给基层工作人员带来了更多的工作负荷。一方面,"数据烟囱"阻碍了数据间横向共享,导致基层工作人员需要向各业务部门重复提供数据。各业务部门根据具体任务向基层索要数据,由于业务针对性不同,基层工作人员需要重复收集数据,有调查显示,20.56%的受访基层人员认为,重复性工作使基层人员疲于应付,容易滋生形式主义[1]。另一方面,"数据烟囱"导致数据在纵向上偏好自下而上单向流动,这是因为"数据上附着的权力和责任"导致数据信息系统向基层的"供数"机制不畅通,尽管基础数据是由基层收集并提供的,然而基层却需要向上级申请才能够获得部分数据,要"数"难和无"数"可用常常让基层工作人员面临尴尬处境,造成工作不力或滞后,影响基层社会治理效能。

四 数据治理下基层减负的深化路径

(一) 构建良好的数据治理体系

数据治理不仅要重视数字技术的开发与应用,更要强调治理情境和治理体系。如果没有良好的制度环境和体制机制支持,即使数字技术再优越,也很难真正实现数据治理,要么数字悬浮在基层社会治理之上,要么再次沦为新的形式主义。数字技术给治理带来了契机的同时,也对治理体系提出了更高要求。如何更好地认识数字技术并为其提供良好的制度环境和体制机制支持,促进数字政府转型,使数字技术能够推进治理现代化,是当前政府亟待解决的问题。

数字平台开发与业务部门协同需要共同推进,形成"整体智治"格局。"'整体'是指'整体性治理','智治'是指充分发挥科技支撑社会治理的作用"[2],"整体智治"既促进了技术创新应用,也强调了制度创新保障。在基层社会治理领域,如上海的"一网通办"和

---

[1] 《干部群众对破解基层治理"信息烟囱"难题的认识与建议》,2020年8月《人民日报》人民智库调查报告。

[2] 周俊:《以整体智治消除基层"数据烟囱"》,《国家治理周刊》2020年第8期。

"随申办"就是在市区级层面通过推进基础数据共享来解决基层重复上报数据问题,这样,基层工作人员就能够从烦冗的数据收集和填报中解脱出来,增加与居民交流的时间,有更多的精力花在为居民服务上。浙江省的"大救助信息系统"通过大救助信息平台将申请、核对、认定、救助和管控流程整合同一在一个平台上,并运用大数据交换平台与国家大数据平台(社会救助)、长三角一体化在线政务服务平台进行数据交换和共享。整合同一的大数据平台能够实现社会救助的统一认定、统一核对、公开透明、精准分析、异地协同办理等功能,这一方面有助于促进数据治理的在地化和系统化,避免数字的悬浮和无"数"可用的困境,另一方面能够减轻基层工作人员的外勤工作负荷,减少数据收集的随意性和重复性。在基层公共服务方面,基层工作者能够通过数据治理分析居民需求,并借助网络平台整合社区内外资源,精准提供服务。大数据、互联网、云计算等技术的使用能够帮助基层政府和服务提供者获得居民多元化的需求信息,分析居民普遍性的利益诉求,从而更加精准地提供公共服务。如上海的"社区云"平台,就是基于居村层面建立的集社区治理与公共服务为一体的数据信息平台,形成从发现问题到解决问题的全链闭环,为基层工作者和居民提供了线上互动渠道和网络公共空间。此外,微信公众号、微信群、微商群等互联网技术平台在基层层面上的应用有助于增进居民间互动与合作,如上海的森兰妈妈团最初就是居民自发组建的一个微信公众号,她们通过共筹共建项目打造了社区共享经济圈,开创了新型的邻里共享空间。邻里共享空间的创建使社区从陌生人社会逐渐转变成为熟人社会,这不仅有助于社区和谐稳定,还有利于形成共建、共治、共享的基层社会治理格局。

(二) 协调好数字赋能与基层赋权

数字能够赋能政府精细化管理,简化政务服务流程,如"最多跑一次"改革就将纷繁复杂的审批过程简化成为"一站式"办理、"一次性"办理[①]。数字也能够赋能政府透明化管理,减少暗箱操作

---

① 郁建兴等:《"最多跑一次"改革:浙江经验,中国方案》,中国人民大学出版社2019年版,第25页。

和寻租机会，提高治理的合法性和有效性。数字赋能让政府对社会治理和公共服务供给更智能化和智慧化。在数字赋能的同时也需要对基层赋权，这是破解基层无"数"可用、重复报"数"的关键，也是推动基层减负的重要动能。大数据、互联网、云计算等作为客观、中立的科学技术，其功能和价值取决于具有主观能动性的人如何认识并使用它们，这些科学技术为实现治理现代化目标提供了新思维和新工具。大数据和互联网思维具有去中心化、扁平化、跨界式的开放结构，以及高效、精准、智慧等特点[1]，这必然要求治理模式进行变革，从传统的科层管理模式转型为数据治理所需要的扁平化治理模式。

在基层社会治理中，传统的科层管理模式表现为权力是自上而下的，而责任却是自下而上的，正所谓"上面千条线，下面一根针"，"上面千把锤，下面一根钉"，责任层层"下推"的同时，权力却通过各种考核指标层层向上收紧，人力、物力资源也未能"下放"，从而导致基层工作负荷加重，基层工作人员容易产生疲惫倦怠情绪。以智慧社区建设为例，尽管各地方、各部门的业务条线都要汇聚在智慧社区的信息化平台上，然而这些业务条线之间却是相互独立的，仅仅是在智慧社区信息化平台上设置不同的端口而已，以便基层工作人员能够从不同的端口向上级政府和业务部门上报数据，这些基础数据一经输入就各自封闭，很难在信息化平台上进行共享。基层工作人员的主要工作是收集并上报基础数据，而如何使用这些数据以及这些数据哪些可以公开共享则是由数据责任主体负责，即便是基层工作人员也需要通过申请才能使用部分数据。沉重的工作负荷，受限的执行权力，使得基层工作人员还未感受到数据赋能所带来的利好，便被烦冗的数据收集和上报工作搞得精疲力尽。数据赋能优先于基层赋权的一个结果就是"工具理性与价值理性呈现出非均衡状态"[2]。只有协调好二者的关系，即数据赋能的同时也能够对基层同步赋权，推进基层

---

[1] 彭波：《论数字领导力：数字科技时代的国家治理》，《人民论坛·学术前沿》2020年第15期。

[2] 王少泉：《数字时代治理理论：背景、内容与简评》，《国外社会科学》2019年第2期。

社会治理从科层化管理模式转向扁平化治理模式，才能够真正实现基层减负。

（三）数据治理从数字化向智慧化转型

数据治理下的基层工作负荷主要来自大量的数据收集、表格填报、台账制作工作以及各种政务App、工作QQ群、微信群等布置的工作任务，这些工作多是重复性、琐碎性和繁杂性的，需要花费大量时间，甚至要占用休息时间不停刷新，而这些工作又是基层考核的重要内容，因此基层工作人员需要花费大量时间和精力去完成，既增加了基层工作负荷，又滋生了新的形式主义。究其原因，一方面是由于各业务条线之间难以共享数据。业务主管部门出于对权力和资源占有的偏好以及对数据共享存在风险的担忧，不愿意也不敢对数据进行共享，"数据烟囱"大量林立，基层工作人员不得不穿梭于各"数据烟囱"之间，完成大量的重复性工作。另一方面是相关的数据立法还未健全，难以保障数据安全。数据作为一种技术工具，数据价值需要在数据使用过程中才能得以体现。没有健全的法律法规，数据在使用过程中就得不到保障，很有可能出现数据的不当使用，这不仅会侵犯个体隐私和正当权益，也会降低治理合法性和政府公信力，削弱数据价值。

数据是数字经济时代的新生产要素，数据作为要素必然需要考虑其成本和收益，只有当数据在法律上得到清晰确权，数据的要素价值才能真正体现，因此，数据立法对促进数据共享、发挥数据价值具有积极意义。数据共享有助于推进基层社会治理从数字化向智慧化转型升级。目前正在如火如荼开展的智慧城市、智慧社区建设大多处于数据治理的初级阶段，各业务部门、各层级政府以建设信息化技术平台和数字技术平台为主，自行开发和管理技术平台，应用数字技术进行相关业务管理，并在基层层面设置端口，收集并加工基础数据。基层工作仍是对口各业务条线，并没发生方式上的革新，只是将以往线下工作转变为线下和线上双重工作。可见，由于数据囿于业务部门内无法共享，技术平台也无法汇集大量数据进行深度学习，这只是一种数字化的治理模式，而不是基于数字技术的智慧化治理模式。只有数据能够充分共享，大量的数据能够汇聚到技术平台上，才能进行基于数据驱动的深度学习试验和应用场景研究，数据才能变得更加智能化和智慧化，帮助基层工作人员能够更好地进行智慧治理和智慧服务。

五 结语

陪会、迎检、留痕等看似稀松平常的日常工作任务却给基层工作人员带来了极大的工作负荷。"开不完的会议、做不完的台账""白天开会、晚上做账"成为基层工作人员的工作常态，纷杂烦冗的工作让他们疲于应付，产生了工作倦怠，影响了工作绩效。因此，基层减负势在必行。数字技术在社会治理领域中的应用使数据治理日益成为一种新兴且重要的社会治理方式。在基层社会治理中，数据治理主要体现在基于数字技术和信息网络建设的街道和社区一体化政务服务平台以及各类政务 App 和线上工作群聊等之中。数据治理给基层减负带来新契机的同时，也带来了新挑战。一方面，街道和社区一体化政务服务平台通过"一窗受理""一站式服务"简化了工作流程，并借助"一网通办""大数据系统"增强了数据信息流通和部门间协调。对基层工作人员而言，他们只需要在窗口收齐所需材料后输入对应系统并拍照上传就可以完成基础数据和表格的填报，不需要花费大量时间跑腿盖章和重复递投；对居民来说，他们可以通过信息平台事先了解并准备好所需材料，到政务中心后便可一次性办理事项，这不仅能够提升居民的满意度和获得感，也能够减免基层工作人员的重复劳动，提高工作效率。另一方面，政务 App 和工作群聊突破了空间限制，加速信息流动和交流沟通，使基层工作人员可以随时随地获得信息并及时沟通，不需要再频繁跑腿获取信息和材料，这种线上工作平台在疫情防控期间发挥了重要作用。

然而，数据治理下的基层减负需要应对来自三方面的挑战。第一，数据治理的科层化限制了数据的流向，造成"数据烟囱""数据孤岛"等困境，原本由数字赋能带来的治理红利却受到来自基层社会治理体系本身的阻绊，基层工作人员平时疲于重复填报各种数据和表格，而在具体工作中却常常面临无"数"可用或供"数"不足的困境。数字价值得不到充分体现，数据治理也可能演变成为指尖上的形式主义。因此，数据治理下的基层减负，首先要构建适应数字时代的基层社会治理体系，为数字技术应用于基层社会治理提供良好的制度环境和体制机制支持，促使基层政府向数字政府转型。数字时代的基层社会治理体系构建与数字政府转型是相互促进的，因为数字政府"在核心目标上立足于推进治理现代化，在顶层设计上依循数据范式，在政策上将'对数据的治理'也纳入议题范围，在业务架构上日益趋向于平台化模式，在技术基础上正在向智能化升级"①，这与数字时代的基层社会治理体系所具有的开放性、扁平化、智慧化特征相匹配。

第二，数据治理的在地化强调基础数据的准确性和动态性，由于外勤数据收集比较分散且随意，加上业务条线和属地管理使基层工作人员不得不重复收集和填报数据，还要应付迎检、留痕等多种考核，难免会产生"坏数据""假数据"问题，这会直接影响基础数据的真实性和可信性，基于"坏数据""假数据"的数据治理不仅没有任何意义，还可能后患无穷，造成问责体制下的"避责"和"责任甩锅"②现象，给基层工作人员造成极大的心理压力。因此，基层减负不仅需要数据赋能，更需要基层赋权，使基层权责相称，这样才能发挥基层工作人员的主观能动性，将更多精力投入更有价值的工作中。

第三，数据治理的系统化不仅体现为技术上的兼容，更体现为数据的共享。大数据技术平台需要基于海量数据共享得以运行，如果数据不能共享，大数据能发挥的价值就很有限。"数据孤岛"式的治理模式并不是真正的数据治理，充其量只能是基于数字技术的数字化治理，而"数据共享"式的治理模式才能够真正发挥数据价值，使海量数据能够深度学习，促进数字化向智慧化转型，真正实现智慧治理，使基层工作人员享受到技术赋能带来的治理红利，进而提升基层社会治理效能。

数据治理下的基层减负并非仅仅是一个技术层面上的议题，也是一个复杂的治理体系变革的过程，应当建立与数字技术相适宜的基层

---

① 黄璜：《数字政府：政策、特征与概念》，《治理研究》2020 年第 3 期。
② 吴海红、吴安戚：《基层减负背景下"责任甩锅"现象透视及其治理路径》，《治理研究》2020 年第 5 期。

社会治理体系，形成基于数据共享和数据安全的智慧化治理模式。在互联网和大数据思维的引领下，通过数据赋能与基层赋权破解基层形式主义、官僚主义造成的基层疲惫难题，减轻基层工作人员的工作负荷，让他们能够有更多精力与居民进行互动，关注居民事务，回应居民诉求，这是提升基层社会治理效能的关键，也是推进基层社会发展的根本动能。

第四节 构建新型基层干部领导模式

领导研究是公共组织和公共管理必不可少的一部分。领导研究强调了"领导的特征、技能、风格和行为，以及关系、互动的实践情境"[①]。关于领导者的角色有两种不同的观点：官僚型领导和管理型领导。根据韦伯的界定，官僚制被定义为具有核心权威的、理性的、科层制建制的公共组织。这类组织的核心特征是拥有最终权力的在场领导者统领所有事务。早期的文献使用这一框架来分析领导者的社会和政治角色。强调个人领导在政治过程中的特征、风格、行为。官僚型领导常常由于缺乏动机，而无法有效完成任务。作为一种实践的和市场导向的工具，管理型领导与风险承担、企业家精神、驱动、雄心、结果、艰苦朴素、经济效率相联系。除了增强领导者的监管角色，还要求领导者签署合同和进行新管理技能培训。这两种观点有一个共同的特点，即强调领导者的个人特征、风格和行为，它们都强调了工具理性，而没考虑情境因素与互动关系。一方面，官僚型领导和管理型领导都表明与政治组织、公共行政、政策执行、发展、现代化的隶属关系；另一方面，它们表明抽象的文化概念与独特的历史、社会、文化与组织毫不相干。因此，领导仍然只是强调框架和制度。从韦伯提出魅力型领袖以来，英雄式的公共人物形象长期存在。魅力型领导在短期内可能很有效，但在长期内由于缺乏可持续的社会支持而不利于目标的实现。解决这一问题常见的方法是将政治能力和管理技

---

① Peter Fuseini Haruna, "Revising the Leadership Paradigm in Sub-Saharan Africa: A Study of Community-based Leadership", *Public Administration Review*, August 2009, p. 941.

能与当地的制度、政治和文化特征保持一致。

基于品格和行为能力的领导分析视角并不能对实践中的领导现象提供充分的解释,这种方法边缘化了社区角色,低估了公众的重要作用。我国独特的历史、社会文化环境和制度实践,都可能对领导的品质和能力产生影响。因此,重构基层领导模式需要基于一个系统的社区实践视角。近年来,研究者致力于通过提升制度能力和实践创新来促进基层治理发展,领导模式研究重点从"领导的品质、技能转向以关系和行为为导向的过程研究"[1]。借鉴帕森斯提出的"模式变量",可以为理解领导者的行动取向和抉择提供一些启发。"一是情感性—情感无涉性,在相互作用情境中所涉及的感情的多寡;二是个人取向—集体取向;三是普遍性—特殊性,在相互作用的情境中,行动者对待对象采取普遍适用的还是特殊对待的评价标准;四是自致性—先赋性,在一定情境中,待人接物的判断是以对象的先天固有性质(如性别、出身、年龄等)为标准,还是根据对象的行动和表现为依据;五是扩散性—专一性,对于对象行动者做出的反应涉及的范围是多方面的还是局限的。"[2]

一 传统的领导模式

作为一个非情景化的概念,传统的领导模式强调行政工作可见的方面(决策、报道、协商、标准的操作程序、立法规范、权威,问责性),很难反映行政情境,在权威性和有效性上并没有达成共识。治理挑战了传统的领导模型,治理理论认为科层制逐渐向更加水平化、碎片化的治理体系转变,这个体系通过自我管理来运行。尽管治理仍然发生在科层制下,但是公共管理者逐渐了解到应该如何解决复杂的公共事物问题。公共管理者需要的是非传统的能力,如合作伙伴、协商、仲裁和代理,使他们能够跨越传统的边界,与更多的主体合作。实践者不能简单地应用原理和概念,他们必须思考、提问,将问题与

---

[1] Peter Fuseini Haruna, "Revising the Leadership Paradigm in Sub-Saharan Africa: A Study of Community – based Leadership", *Public Administration Review*, August 2009, p. 941.

[2] 傅正元:《帕森斯的社会学理论》,《国外社会科学》1982年第11期。

情境相连。考虑到公共服务的动态特征，领导者需要通过动态的、创造性的方法对过程进行描述、分析和评估。

在基层治理过程中，上级政府将任务发包给基层，依赖于熟悉地方知识的基层干部来执行，一些任务可能是相混淆甚至是冲突的。然而，上级政府在绩效考核中更多关注量化结果，只关注产出，不关注资金和资源的投入，也不关注长期的产出。尽管考核标准很多，但是只有针对硬性任务的评估结果对干部是有影响的。这些硬性任务是经济发展、稳定、地方收入增加、计划生育。对于软性任务，主要是控制对中央管制的执行，但是制度和法律工具却不足以保证它们的执行。一些学者批评考核标准是模糊的、单向的、非持续的，因此执行起来比较困难。只关注硬性任务会导致只追求短期目标而忽视长期目标。如有研究发现，"非正式问责机制集成了促进行为、使用非正式奖惩、非正式监测和部门竞争等因素，发挥了'以柔克刚'的作用，弥补了正式问责机制对激发政策执行动力和意愿的局限性，而组织学习机制对于非正式问责作用发挥具有保障作用"[1]。政府的绩效考核更多的是"关注干部将上级的政治目标内化并据此严格控制自己的行为，而不是处罚"[2]。

二 新基层领导模式

不同于传统的领导模型，一些研究将重点从领导者特征、风格和行为转向情境和关系，包括与伙伴、利益相关者、合作者和参与者之间的互动。这种观点假设所有的人都具有内生的能力并能够对社会发展做出贡献，是分散化的领导权力，赋权对多元化的社会治理是必要的。分散的领导权力通过伦理、道德、互惠关系来制定事关群体和组织未来的决策，这需要提高人们的领导能力，这些能力包括获得认知知识、发展行为和人际技能，以应对复杂多变、相互依赖和合作的挑

---

[1] 阎波、吴建南：《非正式问责、组织学习与政策执行：J市政府职能转变综合改革的案例研究》，《中国行政管理》2018年第2期。

[2] Thomas Heberer and Rene Trappel, "Evaluation Processes, Local Cadres' Behavior and Local Development Processes", *Journal of Contemporary China*, Vol. 22, No. 84, May 2013, p. 1061.

战。一个更加宽泛的基层领导模型将领导角色从单一角色拓展为更大的领域，包括个人、关系中的个人、组织中的关系等。由此，组织成为可以学习和发展的有机体，领导可以促成组织动态的社会学习过程，这种宽泛灵活的领导观点也常常被拓展到领导力发展中。

新基层领导观点认为，基层干部应该同时关注社区居民的想法，一起成长和发展，建构共建、共治、共享的生存意义。基层干部作为基层政府的领导，是基层治理的一个基础结构，它包含了历史的、社会的、文化的关系，目的是动员人力和物质资源来发展社区，激励有效的公众参与，在垂直和水平维度发挥功能，并与其他基层政府结构相连接。由于同时受到科层制监督和社区参与，这在很大程度上提高了对基层干部的问责性。一般而言，基层干部的行动可以概括为三种模式：一种是政策创新试验，政策试验能够带来模式创新（示范）和试点，并被广泛复制应用。为了呈现出新的政策创新模式，基层政府必须证明其创新的先发优势。另一种是执行和完成既有政策任务，降低失败的风险。为了规避风险，基层干部可能拒绝创新；另一种是为了获得积极的评估结果，成功执行既定政策，但没有试验或模式创新，也没有解决实际问题。

根据我国《城市居民委员会组织法》规定，居民委员会是居民自我管理、自我教育、自我服务的基层群众性自治组织，因此居委会主任，也称社区主任，只是自治组织领袖，并不是基层政府工作人员。相比于处在行政层级中的政府公务员而言，社区主任的地位很低，也没有行政权力。然而，在实际工作中，社区主任却承担着许多行政性事务，既要完成街道办规定的各项管理事务，也要完成政府职能部门下派到社区的行政事务，"上面千条线，下面一根针"即是对此形象的描绘。同时，社区主任还承担着协调社区的物业公司与业主委员会的关系、引导居民参与社区事务、维持社区稳定、推动社区发展等职责。与权力相比，社区主任的义务要大得多。当代基层干部成长的时代背景对他们提出了新的要求。基层干部需要将重点放在对社区组织者与领导者的培训上，通过训练新一代社区培育者来重建地方网络，塑造社区领导力，增强社区掌控自身发展的能力。对任何政府而言，社区自治作为一种推动治理转型的途径，都是一种相对的自治、目的导向的自治以及监管之下的自治。这意味着政府的重要职责之一是"治理社区自治"[1]。

当前,中国正在经历艰难的政治、经济和社会转型,基层政府面临持续的挑战。基层政府被视为维持秩序并促进集体行动的一种正式的、制度化的过程。由于基层领导与治理改革的关系紧密,基层领导模式也被认为是基层治理发展的重要因素。运用实用主义视角,本书认为传统的领导模型没有考虑动态结构变化和社会文化情境。因此,领导理论和实践没有与环境联系起来。正如有学者指出,"由于中国公众的政治信任表现为在受价值观倾向、人际信任等宏观文化主义因素影响的背景下,对微观上接收到的信任对象的'制度主义'特征如绩效、透明度、廉洁作出的回应与修正"[2]。基于社区的方法扩展了领导研究的途径,给实践者提供了情境考量视角,关注基层领导所处的制度环境和功能角色。由于大部分治理改革研究采用管理视角,并没有考虑到独特的历史、文化和社会环境,生动的实践能够提供一些经验来重新思考和描述与情境相适应的基层领导模式。因此,不同于强调个人领导的特征、风格和行为,本书强调了互动的社区情境,而且,基层政府中的权力分配会影响基层领导的行为方式和限度。

---

[1] 黄晴、刘华兴:《治理术视阈下的社区治理与政府角色重构:英国社区治理经验与启示》,《中国行政管理》2018年第2期。
[2] 游宇、王正绪:《互动与修正的政治信任》,《经济社会体制比较》2014年第2期。

第四章　城市基层治理中的公众参与

第一节　公众参与的公共性

一　公众参与的界定

现代治理的多样化形式促使参与变得复杂多元，参与提出了多元目标和价值，并呈现出大众化趋势。参与有许多概念，通常情况下，参与被认为是在治理过程中为了促进利益相关者之间进行有效沟通而进行的一种互动形式。参与包含各种各样的目的，不同的参与目的会影响参与方法及参与程度，清楚地界定参与目的和方法非常重要。参与者的目的包括提出观点、表明态度、传播信息、解决一些冲突、衡量方案、评论意见等，这些目的之间并不是相互排斥的，参与者可以扮演多种角色。在不同阶段和情境下，参与的目的也各不相同。学者指出，"公众参与不应该被看作是一个'或者、或者'的提议，当设计一个公众参与过程，需要在决定利益相关者参与的程度以及使用哪些参与方法之前首先要考虑决策问题和参与过程的目标"[①]。

公众参与是民主理论的一个重要主题。务实取向的民主理论强调精英主义的代议制政府，发展取向的民主理论提倡活跃的公众，即让公众参与一系列政策和制度设置。由于代议制政府更多关注正式的选举和竞争过程，这种制度化的民主并不利于将更广泛的公众和社会组织纳入决策中，直接参与成为代议制和精英决策的有益补充，协商民

[①] Fabrizia Buono, Kalliope Pediaditi and Gerrit Carsjens, "Local Community Participation in Italian National Parks Management: Theory Versus Practice", *Journal of Environmental Policy & Planning*, Vol. 14, No. 2, May 2012, p. 189.

主较代议制民主也体现出了"更加积极的公众参与观念"[1]。公众参与重新关注政府与公众之间的对话，并在决策和执行过程中强调利益相关者之间共同商议，使那些在传统参与形式中被排除在外的公众能够参与进来。公众参与作为一个重要的治理工具，在解决公共问题尤其是冲突问题时具有优势。公众参与能够提高政府决策的质量和合法性，提升服务水平，构建社区能力和社会资本。公众参与并非简单地将公众纳入治理和服务中，而是意味着公众在治理和服务过程中不仅需要贡献思想，而且更为重要的是，还要影响决策。以往的公众参与更多关注的是需求评估和执行阶段，而当前的公众参与则更多意识到参与在决策过程中的重要性。因此，让人们参与项目实施并不能实现真正意义上的公众参与，除非能够在一定程度上让公众参与决策。当前，社会治理发展强调在政策制定中纳入更多的公众参与来实现民主实践的新形式。已有的准立法性和准司法性的新治理过程提供了公众参与的渠道和路径，"准立法和准司法的新治理过程需要公共管理者具有一些技能，如召开会议、冲突评估、民主协商、聆听沟通、达成共识等"[2]。

公众参与有不同的层次。在参与过程中，公众会与决策者交流他们的立场，进一步地，公众参与会聚焦在特定的政策协商上。这意味着公众能够影响决策。这是一个循序渐进的过程，公众参与不仅寻求影响政策和社会变化，而且给不同的利益相关者提供了对话的机会。公众参与增加了信任感，以及制度合法性和对决策的接受程度。

公众的构成是公众参与的核心问题，公众作为社会建构，是由一系列嵌入在制度实践中的意识形态构成的。不同于"偏狭的政治文化"，即"公民很少与正式和特殊的政府机构直接联系"，以及"从属的政治文化"，即"公民作为政治体系有意识的观察者，很少参与

---

[1] Marian Barnes, Janet Newman, Andrew Knops and Helen Sullivan, "Constituting 'the Public' in Public Participation", *Public Administration*, Vol. 81, No. 2, June 2003, p. 379.

[2] Lisa Blomgren Bingham, Tina Nabatchi, Rosemary O'Leary, "The New Governance: Practices and Processes for Stakeholder and Citizen Participation in the Work of Government", *Public Administration Review*, Vol. 65, No. 5, September 2005, p. 548.

第四章 城市基层治理中的公众参与

特定的事件中,顺从文化会使公民认为政治体制是合法的或是不合法的","参与的政治文化"突出了"公民了解政治体系并积极地参与一般或特殊的事件"[1],不难发现,尽管参与会给政治体系带来了积极或消极的影响,但是参与不可避免仍然会发生。具有强烈的参与感对参与的公民文化非常重要。公众有权利决定与他们息息相关的重要事务,并通过参与行动更好地满足自身需求,在公共政策过程中发挥重要作用。尤其在解决政策冲突时,更不能忽视公众参与,因为这直接涉及公共价值冲突。对公共领袖而言,他们更需要通过参与过程来加强与决策者间的互动,努力对公共政策产生影响。需要指出的是,在公众参与中需要区分两种类型的参与者:利益相关者和公众。这两类群体可能会重叠,利益相关者可能是公众,但公众不一定是利益相关者,大多数利益相关者代表的是特殊群体的利益,而不是广大公众的利益。从这个层面上说,从公众中筛选参与者比从利益相关者中筛选参与者更能体现出公众参与的意义。我们研究发现,在一些项目中,政府试图让一些特殊群体参与社区治理,并关注这些群体的非共性问题。

二 公众参与的形式

普遍的观点认为越多的参与越好,然而,这种观点过于简单化,而且也没有说明为什么、什么时候、哪些利益相关者应该参与的问题。Arnstein 在她最有影响力的文章中提出了参与阶梯模型,将公众的参与水平区分为八个等级:"操纵、同情、告知、协商、安抚、伙伴、权力委托、公民控制,最底下的两个层级被认为没有参与,因为其真正的目的并不是让公众参与,第三、四、五层级被认为是形式参与,并没有赋予公众决策制定的能力,在六、七、八层级中,公众逐渐参与到协商过程中,甚至成为最终的决策者。"[2] 在此基础上,学者提出了一个三维空间模型来理解公众参与的制度

---

[1] [美]加布里埃尔·A. 阿尔蒙德、西德尼·维巴:《公民文化——五个国家的政治态度和民主制》,徐湘林等译,东方出版社 2008 年版,第 21 页。

[2] Sherry Arnstein, "A Ladder of Citizen Participation", *Journal of the American Institute of Planners*, Vol. 35, No. 4, 1969, p. 216.

可能性，指出参与机制主要基于三个重要维度："参与、参与者如何交流、参与如何与政策和行动相关。"[1] 这三个维度（参与范围、交流模式、权威程度）构成了一个三维空间，任何一种参与机制都可以放置在这个空间里。

  公众参与经历了从"有限参与到社区参与的过程"[2]。20世纪90年代早期，人们对正式的政治参与兴趣明显下降，而对通过非正式渠道的非政治参与，如"相互提供帮助、社会服务供给等兴趣明显增加"[3]。居民代表大会和听证会是较常见的公众参与形式，然而，这种形式常被看作一种肤浅的参与，因为政府通过发布通告，举行小型听证会等方式，向居民提供公共信息的开放渠道，这更像是一种安抚性的参与。尽管听证会给公众提供了诉求表达的平台，通过这一平台，居民能够表达他们对自身需求和政府项目的关注。然而，这些诉求也许在听证会上会被政府考虑，但对最终决策可能并不会产生影响。因此，从这个意义上说，听证会只能说是一种单向沟通，它更像是与公众共享信息的一个论坛。除了听证会，公众还可以参与预算过程和对政府服务的满意度考核。公共会议、焦点小组、咨询委员会等也是公众参与的常见形式，如一些地方政府运用公民调查来影响预算，并对政策制定施加影响。尽管公众参与的形式很多，但能够真正鼓励实质性的公众参与并不多见。一般来讲，公众参与主要包括间接参与和直接参与两种形式。直接参与中较为常见的工具和技术策略主要有三种：一是传统的常规参与，由政府和一些机构发起，如公共会议、公共听证会、咨询委员会等，大多数常规参与的过程是由法律严格规定的，如在公共会议中就明确做出了诸如提前通知、会议室、预先设置程序、互动环节（公众可以向公共管理者提意见）等规定；二是浅度参与，它包括

---

[1] Archon Fung, "Varieties of Participation in Complex Governance", *Public Administration Review*, Vol. 66, No. s1, November 2006, p. 66.

[2] Juliet Musso, Christopher Weare, Thomas Bryer, and Terry Cooper, "Toward 'Strong Democracy' in Global Cities? Social Capital Building, Theory-driven Reform, and the Los Angeles Neighborhood Council Experience", *Public Administration Review*, January 2011, p. 102.

[3] Qingwen Xu, "Community Participation in Urban China: Identifying Mobilization Factors", *Nonprofit and Voluntary Sector Quarterly*, Vol. 36, No. 4, December 2007, p. 622.

一些工具和策略，鼓励个人提出观点，说明偏好，快速和便捷地提供或获取信息，这种参与方式可以是面对面，也可以通过电话调查；三是深度参与，它鼓励人们通过组建小组来讨论、学习和共同行动，常见的形式如参与预算、学习小组、公共事务论坛、公民陪审团等。在这三种形式中，常规参与是最常见的，浅度参与近年来激增，因为它的操作非常简单和便捷，相对而言，深度参与是最集中且最耗费时间的，但它的参与意义最大，而且参与者所获得的权力也最多。当浅度参与和深度参与过程被良好的设计，它们能够产生积极的效果，给公众带来更多的尊重和责任，提高公众对政府的信任。

三 公众参与的影响因素

在不同的制度情境下，公众参与面临的挑战也不同。在地方或基层层面有用和有效的方法不一定能够在更大的省级或区域层面有效，反之亦然。此外，由于问题和政策领域的多样性，公众参与在不同的政策和问题领域也会不同，如一些政策问题主要关注科技专长和解决方案，而一些问题要包含复杂的内部联系和大量利益相关者。而且，不同的政策领域在开放和封闭程度上也有所不同，因此，公众参与的范围也不同，如社会政策会影响许多人的利益，而技术政策倾向于发生在特定的利益相关者群体中。影响公众参与的因素很多，包括政府结构、政治文化、人口规模和多样性、地方法规，以及公众自身的特征、组织因素、参与方法等。有学者指出，"公众参与需要动机（公众想要参与的理由），邀请（特殊的机会来鼓励参与）和资源（物质能力和认知能力，对政治效能感的态度）"[1]。

公众自身的特征包括阶层、家庭结构、年龄、受教育程度、经济状况等。目前在关键的政策提议中仍然缺乏少数群体的参与，有一项针对邻里关系的调查表明，"在社区委员会和居民大会中，租客和少

---

[1] Juliet Musso, Christopher Weare, Thomas Bryer, and Terry Cooper, "Toward 'strong democracy' in global cities? Social capital building, theory – driven reform, and the Los Angeles neighborhood council experience", *Public Administration Review*, January 2011, p. 102.

数人群的参与很少"[1]。为了提高少数人群的参与，需要扩大参与层级，运用多种参与方法来最大化少数人群的参与率，提高低收入人群和弱势群体的参与水平。尽管纳入少数人群参与具有一定的挑战性，但对于政策的公平性而言是有益的。通过多种参与方法，政府能够获得有关优先事项的信息（宽度），在不同层级上引导公众参与（深度）。

参与的组织因素阻碍主要来自传统科层制，传统科层制观点认为，参与是对权威和权力的威胁和挑战，政府官僚基于科层制、秩序、常规、专长和非个人因素会阻碍公众参与，导致公众与政府之间产生不信任。公众对政府的不信任主要是因为公众认为政府运用权力给特殊利益提供好处；或是由于政府没能满足公众需求，因此认为政府的服务是低效和不充分的；或是认为与政府脱节，因而感到无权力或弱权力，对政府产生不满和疏远。为了应对这些不满，政府通过更多的公众参与活动使公众能够对结果产生更大的影响，从而使政策过程更加民主化，以回应公众对政府日益增长的不满和不信任。政府可以通过许多方法来支持公众参与，在不同情境下，某些方法可能会比其他方法更有效，如政府通过分发传单、开发网页、建立开放栏宣传服务，这种情况下，政府仅仅是提供信息而不要求公众反馈，因此，公众参与得到了政府最低程度的支持。更进一步，政府运用咨询方法，通过调查、焦点小组、听证会等形式获得公众输入，其中听证会是最常使用的方法，但由于没有提供真正的公众协商空间，而且议程主要是由有权力的利益群体驱动，因此，政府对公众参与的支持并不充分。更具意义的公众参与开始逐渐纳入决策层级，公众有更多的机会能够持续反馈，并在议事委员会和咨询委员会上形成更加系统性的讨论，在这种情况下，政府对公众参与的支持力度较大。然而，当成员构成不具有代表性时，这种方法仍存在一定的局限性。最具参与导向的方法是协商和赋权，政府通过建立共识、公民法庭、政策委员会

---

[1] Patria de Lancer Julnes and Derek Johnson, "Strenthening Efforts to Engage the Hispanic Community in Citizen – driven Governance: An Assessment of Efforts in Utah", *Public Administration Review*, Vol. 71, No. 2, March 2011, p. 221.

等方法，鼓励公众参与政策过程，这时，政府对公众参与的支持力度最大。

四 公共参与的机制

已有文献较多地关注了公众参与的制度研究，但这并不足以解释当前生机勃勃的参与实践，还需要更多地关注公众参与的设计细节和执行过程。已有研究分析了参与过程需要考虑的一系列机制因素，如时间和成本，文化和立法框架，参与意识和经验，利益相关者的态度，等等。目前，公众参与的常见机制主要有四种：一是信息传播机制，主要通过海报、报纸、广播和网络进行宣传，尽管信息传播过程中公众的参与程度比较低，但是它对提高公众的参与意识能够起到一定作用，信息传播的主要优势是信息可以到达那些没能参加会议或协商的人群，使他们了解到项目的相关信息，但是由于信息传播需要相应的渠道和技术支持，因此，对于那些非常弱势的群体而言，他们可能接收不到相关的信息。二是会议机制，其主要目的是告知项目信息并收集意见。公共会议最重要的功能是提供信息共享的机会，会议组织者和参与者可以听到不同的观点，这有助于促进行为主体间的相互理解，减少认知偏见，可以说，公共会议既是社会资本的产物，也能够通过增强信任和团结来促进社会资本形成。三是建议和咨询机制，在这一机制下，政府官员在确保其权威和权力不受到威胁的前提下，能够承诺采纳公众参与者的观点。四是协调机制，公众参与可能会导致政府与公众之间的敌对或冲突加剧，但是公众参与在多大程度上会影响政府与公众之间的关系（是敌对还是合作）还存在争论，"当决策过程中存在大量持中立观点的人，而且没有权威决策者来帮助群体更有效地交流和解决问题时，就需要协调者的出现"[1]。有学者提出了赋权参与机制，指出"政府赋权的经济逻辑由政府全权埋单到购买社会组织服务、行政逻辑由行政服务到整合社会力量促进行政变革、

---

[1] Tina Nabatchi, "Putting the 'Public' Back in Public Values Research: Designing Participation to Identify and Respond to Values", *Public Administration Review*, Vol. 72, No. 5, August 2012, p. 699.

责任逻辑由单一负责主体到多方承担公共责任,以及政治逻辑由实现民主的输出到塑造社区的新社会资本"[1]。

五 公众参与的价值

参与有助于社区治理的可持续发展,人们志愿供给劳动力、时间、物资等,通过参与更好地做出决策和判断,并组织起来解决他们认为更重要的问题,使社区能够掌控发展过程。Arnstein 认为公众参与是有价值的,因为它"重新分配了权力以使那些被排除在政治经济发展过程之外的一无所有的人能够参与进来"[2],Fung 也认为,参与能够提供三个重要的民主价值,即"公共行动的合法性、公正性和有效性"[3],Nabatchi 等同样指出"公众参与将人们的需求、所关注的问题以及个人价值都纳入进公共事务的决策和行动中"[4]。公众参与能够给决策制定者和参与者提供更优质的信息,进而实现更好的决策,加强问责性和透明性,从而提高决策的合法性,它还可以帮助个人增加技能,获得知识,从而促进公众更知晓和更理性地进行政策判断。从工具视角看,参与被看作实现特定目标的一个更佳的方法。学者认为,当参与者协商时,他们都会关注其他人的观点,这有助于形成相互理解以及共识。这个过程被认为是"加强了参与者之间的信任,进而使决策更容易被接受"[5]。公众直接参与需求评估和方案协商会带来积极的结果。如在稀缺自然资源配置的决策中,"如果解决方案只是封闭地在使用者和土地拥有者之间进行讨论的话,那么其他利益相关者对公共资源配置(如保证河流的环境

---

[1] 郑晓华:《社区参与中的政府赋权逻辑》,《经济社会体制比较》2014 年第 6 期。

[2] Sherry Arnstein, "A Ladder of Citizen Participation", *Journal of the American Institute of Planners*, Vol. 35, No. 4, 1969, p. 216.

[3] Archon Fung, "Varieties of Participation in Complex Governance", *Public Administration Review*, Vol. 66, No. s1, November 2006, p. 66.

[4] Tina Nabatchi, Emma Ertinger, and Matt Leighninger, "The Future of Public Participation: Better Design, Better Laws, Better Systems", *Conflict Resolution Quarterly*, Vol. 33, No. s1, September 2015, p. s35.

[5] Fabrizia Buono, Kalliope Pediaditi and Gerrit Carsjens, "Local Community Participation in Italian National Parks Management: Theory Versus Practice", *Journal of Environmental Policy & Planning*, Vol. 14, No. 2, May 2012, p. 189.

流量）的支持程度就会被大大的削弱"①。

参与被夸张地认为是万能的，即谁运用了参与谁就占领了道德的制高点，只要有参与就被认为是好的、赋权的行为。然而，基于技术的参与无法解决权力问题、信息和资源控制。经济合作发展组织指出，让公众参与政策制定在设计和输出更好的公共政策中是一个好的投资，也是善治的一个核心要素。当预期到将会产生相互满意的结果时，参与者通常会支持合作。尽管基于利益的公众参与过程会促进协作，但它的目标并不是改变参与者的利益，而是帮助参与者思考如何更好地实现利益。可见，公众参与可能会产生更好的策略来执行这些政策。正如学者指出，国家治理能力实则就是国家制度供给能力，"现代文明的治理模式强调的是公共事务公共治理，建立信息开放、集体决策和共同参与的制度，加强公共选择和公共博弈，实现责任共担，利益分享，权力协同，这是现代国家治理的基本要求"②。

六 公众参与中的政府行为

政府作为公共利益的代表，负有特殊的责任确保其角色和行为不会破坏参与过程的本质，"政府有很大的空间来选择公众参与的群体以及公众参与的形式"③。政府行为通过正式的和非正式的组织环境影响公众参与。当政府意识到要对公众负有更多责任，并希望增加公众参与决策过程的机会时，他们可能会将公共决策安排在更弹性的时间里使所有的公众都能参与。此外，政府对公众诉求的回应方式也会影响公众参与，如果公众没有得到政府的回应，就会让公众感到政府对他们的诉求缺乏兴趣。可见，政府的回应性是公众参与的一个关键因素，回应性会受到组织结构以及政府想要促进与公众之间紧密关系的意愿和行动的影响。政府对公众需求的回应还会受到其他一些因素

---

① Brian W. Head, "Community Engagement: Participation on Whose Terms?", *Australian Journal of Political Science*, Vol. 42, No. 3, June 2007, p. 441.
② 燕继荣：《现代国家治理与制度建设》，《中国行政管理》2014 年第 5 期。
③ Donna Milam Handley, Michael Howell - Moroney, "Ordering Stakeholder Relationships and Citizen Participation: Evidence from the Community Development Block Grant Program", *Public Administration Review*, Vol. 70, No. 4, July 2010, p. 601.

的影响，如特殊利益、动态环境、决策制定时间以及复杂性信息等。政府回应性主要包含三个方面：一是政府官员的想法和行动水平会受到官僚制规则、规范、组织结构和文化的限制；二是政府官员自由裁量的道德标准；三是协商过程的回应性。由于公共政策制定是复杂的，因此，公共管理者要在利益相关者之间寻求共识，追求更加包容性的治理。包容性的治理通过扩大责任主体，将部分责任转移到多元主体上，共同承担成功或失败的责任，也可以通过扩大社区的责任，这与政府作为"掌舵者而不是划桨者"的观点相一致①。

政府是追求大众的利益还是少数人的利益，这涉及合法性的一个方面。因此，在回应性框架里，政府的行为很关键，政府行为对公众参与提供了可能的回应和激励。为了解决政府和公众之间的利益分歧，政府可以采取一些举措，如设计参与论坛，在参与机制上更具包容性和代表性，沟通更加紧密。通过随机选择来增加参与者的代表性，将沟通方式从表达偏好转变为通过促进对话来形成和发展偏好，并尝试改进标准化的听证会过程。此外，政府还能够决定其与公众的合作程度，如果政府采取的是最低层次的安抚行为，那么政府与公众之间的合作就不能真正发生。在这种情况下，有限的回应和有目的的回应就会重叠。此外，利益相关者的排序对政府行为有重要影响。如果公众位于利益相关者中的首要位置，那么政府会更愿意吸纳他们，"如果行动者有绝对的权力反对公众参与，那么政府可能会阻止公众参与"②。

由于政府更愿意获得快速可见的成效，而不是高度不确定性结果，政府希望通过有条件的赋权而保留其最终的控制权，因此，"当政府提供资金时，他们要求其他利益相关者详细报告和服从责任"③，

---

① Patria de Lancer Julnes and Derek Johnson, "Strenthening Efforts to Engage the Hispanic Community in Citizen – driven Governance: An Assessment of Efforts in Utah", *Public Administration Review*, Vol. 71, No. 2, March 2011, p. 221.

② Donna Milam Handley, Michael Howell – Moroney, "Ordering Stakeholder Relationships and Citizen Participation: Evidence from the Community Development Block Grant Program", *Public Administration Review*, Vol. 70, No. 4, July 2010, p. 601.

③ Brian W. Head, "Community Engagement: Participation on Whose Terms?", *Australian Journal of Political Science*, Vol. 42, No. 3, June 2007, p. 441.

这都构成了公众参与的内在成本。在不同的政策和问题领域，政府是否有足够的能力来协调自身行为是一个持续的挑战，也即是说，在面临许多新的复杂问题时，由于这些问题可能跨越了好几个问题领域和责任机构，需要多层级（垂直）和多部门（水平）之间的协调，因此，如何有效协调政府间的关系是关键。基于地方政府创新项目的调查，有研究发现，"地方政府创新项目有助于改善治理绩效，表现为公民参与创新项目的程度越深，就越倾向于正面评价其政策有效性"[①]。但是，这些创新项目还未能惠及大部分社会成员，参与度偏低、人群覆盖面也有偏差，参与社会治理类项目的程度要显著低于公共服务类项目。让更多公众参与地方治理是激发创新项目潜力、改善治理绩效的关键。

七 公众参与的公共性

参与能力是一个重要的品质，需要通过公共政策来培育。当前有关公众参与的法律和制度还存在诸多不足。为了更好地在治理中运用公众参与，我们需要完善公众参与相关的法律，促使公众参与制度化。正如有学者指出，"制度化体现的是从规制到行为等一系列社会范畴、现象实现规范化、常态化、通约化的过程，具有约束性、持续性和扩散性等内容指向，好的制度化是规训功能的提供者，是持续性和扩散性的保障者，是稳定性的生产者"[②]。在多数情况下，相关法律是不完善和模糊的，尽管许多政策文件都提到了公众参与，但却没能清晰地界定何为公众参与，也没有完整地描述公众参与应当如何进行，这使得公共管理者对公众参与实践是否能够得到支持充满疑虑。在这种情况下，大多数公共管理者会趋于保守，倾向于使用传统的常规参与形式，缺乏建设性和创新性，从而使公共管理者和参与者都不甚满意。从这个意义上说，公众参与需要健全相关的法律，使立法能够赋权和鼓励公众参与，通过制定公众参与的常态机制，发展并维持

[①] 高翔：《公民参与视角下的地方政府创新及其绩效——基于浙江19个地方政府创新项目的研究》，《经济社会体制比较》2015年第5期。

[②] 郁建兴、秦上人：《制度化：内涵、类型学、生成机制与评价》，《学术月刊》2015年第3期。

公众参与的基础。除此之外，还需要加强公众参与的体制创新。当前大多数的公众参与行为是项目制或任务导向的，这使得参与活动表现出一次性、单独发生和不可持续的特征，公众参与很难嵌入社会治理结构中。

随着参与活动激增，参与者的角色边界不再重要，而是否在场或缺席显得更加重要。以往的公众参与研究视角多是强调"政府官员通过权力以特定的方式来建构公众，这一方式倾向于在参与过程中优先一般的公共利益而边缘化其他特殊的声音，但没能解释公众为何有意愿参与活动，仅仅分析政府的观点不能体现出公众参与的复杂性和多样性，也不足以理解公众参与中的公众是如何构成的"[1]。需要思考的是，代表意味着谁应该被纳入参与论坛中以及怎样使他们纳入进来，参与论坛的成员如何通过表明他们的立场和角色来确保他们的代表合法性？大量文献认为公众参与会受到经济、环境、管制和物理因素的影响。然而，共享经历和信息技术可能会导致参与排斥，这给参与论坛带来新的挑战，因此，需要了解论坛成员与政府机构在参与过程中是否产生互动或排斥。在公众自发的参与活动中，共享身份和共同利益是参与的一个重要出发点，这与政府发起的参与论坛有所不同。在公众自发的参与活动中，参与者形成利益共同体，促成了集体行动，因此，构建公众参与的公共性，一个很重要的问题是区分在场的公众、参与论坛的公众和其他公众之间的关系。

第二节 城市基层治理中的社区参与

在过去的20年里，基层治理从自上而下的管理方式转变为重新关注在政府和公众之间搭建制度性的桥梁，通过组织或论坛的方式来调解问题。基层社会治理呈现三个特征："政府嵌入的代理化、社区二自治组织行政化和社会组织边缘性角色。"[2] 随着治理的兴起和治

---

[1] Marian Barnes, Janet Newman, Andrew Knops and Helen Sullivan, "Constituting 'The Public' in Public Participation", *Public Administration*, Vol. 81, No. 2, June 2003, p. 379.

[2] 汪锦军：《嵌入与自治：社会治理中的政社关系再平衡》，《中国行政管理》2016年第2期。

理工具的广泛使用,在基层层面,公众参与的呼声越来越高。公众参与和公共协商等新方法被广泛地运用于基层治理中,这些新方法强调在决策过程中纳入更多的社区成员和弱势群体。这些转变之所以产生,主要有两个方面的原因:一方面,政府逐渐意识到问题的复杂性和内部关联性特征,需要更多主体分担责任来解决复杂问题,使利益相关者参与来获得更多信息进行决策,因此参与方法得到广泛的关注;另一方面,人们逐渐意识到公众参与基层治理对问题界定和问题解决所带来的好处。值得关注的是,信息技术与互联网使参与更加可行,它促进了文件的迅速传播以及对话和反馈机制的形成。基层治理中的公众参与表现为,在制定与基层社区有关的政策时,公众能够与基层政府共享权力和责任。本节通过描述基层治理中公众参与发生的变化,以及比较公众参与的主要形式来阐释公众参与的特征,进而界定基层治理中公众参与是如何表现的。

一 城市社区参与

当前,在地方治理结构下建立或重构地方论坛,并将社区作为"界定和解决一系列政策问题的地点"[①]。社区主要包含三个因素,地域边界、社会利益和共享规范。基于这三个维度,可以将社区定义为生活在一定地域范围内的人们聚集在一起,共享规范来实现共同利益。尽管社区包含着认同、和谐、合作和包容等价值,但这并不意味着社区就没有冲突,社区成员可以是合作的,也可以是竞争的或相互冲突的,学者认为社区并不总是"组织化和团结的",有时候是"缺乏社区感和身份认同的"[②]。社区参与伴随社区发展而兴起,并成为社区发展的重要内容(如表4-1所示)。社区参与是让具有共同利益和目标的社区成员参与那些能够影响他们生活的决策,社区成员通过参与社区项目来解决他们自己的问题。在社区参与过程中,基层政府、社区组织、社区社会组织、社区居民之间形成了正式或非正式的

[①] Marian Barnes, Janet Newman, Andrew Knops and Helen Sullivan, "Constituting 'The Public' in Public Participation", *Public Administration*, Vol. 81, No. 2, June 2003, p. 379.

[②] Qingwen Xu, "Community Participation in Urban China: Identifying Mobilization Factors", *Nonprofit and Voluntary Sector Quarterly*, Vol. 36, No. 4, December 2007, p. 622.

伙伴关系。通常，社区参与主要有两种形式：一种是自上而下的项目执行，表现为政府为促进公众参与而发起的参与项目；另一种是自下而上的主动行为，表现为由志愿者和社会组织（如社区行动小组）独立发起的参与行动，二者所依赖的情境和提供的机会是截然不同的。鉴于此，社区参与也呈现出不同的程度，较低程度的参与表现为社区居民很难影响决策，至多是他们的意见也许会被政府考虑进决策中；较高程度的参与则是社区居民被赋予一定的决策权，他们能够与政府共同决策。社区参与能够促进更多的服务提供，并降低服务成本。社区参与能够提供有价值的当地知识，确保居民的需求被纳入考虑，使人们意识到他们能够做什么，有助于居民形成责任感，减少依赖性。社区居民在项目决策中发声还能够提高他们执行项目的热情。社区参与可以分为正式的社区参与和非正式的社区参与，"正式的社区参与是居民就社区内一些重要事务的参与，非正式的社区参与，如居民参与各种文体活动、兴起小组等，对建立频繁的人际交往、形成社会资本和相互信任具有重要意义"[1]。社区认同是基于社区居民的主动参与意愿，骨干动员是激励和引导社区领袖自觉参与，而组织赋权是"政府有意识、分步骤地向社会放权、授权，并培育社区参与的组织化力量"[2]。

表4-1　　　　　　　　　　　社区发展与社区参与

社区发展	社区参与
轰轰烈烈的社区建设	自上而下的参与
社区治理改革和社区服务与创新的蓬勃开展	鼓励社区居民参与到社区事务中来，参与从自上而下转变成上下结合
和谐社区、美好社区等社区发展项目	参与被视为有助于社区的可持续发展，社区参与的价值被认可

---

[1] 夏建中：《基于治理理论的超大城市社区治理的认识及建议》，《北京工业大学学报》（社会科学版）2017年第1期。

[2] 唐有财、王天夫：《社区认同、骨干动员和组织赋权：社区参与式治理的实现路径》，《中国行政管理》2017年第2期。

需要思考的是，社区参与为什么会发生。一方面，由于政府自上而下强制执行的项目很难满足社区居民多元化需求；另一方面，政府由于缺乏地方性相关知识和资源，且存在能力不足等困境，很难独自解决问题。在这种情况下，社区参与能够贡献项目所需的知识和资源，同时也能节约成本。这是因为，当居民自主设计和管理项目时，能够将项目更好地与地方情境相结合，从而有助于项目的可持续发展。可见，社区参与有助于加强公众参与和促进社区复兴。社区参与的成效在很大程度上取决于两个方面：一是谁来参与，即参与者能否代表社区全体成员，一些重要的利益相关者是否被排除在外了，参与者是否有能力来做出好的决策；二是怎样参与，即参与的过程和方式是什么样的。为了更深入探讨社区参与问题，有必要对我国基层治理中社区参与发生的变化进行简要描述。

20世纪80年代末以来，随着分权化改革和市场经济转型的推进，政府不再愿意承担以往单位制时期提供传统的社会福利和社会安全网责任，一些福利服务如失业、退休、老年人照料、医疗卫生等通过自上而下的方式委托给了地方社区，中央政府开始认识到社区的价值，社区的重要性也逐渐增加，"从中央政府的发展社区政策，到地方政府发起社区建设项目并鼓励社区参与，这些都进一步促进了社区发展的制度化"[1]。社区居委会作为一个重要的社区组织，尽管在法律上被定义为一个基层自治组织，实际上却扮演着政府神经末梢的角色，履行着许多行政任务。它具有双重角色，一方面，居委会仍然是地方政府在社区的代表并执行政府下派的行政任务；另一方面，由于制度改革和行政分权，居委会承担并执行着为社区居民服务的项目。可见，居委会既是社区的核心组织也是政府的联络人。随着政府授权和外包项目在社区层面的迅速推进，社区能够提供地方性知识和资源，因此需要社区积极参与到项目中。社区组织由于获得政府授权并接受政府的绩效考核，因此会对政府部门负责，同时，社区出于对项目实施结果的考虑并接受居民满意度的考评，因此也会对社区居民负责，

---

[1] Marian Barnes, Janet Newman, Andrew Knops and Helen Sullivan, "Constituting 'The Public' in Public Participation", *Public Administration*, Vol. 81, No. 2, June 2003, p. 379.

"当政府官员和社区管理者意识到要对公众负有更多责任时,他们愿意在制定政策时更多地鼓励公众参与并向公众解释他们正在做什么"[①]。

二 社区参与案例研究

本书主要聚焦在城市社区里发生的公众参与论坛。我们关注三种不同类型的论坛,分别是基层政府发起的论坛、社会组织发起的论坛和社区居民自主发起的论坛。本书选取四个案例进行比较分析,案例包括由政府主导的论坛和由社会组织发起的论坛以及由社区居民自组织形成的论坛。这些案例有助于我们理解在不同政策领域中发生的公众参与,由于所面向的参与人群(如少数民族、老年人、特殊服务群体等)不同,因此所采用的参与方法和参与机制也不同。我们首先简单地对四个案例进行描述,以此分析论坛成员的合法性是如何构成的,即"谁能参与"的问题;其次,通过引入社会排斥概念,讨论公众参与论坛的过程如何有助于理解社会融入,即"谁来参与"的问题;最后,探讨公众参与论坛的实践能够促成怎样的新集体行为,即"如何参与"的问题。在数据收集上,我们采用观察会议、问卷调查和访谈方法来获得相关数据。观察的会议包括公众参与的会议以及与政府官员互动的会议;问卷调查主要是用来收集社会人口和论坛成员的相关数据;访谈公众,询问他们为什么来参加论坛,如何看待论坛的目的,以及他们已有的成功或失败的参与经历;访谈政府官员,询问论坛向谁开放,论坛如何处理争论,以及那些没能参与论坛的人群如何获得论坛的信息。此外,我们也采访一小部分基层政府领导来了解具体的案例如何适合大制度环境。

案例1:H社区的居民大会

H社区是一个老小区,建于20世纪90年代末期,社区居民

---

① Donna Milam Handley, Michael Howell‑Moroney, "Ordering Stakeholder Relationships and Citizen Participation: Evidence from the Community Development Block Grant Program", *Public Administration Review*, Vol. 70, No. 4, July 2010, p. 601.

比较复杂，有的居民长期生活在小区，他们对社区情况非常了解，对社区里的事务也比较关心，热衷参与社区活动。还有一些居民是上班族，对社区事务比较冷漠，偶尔会参与社区活动。也有租住在小区的租客，这部分居民大多数是打工者，他们基本没有时间也没有兴趣参与社区活动。我们观察了一次居民代表大会，大会的主题是关于社区环境整治与绿地维护项目，会议定于某周六上午10点召开。我们发现，部分居民如期参加了会议，这些居民基本上是小区的业主或是积极分子，他们有强烈的参与欲望。而一些居民由于工作挣钱或是行走不便等没有来参会，租客也基本上没有参加。在会场上，参会者并没有坐成一圈，而是排开了层级，主要成员坐在离政府官员和社区管理者较近的位置，积极分子坐在主要成员后面，而其他人则坐在积极分子的后面。在整个会议过程中，基本上以政府官员和社区管理者讲话为主，主要是告知社区居民有关社区环境整治与绿地维护项目的信息。社区居民在表达观点上受到了很多限制。

我们观察发现，将居民大会安排在上午10点很可能将经济弱势群体排除在外，因为他们需要工作挣钱而无法参加，这导致一个重要群体的缺失。经济弱势群体无法在大会上表达利益诉求，这使得参与论坛没能包含所有的利益群体，在一定程度上会削弱项目的有效性。从座位安排上可以看出，居民倾向于用既有的社会阶层认知来安排座次，通常情况下，弱势群体一般会坐在优势群体后面或更远的位置，这种座次安排可能会进一步限制弱势群体的参与，让弱势群体更加被动，从而不利于社区内社会资本的构建。

案例2：G街道的听证会

G街道位于古城保护区，在市政府提出的国家历史文化名城推进项目中，G街道成为第一批被改造的对象。区政府和街道办在街道层面召开了项目听证会。听证会分为两个环节：项目推进环节和互动环节。在项目推进环节中，项目负责人介绍了相关政策和项目信息，以及项目的实施方案和预期目标。在互动环节中，区政府和街道办官员听取了参会者的诉求，并承诺在决策中对他们的诉求加以考虑。参会者可以通过提问或者是说明立场来表达观点，然而，发言时间却被要求控制在两分钟以内，因此，参会者顶多表达了自己的立场和观点，很难有时间与项目负责人进行讨论。我们观察发现，在整个听证会过程中，参会者更像是听众，他们获得了有关项目的一些政策和信息，却很少有机会阐述自己的观点，更不用说与项目负责人和利益相关者进行协商讨论。这导致听证会的参与率非常低，听证会主要是"听"，而不是"证"，交流沟通非常有限。从这个意义上说，听证会更多是对参会者产生影响而不是对项目的决策和实施产生影响。

案例3：L社区的议事会

L社区是一个新型的公寓式社区，居民中有许多年轻人，他们的参与热情比较高，思维也很活跃。一些居民自发成立了青年协会，定期商讨一些感兴趣的话题，或是举办一些联谊活动。街道在开展的许多项目和活动中也积极邀请青年协会参加，尤其在古城保护、名城宣传活动中，街道政府多次召开议事会，鼓励青年协会建言献策。一方面，街道政府协助青年协会注册成为区级社会组织，并通过公益创投和福彩基金等方式资助青年协会开展活动；另一方面，街道政府以项目制形式引导青年协会参与古城保护和名城宣传活动，通过举办青年论坛鼓励更多的青年人士参与街道和社区活动。青年论坛由街道政府组织发起，邀请社区、辖区企业、社会组织、青年协会以及居民中的青年代表参与，在论坛上，组织者听取各方代表的意见，并对一些诉求进行了简单的回应。我们观察发现，尽管街道政府一直强调青年成员要畅所欲言，但是政府的权力意识比较强，在论坛互动过程中常常限制青年人表达观点的方式，影响论坛的议事进程，并对议事结果和讨论方案拥有最终话语权。这表明街道政府既想要青年成员积极参与论坛活动，又不愿意放弃对论坛的控制权。

案例4：A社区的业委会

A社区是高档富裕社区，居民大多是中产阶级，属于高收入人群。尽管社区居民大会的参与率比较低，但是业委会很活跃，业委会成员不仅包括业主，还有业主邀请的外援智囊团，外援智囊团成员的专业背景和社会资源非常丰富。社区环境的私密性一直比较好，小区两面环河，只有社区正门的一条路可以通车，基本上是以小区业主进出车辆为主。由于受到市政规划影响，位于A社区前面的丁字路口改造成为十字路口，其延伸段通往主干道。原本只通向A社区的马路被打通，路上的车辆也日益增多。由于这条马路只有两车道，常常造成拥堵，尤其在上下班时期，A社区业主的车辆很难开出去，为此业主意见很大。业委会多次向居委会反映问题，但由于并不属于社区内部问题，居委会很难解决。业委会发挥外援智囊团成员专业和资源优势，多次召开业委会工作会议，商讨解决方案。与此同时，一些业主也自发组织起来成立议事小组，与业委会一同商议对策。业委会还邀请到街道和社区工作人员共同协商。在协商过程中，各方代表交流信息，提出观点，并通过反复探讨，形成或改变原有的观点，并达成共识，试图形成一个集体选择。最终讨论的结果是，实行弹性的限流措施，在上下班时间改为单行道，并由社区志愿者和辅警共同维持交通秩序。通过这个案例我们看到，协商机制能够促进形成一致原则，从而发现新的选择来更好地改进参与者所关注的问题。当决策者受到参与者的权力和影响力的影响时，会在决策中考虑参与者的偏好。因此，协商过程也可以被描述为"协商和共识的构建过程"[1]。

三 案例讨论

综观以上案例，只有最后一个案例将参与者的观点和偏好转化成为集体的观点和决策，而前三个案例中的参与论坛都没能影响决策，这主要与参与过程中的交流方式有关。公众参与过程主要有单向、双向和协商三种方式，社区居民大会属于单向过程。在单向过程中，信息通过网络媒体或发文通告等方式从发送者向接收者单向流动，通常是从公共管理者向公众传递，有时候也会从公众向公共管理者传递，

---

[1] Archon Fung, "Varieties of Participation in Complex Governance", *Public Administration Review*, Vol. 66, No. s1, November 2006, p. 66.

如居民满意度调查等。单向过程有利于信息共享,但不能提供信息反馈和协商的机会。听证会属于双向过程,双向过程是信息在发送者和接收者之间传递,但在这一过程中公众参与程度十分有限,而社区听证会作为社区参与的重要形式,除了遵循一般程序原则,还应"赋予不同类型社区以程序选择的自主权"[1]。业委会和议事会属于协商过程,协商过程要求多元主体在开放的过程中进行理性讨论,并对讨论结果做出反馈,因此,在协商过程中,所有的参与者都有机会来表达诉求,而且"参与者之间能够互相尊重"[2]。需要指出的是,尽管协商论坛可以被视为参与者之间话语互动的过程,但这并不一定是一个平等的互动过程。当协商中的一方拥有大量的权力资源,比如政府,它能够基于正式权威来确定成员构成和对话的规则,通过布置议程和保持记录来对互动过程进行控制。由于政府拥有财政资源,社区组织和志愿者部门常常需要依赖于政府的准许和外包合同,这些情况都可能会"削弱了所谓伙伴的概念"[3]。在案例4中,由于协商论坛的发起者是业委会和议事会,政府只是作为协商论坛的参与者,因此在整个过程中略显被动。

公众参与是基于利益还是基于立场会使参与过程截然不同。当公众参与关注的是利益(即为什么个人或群体会提出这些需求,这些需求背后的关注点是什么)而不是立场(即个人或群体提出的需求是什么)时,公众参与就显得更有成效。在案例1和案例2中,社区居民大会和听证会中的公众参与大都基于立场,参与过程在会议室举行,公众通过举手来表达自己的意见,因为表达时间非常有限,一般只有几分钟的时间,基本没时间进行讨论,因此公众只能提出需求,说明立场,很难得到他人的回应,它的参与过程设计也体现出这一特点。在案例4中,业委会中的公众参与既可以基于立场也可以基于利

---

[1] 黄凤兰:《我国传统社区会议向现代社区听证的演变与路径》,《中国行政管理》2016年第12期。

[2] Tina Nabatchi, "Putting the 'public' back in Public Values Research: Designing Participation to Identify and Respond to Values", *Public Administration Review*, Vol. 72, No. 5, August 2012, p. 699.

[3] Marian Barnes, Janet Newman, Andrew Knops and Helen Sullivan, "Constituting 'The Public' in Public Participation", *Public Administration*, Vol. 81, No. 2, June 2003, p. 379.

益，这主要取决于参与过程的设计选择。而议事会中的公众参与大多是基于利益诉求的，通过组成小组促进深度交谈，这种形式使参与者不仅能够陈述观点，而且能够探讨利益诉求，达成共识。有学者指出，"公众参与大多是基于自身利益的被动诉求，参与层次较低，虽然公共部门对公众诉求的回应率较高，但回应质量却可能因缺乏足够的监督而无法得到保证"[①]。

（一）谁能参与？

公众构成方式在决定个人或群体是否能够在参与中起重要作用，话语实践会影响谁能够来参与论坛。代表性作为一个政治而不是统计意义上的概念，它提出了一个问题，即"协商论坛是作为身份构成和动员的场地，还是作为具有固定身份的参与者之间的对话"[②]。已有文献讨论了代表性在参与过程中的重要性，认为所有的人都有权利和机会参与协商和决策制定，他们的行为有助于或直接影响他们的行动。参与者需要包括传统的边缘群体来确保代表性。由于行动者的利益往往是多元的甚至是冲突的，因此，参与者并不是代表大多数，而是代表特殊利益群体。缺乏代表性被认为是参与过程设计的一个缺陷，这提出了参与设计的一个重要问题：如何才能确保未被代表的群体参与进来？有研究指出，社会排斥过程会将一些人排除在协商过程之外，它产生于物质和文化排斥过程，限制了公众参与发挥作用的潜力。研究基于物质和文化情境分析了界定谁能参与以及谁不能参与公众活动的四个因素，包括话语实践（商谈）、能力、技能和参与实践。话语实践表明，公众的构成方式在决定个人或群体是否有资格参与中起着重要作用，即谁能够来参与论坛；能力因素是指谁可以被视为有能力参与的；技能因素是指具有特殊技能的参与者对论坛来说是很有必要的，那些没有技能或对技能发展不感兴趣的人会被排斥在论坛之外；参与实践关注的是论坛成员的实际构成，即谁能在场，比如

---

① 张廷君：《城市公共服务政务平台公众参与行为及效果》，《公共管理学报》2015年第12期。

② Tina Nabatchi, "Putting the 'Public' Back in Public Values Research: Designing Participation to Identify and Respond to Values", *Public Administration Review*, Vol. 72, No. 5, August 2012, p. 699.

"因为残疾人由于生理因素，参与论坛没能让残疾人在场，这并不是一般意义上的公众参与"[①]。许多公共决策并不是通过讨价还价和协商做出的，而是由技术专家和政府官员来决定，这种模式通常不包含公众。这造成了社区协商的困境，如果协商只邀请部分居民代表，协商决议是否具有合法性？其他未能参与协商的居民如何看待协商？有学者选择了社区居委会选举、社区业委会选举、社区议事会、社区选聘物业公司、社区娱乐性活动、社区的邻里互助活动、社区公益慈善类活动、社区公共服务活动、社区维权行动等九个社区参与选项来调查社区参与问题，发现"大部分社区活动的参选率都低于三分之一，而'不太参与、从未参与'的选择率却高达69.4%"[②]。

（二）谁来参与？

谁来参与的问题主要是基于个人特质以及参与者的动机和能力来考量的，即谁被视为有意愿和能力参与的。公众参与是被政府动员的，还是源于人们自身利益需求或主观动机的激发？不同的主观动机如何影响不同类型的参与？公众是否会出于利益和价值观的考虑来进行参与？回答这些问题不仅可以更好地了解公众参与的缘起，也可以更准确地解释不同类型的公众参与所产生的影响。关于公众参与的动机研究主要有两种分析路径，"一种是动员模型，将公众参与描述成体制动员的产品，人们参与活动是因为他们受到动员，或是被规劝甚至是强制；另一种是动机模型，将公众参与看作个人主观动机的结果"[③]，主观动机可能出于个人经历，也可能是出于想要发展技能来为他人改善服务的无私动机。

个人参与指社区层面的志愿活动，通过鼓励个人的志愿热情，培育社区自主性。为了鼓励社区志愿活动发展，政府发布了一系列政府资助项目，如经验小队计划，旨在鼓励有经验的居民向年轻人分享从事志愿服务的技巧与经验。专家参与是在公共服务领域激发

[①] Marian Barnes, Janet Newman, Andrew Knops and Helen Sullivan, "Constituting 'The Public' in Public Participation", *Public Administration*, Vol. 81, No. 2, June 2003, p. 379.

[②] 闵学勤：《社区协商：让基层治理运转起来》，《南京社会科学》2015年第6期。

[③] Jie Chen, "Subjective Motivations for Mass Political Participation in Urban China", *Social Sicence Quarterly*, Vol. 81, No. 2, June 2000, p. 645.

与释放教师、医生、护士、警察等专业人士创新性的能力。体现了公共服务的专业化趋势与专业化人士的志愿化战略。社区参与关注社区组织的发展与社区参与能力的培养,通过授权地方与鼓励居民参与来让人们决定自己的未来。社区参与包含"社区需求表达、社区合作伙伴关系塑造、社区居民参与能力培训等多个维度"[1]。在大多数情况下,参与者很少甚至是并不期待他们的参与能够真正影响决策,参与者更多是为了获得个人利益或履行义务而参与。这也表明,谁会参与不能仅考虑个人动机,还要了解参与活动中的权力关系运作。社区参与是一个积极主动的过程,项目的受益者能够影响项目的决策和实施,而不仅仅是接受项目的结果。这表明,当居民能够影响并控制对他们有影响的决策时,或是对项目具有合法权益并能够影响决策时,社区参与才能够真正实现。此外,生活满意度也会影响人们的参与行为,它是个人对于生活是否得到了改进和满足的主观感知。生活满意度从两个方面影响参与行为,最满意的那部分人倾向于参与,因为他们想要通过选择一个更加保守的候选者来维持现状,也可能根本不参与,因为他们感到很满意以至于不愿意改变任何事情。而对生活不满意的人会更加愿意向政府表达他们的诉求。有研究发现,"有钱人、上班族和受过高等教育的人更愿意参与社区活动,长期生活在社区的人也愿意参与,与社区组织有密切关系的人倾向于参与社区活动,那些更了解社区生活的妇女和在邻里组织中具有较高地位的人更愿意参与社区活动,社区里的老年人容易被动员来参与社区邻里服务和公共教育活动,因为他们是邻里服务项目的受益者"[2]。这些研究发现表明,尽管当前的体制并没有强制人们去参与,但是参与仍然能够提高政府的合法性。

在案例1和案例2中,参加论坛(居民大会和听证会)的成员包括街道办和社区的工作人员、警务人员、党员代表、社会组织成员、辖区企业代表以及居民中的积极分子。这些成员是由街道和社

---

[1] 黄晴、刘华兴:《治理术视阈下的社区治理与政府角色重构:英国社区治理经验与启示》,《中国行政管理》2018年第2期。

[2] Jie Chen, "Subjective Motivations for Mass Political Participation in Urban China", *Social Sicence Quarterly*, Vol. 81, No. 2, June 2000, p. 645.

区邀请的,其基本原则是民主代表性原则而不是统计代表性原则。由于街道和社区希望吸纳更多的成员参与,因此提出所有的成员都会得到邀请,这表明了公众参与的一种趋势,即同时强调代表性和在场。由于街道和社区的重视,在居民大会和听证会召开前期,加大宣传和动员力度,并积极收集居民意见和诉求,承诺在大会上给予回应,因此在居民大会和听证会中,公众参与程度都比较高。在第三个案例中,政府在界定成员合法性资格过程中作为调解角色发挥了重要的作用。为确保年轻人参与古城保护、名城宣传项目,街道政府不仅协助青年协会注册成为区级社会组织,使其拥有合法性身份,还多次召开议事会与青年协会以及与更多的青年志愿者进行商讨。在论坛中,街道政府一方面鼓励论坛成员自主议事,一方面又对议事过程进行管控。这表明,组织成立的方式、论坛成员身份的界定以及对话开展的方式对参与论坛都会产生影响。在第四个案例中,由传统组织结构界定的业委会很有可能挤压了让资源多样化的群体参与到社区实践的可能性。拓展的成员身份使业委会能够克服资源不足而造成的参与有限的困境。这里需要思考的是,代表性和在场如何影响论坛成员的合法资格?在案例中,业委会成员并不希望阻止有意愿合作的智囊团成员共同参与,相反,业委会成员提出需要拓展成员范围的观点,将有经验的人士纳入进来能够提供不同的视角和多样的资源(如表4-2、表4-3所示)。

表4-2　　　　　　　　　谁制定了参与规则?

	H社区	G社区	L社区	A社区
谁制定参与的规则	街道、社区	街道	街道、志愿者	业委会
谁决定听证会的议项	街道、社区	街道	街道、志愿者	业委会
谁作为参与代表可以参加	居民	居民	志愿者	居委会、业委会
是否能够体现代表的多样性	否	否	是	是
社区参与的成效及问责	一般	一般	较好	较好

表 4-3　　　　　　　　　　在多大程度上参与？

	H 社区	G 社区	L 社区	A 社区
是参与政策制定还是执行	执行	执行	都有	都有
是集中参与还是分散参与	分散	分散	集中	集中
诉求表达是否直接	否	否	是	是
是否只能在事先设置好的参与活动中有限选择	是	是	否	否
是否可以通过协作或合作的方式	否	否	是	是

（三）如何参与？

参与技能被认为是很有必要的，那些没有技能或对技能发展不感兴趣的人会被排斥在论坛之外。听证会是地方社区项目中公共输入的一个主要方式，听证会的一个常用指标是公众出席率。在我们的调查中，社区负责人被问到，你所在的社区里居民出席街道听证会的平均水平是多少时，并给出一些选择。结果显示出席人数非常低，几乎80％的社区负责人选择在0—20人之间。这个结果表明，社区居民参与听证会的积极性并不高。当然，单看参与人数是有局限的，决定听证会是否有效的因素不只有出席人数，我们还要检验其他变量，如政府对公众参与的认知。基层政府官员和项目负责人被问到，居民诉求在多大程度上会影响项目决策时，大多数的受访者认为居民在一定程度上会影响项目的决策过程，大约60％的受访者认为居民对项目决策有很重要的影响或一些影响。只有3％的受访者认为居民对项目决策没有影响。我们对问责关系也进行了访谈，让政府官员和项目负责人指出哪个利益相关者群体是他们认为最需要对其负责的。我们询问："你觉得你们最需要对谁负责？"我们提供了一些选项，居民也是一个选项。访谈结果显示，尽管听证会的居民出席率很低，但是25％的受访者认为居民在决策中有重要影响，近35％的受访者认为，如果绩效考核没有达标，他们更要对居民负责。这些结果呈现出一个复杂的画面，即尽管参与听证会的居民数量很少，但是政府和项目负责人仍然认为居民对项目决策会产生影响，而且，政府官员认为他们应该对居民负有更大责任。尽管有研究表明，政府感到对公众负有更大责任会促进更高的公众参与水平,但是将公众问责性排首位与增加听证会的出席人数以及提高公众对项目过程的影响之间并没有明确的关系表述。居民参与议事会主要是为了影响政策决策。在调查中,我们访谈了议事会的参与者,受访者被问到:哪些项目是你们最感兴趣的?受访者表示,他们对邻里项目、公共服务项目、获得资助项目(如房屋修复项目)都很感兴趣。类似的研究也表明,如果项目涉及教育培训、社区安全、社会服务和环境改善等内容就会吸引更多的居民来参与。听证会的议题也很单一,主要集中在小区停车、社区绿化、环境整治等问题,政策领域方面的问题很少涉及(如表4-4至表4-6所示)。

表4-4　　　　　　　　　　是否受到强有力的支持?

	H社区	G社区	L社区	A社区
形式上的领导支持	无	有	有	无
领导支持力度	无	一般	较强	无
领导支持会随着新的优先事项而变化	否	是	是	否

表4-5　　　　　　　　　　政府的态度

	H社区	G社区	L社区	A社区
支持参与的多样性,但是会被政府严格限制	否	是	否	否
支持参与多样性,但是要获得政府允许	否	否	是	否

表4-6　　　　　　　　　　是否有有效参与的方法?

	H社区	G社区	L社区	A社区
工作坊	无	有	有	有
信息和交流是否有效	一般	较好	有效	有效

（四）参与的限度

参与是高度情境依赖的。参与在社区层面上会受到一系列阻碍,包括专家精英、时间限制、经济成本、技术资源、不确定性等问题。

在当前社会经济不平等和权力关系情境下,仅通过参与是否能够实现公平和效率?然而,参与通常会增加管理者和行政人员的数量,组织良好的社区会施加压力以提高服务的水平和拓展服务的范围,这会超出原本的计划,增加项目成本。可见,没有参与会对项目的产出成效产生消极影响,但是拙劣的参与也会影响项目效率,并且可能会改变对未来参与的期望。为什么参与会发生?参与发生主要是出于人们对经济、政治、专业和结果等方面的考虑。在经济上,参与的收益要大于成本;在政治上,当参与的获益者对项目的其他行动者没有政治兴趣,这会造成一定程度的社会排斥,从这个意义上说,参与对于穷人来说是挫败大于促进的,在专业方面,专业化思想和专家观点不提倡参与,他们认为专家知道的是最多最好的;在结果上,参与是否能将人们聚集起来使他们能够形成共同利益呢?

尽管对参与的呼声越来越高,但是很少有详细的、指导性的研究来帮助公共管理者了解何时以及如何将公众纳入进来,也没有研究表明参与能够长期有效地在物质上改进弱势群体的状况,因为参与论坛没能让残疾人在场(他们可以被认为是残疾人在身体上被排外了),这并不是一般意义上的公众参与。一些证据可以表明参与的有效性,并涉及赋权和可持续性的问题。参与的适用性常常依赖于方法和过程的有效性而不是结果,因此,参与方法的有效性可能更多地体现在实践中而不是理论上。参与主体在权力和资源上也存在着不对等。有研究指出,"公众与政府的对话还处于一种较弱势的地位,这与当前平台自身建设的功能定位有较大关系,更多是在执行层面而不是决策层面。而且,政府对公众评价的客观性存在疑虑,因此对公众满意度评价并没有采取积极措施,也没有意愿将其纳入对政府的考核中"[①]。

四 思考和改进社区参与

实践表明,由于参与者具有多元目标和动机,且使用了多样化的工具、技术和程序等,因此,如何设计参与过程来更好地完成任务或

---

① 张廷君:《城市公共服务政务平台公众参与行为及效果》,《公共管理学报》2015年第12期。

解决冲突就显得十分重要。一般情况下，公众参与过程设计需要考虑参与者的目标，即政府或者社会组织、公众为什么想要参与发生，他们参与的目标是什么；还要考虑参与者的动机，即参与者为什么想要参与，他们对问题重要性的感知程度，如社区听证除"遵循一般程序原则之外，还应赋予不同类型社区以程序选择的自主权"[①]。此外，还有思考决策的时限、授权的程度、制度环境、法律规则、组织状况（人力资源、可获得的知识和技术、财政约束）等。公众参与过程的设计并非单向和线性的，而是相互作用的，在互动过程中还要考虑到多种因素，有学者提出影响公众参与过程设计的八个因素，"合作的程度、交流的方式、共享决策权的程度、参与机制、信息材料、参与者的筛选、参与者的招募、循环反复"[②]，这为构建公众参与的新分析框架提出了可借鉴的思路。

在构建公众参与框架之前，有必要对公众参与过程的不同阶段进行分析，在不同的阶段吸纳公众参与的程度会影响参与的层次，公众参与的方式也各不相同。在需求评估阶段，公众通过表达意见，指出需要改进的方面，确定项目的优先顺序；在计划阶段，公众参与制定项目计划和目标；在动员阶段，通过项目宣传，激发公众的参与意愿；在培训阶段，公众参与正式或非正式的培训活动，以提高项目知识和技能水平；在执行阶段，公众直接参与项目管理活动，并将公众的满意度评估和政府绩效考核相联系。基于此，在构建参与框架时需要了解参与者的偏好和他们的利益诉求，通过对参与者的构成和优劣势进行分析，了解参与者之间的共同兴趣和利益冲突。分析参与过程的各阶段所需的伙伴关系和社会资源，并加入问责性的考量，构建有效参与的结构和形式，运用更多的方法，包括正式和非正式的参与方式让公众参与讨论，探讨在共同参与中各主体间是如何相互学习的。

那么，如何让公众通过制度化的参与渠道参与进来呢？有学者认

---

① 黄凤兰：《我国传统社区会议向现代社区听证的演变与路径》，《中国行政管理》2016年第12期。

② Tina Nabatchi, "Putting the 'Public' Back in Public Values Research: Designing Participation to Identify and Respond to Values", *Public Administration Review*, Vol. 72, No. 5, August 2012, p. 702.

第四章 城市基层治理中的公众参与

为,"一是通过社会组织,使个体通过社会组织来表达诉求,改变政府直接面对分散个人的现状,二是改变当前基层社会治理的政治化、行政化方式,构建社会治理的多元参与格局"①。由于公众有着不同的身份和利益,每个人对参与的理解不同,因此有必要分享和讨论不同的观点和立场。在确定问题和需求的基础上,形成一个共同行动计划,并对此进行审议。有学者指出,"第一个层次是告知公众,信息过程采用单向交流方式,公众没有共享决策权;第二个层次是咨询,即获得公众反馈,这个过程采用单向或双向的交流方式,公众获得的共享决策权非常有限,如听证会;第三个层次是吸纳公众,这个过程采用双向交流方式,公众获得的共享决策权逐渐增加;第四个层次是合作,多采用协商交流方式,公众获得一定程度的共享决策权;第五个层次是赋权,采用协商交流方式,公众获得较大的共享决策权,并执行公共决策"②。鉴于此,需要将反复互动纳入参与过程,并考虑影响参与变化的其他因素,使公众参与适应当地情境。参与需要包含弱势群体,确保他们参与的可能性,通过合理设计参与过程使弱势群体能够参与的机会最大化,让所有的社会群体都成为目标群体,并共享产出。此外,最大化公共会议的非正式网络机会,使用现存的或新型的信息化方式进行信息传播和沟通,给项目成员提供跨越边界互动的机会。

构建参与的公众导向,这体现了群众路线的思路。有学者指出,"群众路线的政治方案不是被动地等待公民们的政治参与,而恰恰是治国者主动深入生活世界,通过与公民们直接互动的方式(调查收集、辩谈统合、最后化成政策反馈)使他们进入政治进程,并通过这个实践在公民之间建立起'共同的表面'"③。可见,参与的核心问题是让公众拥有决策权并能够影响决策,赋权公众使他们富有能力和活

---

① 周庆智:《推进基层治理的社会改革》,《学海》2016 年第 1 期。
② Tina Nabatchi, "Putting the 'Public' Back in Public Values Research: Designing Participation to Identify and Respond to Values", *Public Administration Review*, Vol. 72, No. 5, August 2012, p. 703.
③ 吴冠军:《重新激活"群众路线"的两个关键问题:为什么与如何》,《政治学研究》2016 第 6 期。

力。政府让渡权利并不是一件容易的事，它要求政府改变以往在决策中的家长式作风，相信公众能够做出明智的决策。社区参与能够提升居民的社区感，互惠规则在社会群体间建立起来，如同理心、同情心，这些互惠规则促进了更好的参与，使他们感受到参与所带来的好处，促成社区共同体建设，使居民意识到通过参与他们能够有机会获得更加美好的社区生活。居民在自愿的基础上参与社区事务，并在参与过程中寻求权力从政府向社区的转移，至少在决策中享有了权力，从这个意义上说，参与能够促进赋权和更大的社会公平。可见，在社区层面加强能力建设对提高公众的参与技能和建立参与信心都很重要。需要指出的是，实现真正的参与需要一系列条件，如是否有政府支持（行政领导），是否是有主体支持（多元参与），以及是否有外部支持（潜在的社会资本）。有学者提出社区参与式治理的实现路径是社区认同、骨干动员和组织赋权，指出"社区认同是基于社区居民的主动参与意愿，骨干动员是激励和引导社区领袖自觉参与，而组织赋权是政府有意识、分步骤地向社会放权、授权，并培育社区参与的组织化力量"[①]。政府对社区参与的态度会影响居民的行动，如果政府认为社区参与是必要的，那么居民也会认为自己是被需要的，因此愿意参与到社区环境治理中来。重视公众参与的必要性，这对政府工作人员的培训和专业化发展有指导意义，只有认识到公众参与的重要性才能进一步支持公众参与。

第三节　社区参与如何改变城市基层治理

一　社区发展激发社区参与

随着经济和社会福利改革的推进，社会福利责任逐渐从中央政府转移到地方社区。20世纪90年代政府开展了轰轰烈烈的社区建设运动，鼓励个人在社区中寻求资源，实现个人照护和构建安全网，这使得社区服务和社区参与的功能不断得到加强。尽管社区服务已经成为

---

① 唐有财、王天夫：《社区认同、骨干动员和组织赋权：社区参与式治理的实现路径》，《中国行政管理》2017年第2期。

城市居民福利服务的重要部分，但是，社区服务仍然需要通过获得更加广泛的社区参与来促进可靠性和持久性。21世纪初，社区治理改革和社区服务创新蓬勃开展，社区建设鼓励社区居民参与到社区事务中来。社区参与被认为是解决社区问题的重要方法，有助于社区的可持续发展，因此，在协商过程中需要更加广泛的社区参与来解决复杂多样的问题。居民参与社区治理和服务主要有两种形式：一是参与政府发起的社区服务项目，如照顾"三无"（无技能、无照料者、无收入）人员等；二是由居委会组织或社区居民发起的活动，如日常老年人和儿童的照顾、晨练队、社交、文化聚会等。通过社区参与，社区居民能够对他们居住的社区有更多的控制力和影响力。社区包含了非组织化的个体、部分组织化的群体和组织化的利益组织，他们在参与中的能力发挥各异，因此，社区参与的关键是让社区组织者、社会工作者、服务人员和项目管理者获得知识和技能来动员社区居民参与，使社区居民从对个人的社会关注转向对社区行动的集体关注。本书关注有意愿参与城市社区活动的人群类型，哪些因素影响他们的参与，他们的参与是否只是简单地回应政府指令，哪些因素能够促进、鼓励形成有意义的公共参与。

已有研究表明，参与者的类型、能力、个人意愿和特征（包括性别、教育、收入水平、职业、民族、成员身份）等因素都会影响社区参与。此外，社区组织也是影响社区参与的一个原因，社区组织在居民参与中扮演着重要的催化剂角色。自治观点也会影响社区参与，并对维持高水平的参与和推动可持续的参与至关重要。需要指出的是，考虑到社区所在的经济社会和政治情境，中国的社区组织不仅缺乏必要的自治，也缺乏相应的权力（立法的和实质的）来组织和动员居民，因此，需要在中国场景下思考社区参与的影响因素和机制。

已有的社区参与理论和实践主要体现为两种导向，一种是将参与作为一种路径或者一种意识形态，表现出社区发展的一种风气；另一种是将参与作为一种方法或者一套实践指导来使社区参与进具体的项目活动中。这两种导向也可以从手段和目的上进行区分，即参与更加注重有效性，还是赋权和公平。效率作为工具，可以促进更好的产出。而赋权和公平作为过程，能够提升个人的权力和能力，改进人们的生活，提升人们的获得感。当参与作为一种工具，它能够更加高效、低成本地完成目标，而参与作为一个目的，或是作为一个过程，它能够让社区决定自身的发展。由于导向不同，二者在赋权和吸纳公众的程度上也不同。本书基于社区参与的三个案例，采用利益相关者分析、半结构访谈法、观察工作小组和公共会议等方法，对案例进行剖析。案例研究表明，基于社区的自下而上的参与会导致传统的自上而下的管理路径发生改变。传统的自上而下路径体现为政府为社区做决策并提供服务，这导致社区居民对政府形成强依赖感，对社区事务持漠不关心的态度。

二 社区参与的三个案例

案例1：社区治安与邻里守望

社区治安是政府通过在各个社区设立警务室，使警务工作人员在社区工作人员的协同下管理社区治安，这是一个自上而下的过程。邻里间的守望相助是社区居民基于传统的互帮互助美德，自主发起的邻里间相互照护和监督的行为，是一个自下而上的过程。这两个过程既可以是相互独立的，也可以存在交叉重叠。当政府运用互联网信息技术来改进治安信息管理系统，而社区居民也通过网络信息平台来加强彼此间的互动交流时，这两个过程就发生了交叉重叠。

社区警务工作人员通常采用巡逻走访的方式对社区治安进行管理。一方面，通过上门调查住户信息，及时更新业主和租户的信息数据库，掌握社区的居住人员情况。另一方面，通过与社区共同举办治安宣传活动，普及相关安全法规，让居民提高安全防范意识。当社区发生治安问题时，警务人员更多是对业已发生的问题和危机进行回应，或是对案件进行回溯性调查和处理。由于警力有限，信息获取不足且滞后，所以社区治安管理多是一种事后管理方式。

在社区治安宣传活动中，社区工作人员发现一些居民非常活跃，他们对社区里的治安问题非常关心且愿意付出精力。尤其是社区里的一些老年党员志愿者，他们自发成立了志愿者小队，通过平日里与左邻右舍打招呼来了解邻里情况，对小区里有特殊情况的居民进行密切关注，不定期巡逻以及时发现问题向社区工作人员反映。

社区通过建立协商制度，召开协商论坛，让这些具有强烈意愿维护社区公共安全的居民参与到社区治安的协商论坛中。当这些居民参与协商时，他们能够基于地方性常识和经验，提出最关注和最迫切需要解决的问题，而且，还能够提供一些独特的资源，这不仅有助于协同社区形成治安管理的优先事项和任务，还可以协助警务人员形成不同的治安管理策略。由此可见，社区参与式的治安管理改进了以往常用的事后处理方法，通过加强信息获取和预防监管等方式提高了社区治安管理的效率。这种制度设计也体现了从传统基于技术和权威的治安监管方式向现代基于协商的参与式治安管理方式转变的趋势。

案例2：社区参与古城环境保护

社区的快速发展给政府治理带来了新的挑战，政府越来越意识到社区参与的重要性。通过社区参与治理项目，将社区纳入项目的决策和执行过程中。社区参与治理项目要求政府与社区共享决策权，这会增加政府对社区居民的回应性，促进政府与居民之间的信任关系，从而有助于提高政府的合法性。社区参与环境保护被认为是衡量环境可持续发展的一个指标。尽管社区参与越来越多地被政策文件提及，但关于社区如何参与环境保护却很少有法定指导和政策要求，也还没有任何评估标准。本案例基于对社区参与古城环境保护项目（以下简称古城项目）的研究，对以下问题进行探讨：（1）谁会参与？（2）参与的阻碍是什么？（3）哪些参与方法看起来是有效的？已有实践表明，有效社区参与的前提是形成基于实践的参与框架和参与策略，在参与框架中，我们要明确参与实现的目标，并对参与者和参与方法进行选择，从而制定综合的行动计划。基于此，我们需要思考，在古城项目中有社区参与框架和策略吗？我们的研究基于15个访谈和6个电话采访，对象包括政府官员，以及古城项目负责人、社区管理者和社区成员，在2017年7月至11月进行。访谈包括11个问题，正式访谈时间持续30—90分钟。社区参与者的界定采用滚雪球样本技术，每个参与者被要求推荐其他的参与者。第一批社区参与者来自社区社会组织（组织的业务范围包含了环境保护）成员。当信息提供者不再提供新的参与者时访谈过程结束。这种取样方法的优势在于它能够提供多样化且相关度较高的信息提供者，他们对社区参与古城项目有不同的经历和观点。此外，一些关于古城项目的文件和网页也被用来提供信息。

对政府官员进行访谈：（1）你会让社区参与古城环境保护管理吗？如何保证未被代表的群体能够参与？（2）你制定了参与的程序吗？有参与框架吗？（3）你评估参与实践的有效性吗？如何评估？（4）社区参与的三个主要好处是什么？三个主要的障碍是什么？

对古城项目负责人访谈：（1）在社区成员和古城项目管理者之间有沟通和信任吗？（2）住在古城附近的社区会参与古城项目吗？

对社区管理者和社区成员访谈：（1）你参与古城项目吗？（2）你会采取什么方法来参与？你觉得哪些方法最有效？为什么？（3）社区参与的三个主要好处是什么？三个主要的障碍是什么？

参与者主要是两类人群，一类是社区里的老年人居民和党员志愿者，他们对古城项目感兴趣并愿意付出，且有时间参与；一类是具有一定专业化水平的居民和社区社会组织成员，他们对古城项目有一些专业知识和独特资源，是有目的地参与。有社区居民质疑这些参与者是否能真正代表社区，了解社区居民的需求。而这些参与者也并没有感到真正参与了古城项目，因为大多数参与者认为他们并没有参与有意义的协商，也很少被赋予权力来影响决策。

古城项目中居民缺乏参与机会，在项目决策和执行过程中缺乏有效的参与机制。因此，参与需要更加广泛（超越志愿者和专家参与）和更有深度（更有意义的参与和协作）。

研究发现，只有少数社区居民会参与古城项目，即使对于社区的积极分子而言，参与也非常肤浅。这与社区参与的历史经验以及政府的态度有关。社区参与的历史经验使社区与政府之间的互动非常有限。政府对社区参与的态度在鼓励与控制之间一直存在着张力，因而很难真正促进社区参与。已有研究表明，不能动员社区参与项目可能会导致项目发展失去可持续性，社区发展计划也可能会失败。从这个意义上说，成功动员社区参与对于项目发展和社区发展都很重要。因此，为了使社区参与更有意义，政府的激励措施就不能仅局限在投票上，而是应该更多地回应居民的需求，加强对居民的承诺，并赋权给社区，建立政府与社区之间的伙伴关系。

参与阻碍主要来自三个方面，居民参与意识、政府角色、社区组织结构。居民参与意识：最常提及的阻碍是对政府缺乏信任和对参与感到冷漠（63%）。"政府想让我们参与，但是我们的参与对结果没什么影响。"我们随后将分析政府行为如何加剧这种不信任。第二个阻碍因素是社区居民的利益复杂多元。政府角色：组织者、领导者、管理者、监督者的角色。参与过程偏重形式、缺乏包容性和友好协商环境。社区组织结构：街道和社区是一种更加垂直的行政关系，尽管社区居委会提供了社区参与的场所，但是居委会的双重角色（作为政府的联络人和核心社区组织）使社区在进行决策时难以无视政府议程并表达全部居民的利益。作为政府和社区居民的联络者，居委会缺乏能力和权力运用社区的资源，也不能制定社区可持续发展计划。

在这些阻碍因素下，社区者是如何参与的？（1）最低程度的参与行为。社区居民大会和听证会能够给社区居民提供项目的信息，但更多是一种单向的信息发布，尽管居民能够表达诉求，政府官员和项目负责人也会给予一些回应，但是居民诉求很少被纳入项目决策过程中。在案例中，街道和社区举办了好几场关于古城项目的居民大会和听证会，这些会议都是在白天举行，上班的人以及周末工作的人都很少能参与。尽管也召开了项目咨询会，但是咨询会的成员都是由政府选定，并针对一些特定问题或政策领域进行咨询，这对参与者的专业性和职业化水平提出了较高要求。然而，即便这种小规模的咨询会，参与者与决策者能够深入地交流，但是受访的参与者也认为这并不是参与的充分形式，因为他们也没有决策权力。(2) 有效的参与行为。政府发起项目论坛邀请相关专家、社区代表和利益相关者来参与，论坛参与者中还增加了少数群体的代表。在论坛中，政府加强了对社区居民代表诉求的回应，并与社区建立了伙伴关系，促进了社区的有效参与，而不仅仅是在政府与社区之间传递信息。实现有效社区参与的关键要素包括，制定系统性的参与行动方案，参与者与决策者之间进行开放式的对话，并建立可持续的伙伴关系。

我们的研究发现，在古城项目实施前，政府采用新闻通告和媒体宣传等形式发布古城项目信息，这些信息基本上是以单向告知的方式提供给社区，从而限制了双向互动与协商的机会。在项目前期，政府召开了听证会，但是社区参与的效果并不是很理想，双方的互动也很有限，社区诉求很难进入决策层面。政府也召开了一些小型的协商会议，如工作坊和议事会，尽管花费了一些资源和时间，但是在协商会议上确实解决了一些分歧和矛盾。我们的研究证实，单向沟通，如新闻和网页，对社区参与来说都不是有效的或有影响的，而双向沟通和互动协商更有益。

案例3：邻里议事会参与共议项目

本案例对邻里议事会的参与行为进行研究，描绘了邻里议事会参与共议项目的过程，通过考察邻里议事会从最初招募成员到参与项目实践，近距离地考察社区参与的动力、参与机制和协商过程，从而为基层治理实践提出一些可参考的政策建议。本研究主要关注邻里议事会的参与制度是如何转化为行动方案的。研究方法包括文件研究、实地观察、焦点小组和对基层政府工作人员以及邻里议事会成员进行半结构式访谈。研究发现，邻里议事会的领导力、能力建设、代表的合法性在成功参与项目中非常重要。此外，邻里议事会强调了参与制度设计的重要性和参与的计划过程，这也有助于成功参与共议项目。

第四章 城市基层治理中的公众参与

由于社区里的一些居民感到没有得到公平享有公共服务的机会，而且，政府对居民的需求也没有给予及时回应，因此居民的不满情绪积压，进而导致政府的绩效考评受到影响。因此，政府发起共议项目，邀请邻里议事会共同商议社区服务项目，促进政府与居民之间的互动。邻里议事会的主要目的是鼓励更多的社区居民参与，并增强政府对居民需求的回应性，邻里议事会在政府与社区居民之间扮演着联络者和咨询者的角色。

邻里议事会为了鼓励更多居民参与，在参与者的招募上主要采用了招募志愿者、随机选择、目标人群招募、激励动员等方式。招募志愿者是比较常见的一种方式，这种方式比较简单，但容易引起参与偏见，因为志愿者更倾向于关注自己感兴趣的问题，当他们认为议题没有足够吸引力时，就没有意愿参与，因此，这种方式对议题选择提出了一定的挑战。邻里议事会和基层政府通过开放信息获得渠道、咨询专家、对公共舆论进行调查等方式来筛选议题，最终选择了社区服务项目。

为了扩大参与者的代表性，不只是局限于志愿者，邻里议事会还运用了随机选择和目标人群招募的方法来增加社区居民的代表性。尽管这两种方法扩大了参与者的选择范围，动员了一些非志愿者居民，但是仍然会受到居民个人参与意愿的影响，因此，激发和动员这些居民来参与是一个关键问题。为了提高居民的参与意愿，邻里议事会通过给予居民一些报酬或礼品，以及给予参与者交通补贴或提供餐饭等形式，对那些缺乏参与意愿和动机的居民采取激励措施，吸引他们来参与活动。同时，为了动员社区居民，邻里议事会还挖掘了一些社区积极分子，使他们成为社区领袖，在社区参与中发挥引领作用。

一位社区领袖认为，"弱势群体通常被认为是无助的和需要被救济的，事实上，他们也是拥有知识、技能和同情心的，只是这些经常会被忽略，因此要动员他们来参与"。

邻里议事会设计了参与制度，加强了民主制度化。尽管在目前看来，社区居民的参与意愿和动机比较弱，在参与方面还存在许多困难，但是从长期来看，参与制度对公众参与的成功非常重要。在参与制度的文件中，邻里议事会强调了代表合法性的重要意义，并设计了参与者招募的方法和程序。代表的合法性在很大程度上会影响居民对参与合法性的感知。从理论上看，议事会的参与者能够从两个方面获得代表合法性：一是需求方面，即议事会的参与者在多大程度上能够反映社区居民的需求；一是参与方面，即议事会在多大程度上能够为社区居民提供参与的机会。在共议项目中，邻里议事会通过设计良好的协商论坛来提高政府的回应性，促进伙伴间关系，以及政府与公众间的相互信任，为新一轮的协商打下基础。在协商论坛中，邻里议事会与基层政府通过商议，形成和提炼了社区服务项目的优先事项和共同目标。在项目过程中，邻里议事会与基层政府多次互动，通过建立伙伴关系来加强信任。

需要指出的是，仅靠良好的制度设计并不一定能确保成功，还要重视公众参与在实践中面临的挑战，政府和议事会的能力建设是成功协商的一个重要前提。一方面，基层政府向邻里议事会赋权，形成了一种促进的、赋能的领导形式，而不是传统的直接领导形式；一方面，邻里议事会也积极调整自身角色来主动与基层政府进行协商，并在协商过程中努力加强议事会的领导力水平。加强领导力能力建设，使议事会能够克服结构阻碍，增强组织的凝聚力。在共议项目中，邻里议事会扮演着一种积极主动的角色，政府对邻里议事会进行赋权，社区居民在参与中发声，并能影响决策，这体现了政府与社区的动态互动过程。从这个意义上说，社区参与是一个赋权的机制。需要指出的是，参与和赋权是不可分割的。赋权代表分享控制权，即赋予人们权力和能力来参与并影响决策和资源分配。赋权并不是零和博弈，而是一个基于协同的互动过程，它不仅仅是重新分配权力，更重要的是，它改变了权力情境。正如学者指出，"体制内的基层治理导向与协商民主理念是两种向度的诉求，需要以具体制度为载体，在科层结构运行中进行整合；仅凭借主政者的政治压力不足以保障协商民主制度的持续运行，还需要整个治理体制的配合，否则科层组织的惯性将会削弱或消解制度内在的改革价值"[1]。此外，案例还说明，在项目过程初期，社区的参与氛围和组织经验并不足，但是随着项目过程的推进，通过挖掘潜在的参与者，社区的参与意识逐渐提高。这说明，对社区参与项目而言，不一定从一开始就需要一个组织良好的社区，社区感会随着项目过程的推进而逐渐产生，这也是鼓励社区参与共议项目的一个原因。从这个意义上说，社区参与有助于促进项目发展的可持续性。此外，参与要获得公正性就需要扩大参与范围，容纳多样化的观点。从现代化观点看，社区参与到项目实施过程中，其目的是提高使用者的接受程度和项目的有效性。

三　案例讨论

社区参与带来了什么不同的结果呢？我们从三个方面来对上述三个案例进行讨论，一是参与者的选择和招募，二是参与者如何与决策者互动，三是参与者对决策的影响。首先，参与者的选择和招募是公众参与最核心的问题，它主要取决于组织者与公众沟通的能力和有效动员的能力。在案例1中，参与者主要是社区的志愿者，他们有意愿参与社区治安管理活动，并自愿组建了志愿者小队，协助社区警务进行巡逻，开展邻里守望活动。在案例2和案例3中，项目一开始，政府和组织者通过媒体和公告进行宣传，这种方法比较容易且成本较低，但可能会造成参与偏见，也就是说，招募的参与者可能并不能代表社区的利益相关者特征。随后，组织者拓展了招募方式，采用目标人群招募和随机选择来消除参与偏见。尽管这两种方式可能会消耗很多时间并产生大量工作，且成本较高，但是可以使招募的参与者更具有代表性。在案例3中，组织者还采用了参与激励方式，通过给予报酬、赠送礼品或是提供交通补贴和餐饭等方式，使更多的居民参与。其次，参与者与决策者之间的互动也是公众参与的一个重要问题。在三个案例中，同时呈现出三种不同的互动和交流方式：单向、双向和协商。在案例1和案例2中，更

---

[1] 林雪霏：《当地方治理体制遇到协商民主》，《公共管理学报》2017年第1期。

多采用的是单向和双向的交流，如媒体宣传和发布公告，以及召开听证会等，这两种方式虽然简单迅速，但是在信息交流深度上存在局限。在案例3中，共议项目采用的是协商方式，参与者之间进行多维的交流，更多地关注利益，在参与过程中产生有效的互动行为。最后，判断公众参与对决策会产生多大影响是比较困难的问题，因为公众参与的影响程度取决于参与者被赋权的程度以及公众诉求在多大程度上被决策者采纳和支持。权力关系的不平等是理解行动者动力和限度的关键，这一观点对理解参与者的行为影响很重要。当一些群体由于是弱势群体而受到排外时，他们不能获得与决策制定相关的信息，也不能获得决策者的回应，从而无法影响决策。这也提出了参与公正性问题，为了加强参与的公正性，可以采取一些行动，如制造公众舆论压力，促使决策者采取公正的行动。三个案例实践表明，当招募的参与者具有合理的代表性，能够广泛代表社区里的利益相关者，而且，在参与者与决策者之间能够形成有意义的互动并促成协商，使各自的观点和诉求得以表达和回应，参与者有机会影响决策时，社区参与会产生较好的效果。

案例研究还发现，大多数参与者是社区服务的受益者，并受到个人特征的影响，如老年人经常参与，在社区生活时间比较长的居民或是需要获得这些服务项目的居民也愿意参与。这表明，那些面临困境和需要更多服务的居民更愿意参与，这不同于西方研究发现的高教育程度和高收入家庭更愿意参与的结论，体现了中国场景中的社区参与特征。由于中国的城市社区参与更多局限在社区服务上，因此，那些对服务有大量需求的人们更愿意参与。社区参与需要超越当前的"边缘参与"观念，如"穷人参与""老年人参与""失业者参与"。值得注意的是，研究发现大部分受访居民对参与社区决策并不感兴趣。尽管过去30年来社区建设的成效使居民对社区的看法发生了改变，但这并没导致他们的参与偏好发生很大变化。居民参与社区事务的积极性依然不高，而且缺乏自下而上的倡导。当社区居民决定参与时，他们会考虑个人的需求和利益以及未来的收益预期，也即是说，他们希望提高社区服务的可获得性，改进社区生活的质量。

从公共管理角度看，社区参与可以在社区自治和政府管制之间取得平衡。社区参与项目的案例表明，参与能够增加资源和促进学习，尤其是对地方知识的获取，从而改变原来的行为偏好，更好地促进集体行动。参与为可持续资源管理问题提供了一个有效的路径。尽管参与和协商得到越来越多的认可，并被广泛地应用于公共管理和服务中，但是对它的质疑也不断增加。批评者指出，参与到底是公众和社会组织不断增加影响的一种表达，还是政府主导的外包和国家控制权下放的一个新过程。诸多实践表明，尽管社区参与越来越流行，社区论坛也很常见。但是，认为社区参与的新时代已经来临却为时过早。因为社区参与的新时代需要体现协商与合作以及对话和共识，而目前的社区参与并没有实质性的权力共享。尽管受访的政府官员认为他们已经形成了公众参与和赋权的观念，意识到在对话中需要关注民族、性别、年龄等要素。但在实践中，他们却更多地关注政治局限性和改革制度障碍。上文中的案例也表明，尽管听证会是完全开放的，但很少有参与者能表达自己的观点，他们的偏好也很难在最终决策中予以考虑，我们发现在参与的本质和目的上仍然存在许多不同。在大多数的社区参与中，政府难以下放权力，更愿意通过资助、外包合同和管制等方式来维持对参与过程的控制。如果社区参与在很大程度上受到政府的影响，那么社区参与的独立性就有问题。此外，居民参与的动机还很弱，与本书中案例相似，有调查同样显示，"大部分社区活动的参选率都低于三分之一，而'不太参与、从未参与'的选择率却高达69.4%"[1]。组织协商论坛的能力也非常不足，这些都限制了社区参与。尽管如此，我们关注到，当协商过程得到社区组织的促进和支持时，政府会利用居民独特的能力和地方知识产生有效的解决策略。尤其在公共安全、环境监管等一些领域，通常是训练有素的政府官员运用他们的技术专长来做决策，但在这些领域中，由于居民生活在其中，他们可能拥有必要的地方性知识。公众参与能够形成新的观点，发展创新方式和策

---

[1] 闵学勤：《社区协商：让基层治理运转起来》，《南京社会科学》2015年第6期。

略，从而弥补政府官员和专家观点的不足。因此，参与社区服务项目有助于社区参与作为城市政治体制演进的一部分。

为什么社区参与很必要？一是社区居民积极参与社区治理对于提高社区的民主治理和服务问责是很有必要的；二是能够增强社会凝聚力和团结精神，因为居民通过参与共治能够重新认识到合作的价值；三是社区参与通过已有经验和知识得以不断反馈从而提高社区治理的有效性；四是社区参与能够使政府制定的政策更加契合当地社区的状况；五是社区参与能够动员志愿者参与到社区治理和服务中，这可以增加雇用机会和社区财富，从而增加经济价值；六是参与给居民提供了发展技能和增长知识的机会，有效解决社会排外问题；七是可以增加社区发展的可持续性，因为社区居民对社区有归属感，能够通过建立信心和增强技能来推进社区发展，不受外部干扰的阻碍。社区治理的制度设计需要"综合考虑国家社会协同机制、社会组织的网络关系以及公共参与的形式"[1]。有效的参与是发挥各主体功能共同来解决社区参与的需求，"政府从以往的公共物品提供者转变为资金支持者、规则制定者，居委会成为公共服务项目的设计者和社区居民的组织协调者，社区居民被有效整合进社区治理项目，专业社会组织致力于提供技术支持和能力提升"[2]。当前实现有效参与的一个主要阻碍是缺乏明确的评估标准来判断参与过程的有效性，因此，首先要弄清楚参与的目的是促进学习和改进参与方式，还是确保参与者行为与项目要求相一致。其次要找到参与有效性与项目成效之间适当的平衡，需要考虑能力因素、预期结果和互动结构的选择，其中，能力因素是有效参与的关键。由于个人和组织在参与知识和经验上并不相同，因此，能力建设能够确保社区获得实质性好处，有助于提高参与过程的有效性，利益相关者分析、形成参与框架和参与策略都是实现有效参与的必要因素。最后，建立伙伴关系，制定行动计划，纳入少数人群参与也能促进

---

[1] 程秀英、孙柏瑛：《社会资本视角下社区治理中的制度设计再思考》，《中国行政管理》2017年第4期。

[2] 张楠迪扬：《政府、社区、非政府组织合作的城市社区参与式治理机制研究——基于三个街道案例的比较分析》，《中国人民大学学报》2017年第6期。

有效参与，提高参与的广度和深度，广度意味着广泛的参与人群，而不仅限于精英；深度意味着有意义的参与，而不是那种无权力的、形式主义的参与，给参与者提供影响和制定政策的机会，而不仅仅是提供建议，让参与者拥有参与权利，也能够提高他们对决策的接受程度。

第四节 以公众参与推进基层民主治理

一 公众参与基层治理：社区社会资本的视角

早期的社会资本研究将经济人假设作为分析问题的出发点，强调竞争性市场、清晰界定的产权、高度理性的国家，认为好的制度规则可以取代好的公民来作为好政府的必要条件。竞争性市场观点主张理想的治理形式要么是自由放任，要么是全面的国家干预。而竞争性市场观点意识到市场失灵会产生严重后果，政府既不能充分地获得信息，也不足以解决市场失灵的问题，因此，寻求一条非政府、非市场的解决方案的紧迫性就凸显出来，于是，社会资本成为一种有效的替代方案。社会资本提出了与明晰的产权和竞争性市场不同的观点。社会资本关注人们在日常生活中、在家庭里、在邻里间、在工作单位等是如何互动的，而不仅仅是顾客、公民等。社会资本提出了一种行为学的新视角，它不同于经济学假设将个人视为自私自利的，行为学视角是基于利他、情感和其他非自我考虑的动机来解释问题的。

社会资本为分析和改进参与方式提供了一个新的路径，社会资本既可以从关系、集体和结构出发思考参与问题，也可以从资源、个体和行动出发来分析参与路径，社会资本能够增强伙伴关系和拓宽参与途径。社会关系具有生产力，通过参与提供多次互动的机会，社会资本就能够实现收益最大化。社会资本并不是一个新概念，但这一术语近30年才得以快速发展并广泛应用（普特南研究意大利的公民参与，随后社会资本概念流行起来）。社会资本是多元主体间合作的重要基础，也是合作的重要成果。社会资本概念具有高度的情境依赖性，强调了社会结构对行动者间社会关系的重要性，它强调信任、合作、互惠、团结。科尔曼将"行动者"和"资源"看作最基本的社会系统，"不同的行动者通过相互交换自己控制的资源以获取新的利益，从而形成了持续存在的社会关系和复杂的社会系统"①，社会资本"为结构内部的个人行动提供便利，社会资本是生产性的，是否拥有社会资本，决定了人们是否可以实现某些既定目标，社会资本会促进社会结构中行动者的行为"②。在个体行动和社会结构的互动基础上，社会资本也可以看作个体为了从嵌入性资源获取回报而在社会网络中进行的投资，社会资本理论包含三个主要任务，"一是资源的价值怎样发生，有价值的资源是怎样被分布到社会之中的，怎样成为嵌入性资源的；二是个体行动怎样通过互动与社会网络有差异地取得结构化的嵌入性资源和机会结构；三是通过什么样的行动过程能把这种社会资源动员起来"③。

社会资本的因素包括"历史、文化、政治社会、制度和政策框架、社会结构（是水平的还是垂直的）、社会网络、家庭关系、教育、环境、流动性、经济不平等和社会阶层、社会规范、价值观等"④。社会资本具有多个维度和多个层次，包含信任、社会行动规则、社会互动类型、网络资源、其他网络特征等维度，以及个人、非正式组织、正式组织、社区等层次。社会资本最常见的区分是结构和认知以及纽带和桥梁，具体而言，结构通过规则、程序和经验建构角色和社会网络，从而促进互惠的集体行动，认知即共享规范、价值、态度、信念，使人们倾向于互惠的集体行动，而纽带和桥梁关系反映出社区里人与人之间平等的互动或是社区之间的关系互动。"'纽带型'社会资本使人们能够更紧密地与邻近的社会组织和社会支持网络相联系，'桥梁型'社会资本包括社会联系使人们能够利用更广泛的组织和资源；'纽带型'是为了加强直接照护体制以及对弱势家庭和

---

① 赵延东：《"社会资本"理论述评》，《国外社会科学》1998年第3期。
② 刘少杰：《以行动与结构互动为基础的社会资本研究》，《国外社会科学》2004年第2期。
③ 刘少杰：《以行动与结构互动为基础的社会资本研究》，《国外社会科学》2004年第2期。
④ 赵延东：《"社会资本"理论述评》，《国外社会科学》1998年第3期。

个人提供志愿服务,'桥梁型'是为了加强地方社区的技能、联系和自我依赖,社会资本有助于在地方和区域层面提高治理技能并增强人们之间的联系。"[①] 当个体可以从他的社会关系网络中获取对自己行动有用的信息,这种社会关系就构成了社会资本,"社会资本能够通过内在的或外在的惩罚,引导或制约人们的行动,从而成为对个人行动有影响的社会资本"[②]。社会资本很难测量,因为它包含了很多主观因素或是不存在的因素,因此,在构建社会资本中需要考虑能否在短期内增加社会资本。社会互动有助于创造或者改变社会资本,通过反复交换和当面沟通来创造社会资本。

二 公众参与下的社区社会资本构建

在治理过程中,参与的有效性取决于公众是否能够公平地获得信息,并且能够有效地使用信息。研究表明,"提高公众获取和使用信息的能力可以提高社区参与水平"[③]。为了能够影响政策的制定和执行,公众需要增强对信息的获得和使用,公众需要知道如何有效使用信息,因为这样他们能够在治理过程中表现出理性和表达观点。公众能够有效获得、使用信息并产生新的信息,这有助于他们在治理过程中更好地了解风险和机会,并提出解决方案,而网络发展作为信息技术对信息的可获得性很重要。

公众参与有助于构建信息网络,而信息网络会促成社区社会资本的构建,进而推进公众参与。信息网络能够拓宽公众获得信息的渠道,使公众更容易获得信息。公众在信息的输入和输出两个方面都发挥着重要的作用。在输入方面,公众在治理过程中的角色会有所不同,这取决于公共部门的信息需求和偏好,以及公众的参与意愿和参与能力。政府常常在公共会议或听证会上通过问卷等方式来

[①] Brian W. Head, "Community Engagement: Participation on Whose Terms?", *Australian Journal of Political Science*, Vol. 42, No. 3, June 2007, p. 441.

[②] 赵延东:《"社会资本"理论述评》,《国外社会科学》1998年第3期。

[③] Wendy A. Kellogg and Anjali Mathur, "Environmental Justice and Information Technologies: Overcoming the Information – access Paradox in Urban Communities", *Public Administration Review*, Vol. 63, No. 5, August 2003, p. 573.

征求公众意见,政府主要是从公众那里寻求一些关于项目设计和需求偏好的信息来制定更加合适的决策。许多公众不仅愿意了解政府发出的信息,而且也愿意在合适的时机提供额外的地方性信息,或是与政府共同设计项目,这都会加强公众在治理中的参与水平。当公众能够产生信息并形成地方性知识时,他们能够形成一定程度的理性认知和选择,也就是说,他们能够识别最适合情境的规则和标准,这种能力更多是取决于工具理性的知识。公众扮演着信息的传输渠道,通过人与人之间的信息传播,形成信息网络,进一步促进信息的传输和交流。信息网络能够推进人际关系,人与人之间的熟悉程度越高,越有利于产生信任,从而促进信息传递,因为越频繁接触越有利于增加信息共享。在输出方面,法律和政策会影响信息的输出,并决定信息的产生和公众对信息的可获得性。政府试图通过法规来提高治理效率,其中一个重要的策略是让公众能够更多地获得信息,公众获得更多的信息能够使他们有效参与治理过程,增强社区韧性。社区韧性是"一个将适应能力网络与扰乱或逆境后的适应相结合的过程,它包括四个方面:经济发展、社会资本、信息与沟通以及社区能力",其中,社区能力指"社区利用自身资源激发出社区韧性的能力,包括社区行动、问题解决能力、灵活性和创造性、集体效能和授权、政治参与"[①]。

大量的信息获得是通过网络,而一些人群由于没有电脑或网络技能而被信息屏蔽,因此,需要促进和改善城市社区居民基于网络来获得和使用信息,关键在于增加社会资本来获得、使用和产生信息。一般而言,阻碍社区有效获得和使用的因素包括:公众不知道什么信息是可获得的以及哪里可以获得信息,他们缺乏相应的信息技术、设施、硬件,以及缺乏正式教育和经历来了解数据,并将数据转化为知识,而这是有效参与的基础。此外,公众还需要识别问题、评估数据需求、界定数据资源、收集和分析数据来产生有用的信息,将这些信息传递给社区,使社区成员参与问题决策。伙伴关系的形成用来解决

[①] 廖茂林、苏杨、李菲菲:《韧性系统框架下的城市社区建设》,《中国行政管理》2018年第4期。

信息的获得和使用。伙伴间达成了一系列目标：增强政府信息的可获得性，提高公众使用网络作为信息获得工具的能力，提高公众使用信息的能力，这样从网络或其他资源获得的信息能够被有效使用来解决公共问题，在社区组织、政府、公众之间促进形成强有力的工作关系。伴随着信息化和互联网技术的发展，主体之间通过信息平台建立更为紧密的联系和互动成为可能。信息化平台能够在一定程度上解决传统参与模式中公众参与不足的问题，并能够加快信息流动，增加参与机会，然而信息化平台也存在不足，如公众较多考虑自身利益、眼前利益，对决策影响很有限。需要指出的是，"信息的鸿沟可能造成弱势群体利益表达的缺失"[①]，因此有必要提高信息的可获得性，增强城市社区形成地方性知识。

三 公众参与如何推进基层民主治理

在基层治理中，积极的参与能够产生社会资本促进未来问题的解决方法。传统的社会互动方式更多是一种面对面的交往，互动中能够看见对方的表情和行动，人们之间的交流除言语沟通以外，还可能有肢体互动，这种互动方式有利于增进人们彼此间的情感，促进强关系的形成。然而，由于社会阶层非常明显，因此，互动会受到规范和习俗的影响，从而将一些社会群体排除在外。现代信息技术改变了传统的社会互动方式，社交软件的广泛应用，提供了快速便捷的交往方式，人们之间的互动不再需要面对面进行。尤其是虚拟网络中的互动，它打破了传统的基于社会阶层和身份认同的互动方式，这对社会资本产生了一些负面影响。因为人们面对面的机会减少了，邻里间很少当面交流，有的甚至都不知道邻居是谁，尤其在高密度的小区，居民私密性和流动性都比较高，这导致重复互动的机会减少，不利于强关系的构建。而且，现在的互动更多是基于工作或是利益群体，这很容易产生社会排斥，那些不会使用或是无法使用网络技术的人就很难参与互动。可见，社区参与可能会增加

---

① 张廷君：《城市公共服务政务平台公众参与行为及效果》，《公共管理学报》2015年第2期。

或减少社会资本,也可能是改变社会资本的结构,使其变得更好或更坏。社会资本并不总是产生好的结果,也可能会产生消极的后果,如社会排外等。

社区里的公众参与能够促进社区成员之间的互动,互动会促进弱关系的形成,这是社会资本的一个重要因素。弱关系的形成有利于信息传播,进而产生更多的社会资本。而重复的互动会进一步使弱关系变为强关系,并在社区成员之间形成互惠的社区规范。从这个层面来说,社会资本可以表现为社区成员有意愿遵循社区规范来生活,并惩罚那些不遵守规范的人。社区规范包含了信任、团结、互惠、尊重、集体荣誉感、惩罚等内容,居民运用这些规范来约束彼此的行为。如居民有意愿维护社区公共设施,对破坏公共设施的行为进行处罚,这表明了社区居民的"集体功效",即社区规范的非正式实施力。可见,社区规范在激励居民行为上更加有效。当社区居民表现出高水平的集体功效时,有利于促进社区和谐,因为它会增强居民的社区感,这是社区治理的一个重要因素。因此,社区治理根据社区成员遵守或违反社会规范而获得奖励或惩罚,社区规范能够约束成员的行为,使他们对行为负责。社区更好地抓住了善治方面来解释社会资本的流行,它关注群体能做什么而不是人们拥有什么。社区规范主要是基于道德和约束来引导居民行为。由于社区居民能够获得其他人的行为信息,社区居民之间运用行为信息来形成社区规范,从而避免信息不对称和不完全信息造成的道德风险和逆向选择。这些行为信息常常是以分散、多维的渠道而不是集中的方式获得的。当市场契约和政府法令失效时,社区通过具有非正式实施力的社区规范来治理。

我们超越传统的行为模型,引用非自利性动机的概念来分析居民如何通过社区规范来进行相互监管。居民的非自利性行为可能来自社会的处罚和同伴的压力。社区具有强烈的互惠主义,互惠的动机使居民倾向于与他人合作并惩罚那些不合作者,这种行为被认为是非自利性的。已有研究表明,"亲社会的强互惠关系表现得越明显,集体关系就会越持久,人们的互惠偏好能够维持相互监管和高水平的合作"①。一个团结的伙伴群体更愿意沟通，解决争端，他们更愿意形成组织规范，监督他人防止欺骗。关于团队构成和绩效的研究指出，"团队建设能够解决内部分歧，促进成员间合作，提高团队绩效"②。

　　社区参与的成功或失败经历会影响当前的社会资本结构。成功的经历会产生成就感，使参与的积极性变得更高，促进社会资本的创造。研究发现，大多数互动的居民在以往都有过互动的经历，这些居民在未来互动的可能性也很高，因此，需要通过互惠的方式来鼓励互动的可持续发展，避免未来可能的不确定行为。居民之间频繁的互动不仅能够降低沟通成本，也能够发现居民之间的行为特征，通过观察近期的行为能够预测未来可能的行动。此外，多次参与比一次参与的效果要更好。而且，信息散布越广泛且信息获得越容易，社区居民互动的可能性也会越高，尤其是充足的、客观的、高质量的信息能够使居民更有效地参与，从而促成良好的集体行动。尽管在有限的信息条件下也能做出合理的决策，但当他们能够获得更多、更好的信息时，就会提高决策的质量。社区居民在多次互动中需要通过努力承诺和良好信用来建立彼此间的信任。社区居民通过团队或协会形式，运用伙伴关系和邻里关系来约束和处罚社区的"搭便车"问题，这些问题常常发生在个人行为可能会影响他人的利益，但并没有受到法规的制约时。社区居民形成强烈的社区感有助于维护社区秩序，减少违规行动。从对破坏公共设施的惩罚也可以表明，即使在大多数居民都是自私自利的情况下，通过构建相互监督机制，增加同伴行为的可视性，并对不合作者进行惩罚，提高对责任逃避者惩罚的有效性，居民之间仍能够以合作方式解决问题。这也印证了林南的行动假设，"在社会行动中，行动者受维持和获取资源的目的驱动，维持资源的行动可以成为表达行动，获得资源的行动可以成为工具行动，维持资源是行动

---

① Samuel Bowles and Herbert Gintis, "Social Capital and Community Governance", *The Economic Journal*, Vol. 112, No. 483. November 2002, p. 419.

② Manoj K. Shrestha, "Network Structure, Strength of Relationships, and Communities' Success in Project Implementation", *Public Administration Review*, Vol. 78, No. 2, March 2018, p. 284.

的初级动机,因此,表达行动是行动的初级形式"[①]。

社区是对政府和市场的有益补充。从产权角度看,当产权没有清晰界定时,非正式的契约使人们通过频繁互动来相互交换好处,而当产权界定清晰时,就会减少人们之间的多面交流和重复互动。相比于政府和市场,社区作为一个生活共同体,需要通过居民之间的互动来有效运作。因此,需要形成政府、市场和社区相互加强的制度结构。社区发展需要一个有利于社区功能发挥的制度环境,良好的制度环境能够提高社区的治理水平和资源配置能力,从而更好地解决社区问题,有学者认为,"需要从国家社会协同机制、社会组织的网络关系以及公共参与的形式三个方面探讨我国社区治理中进行制度设计的重要性"[②]。

社区社会资本也会影响社区的参与行为。一方面,当社区的内部冲突较低,伙伴关系较多时,社区的参与状况就会变好。另一方面,大量的伙伴关系会给社区提供多样化的资源和知识,这对有效的社区参与很有必要。而且,社区社会资本有助于社区成功完成项目。这一发现对理论和政策都具有重要意义,因为它表明社区应该考虑当前的情况,培育社区社会资本来获得最大收益,这使得个人和制度化的集体行动视角统一在社区层面。基层政府和社区领导也可以从这一研究中获益。因为较低的内部冲突和较多的伙伴关系对社区成功很重要,基层政府和社区领导可以培育社区形成共识的环境,这尤其对异质性社区(不同的人群拥有不同的机会参与集体决策过程)很关键。社区管理者也可以通过组织论坛使社区和潜在的合作伙伴相互交换信息,进而促进互动,这种论坛可以"帮助人们相互熟悉并为今后的合作建立了联系"[③]。此外,对社区赋权并基

[①] 刘少杰:《以行动与结构互动为基础的社会资本研究》,《国外社会科学》2004年第2期。

[②] 程秀英、孙柏瑛:《社会资本视角下社区治理中的制度设计再思考》,《中国行政管理》2017年第4期。

[③] Manoj K. Shrestha, "Internal Versus External Social Capital and the Success of Community Initiatives: A Case of Self - organizing Collaborative Governance in Nepal", *Public Administration Review*, Vol. 73, No. 1, December 2013, p. 154.

于信任来构建社会资本也会直接影响社区发展,"利用传统社会资源推动基层社会治理创新是有效的方法,其治理体系具有行政成本低、吸纳社会资源和运行稳健"的特点[①]。因此,在顶层设计上,要激发社会的活力与创造力,促进公众参与,"使公众在参与公共生活的过程中通过交往强化彼此之间的关系纽带,激发社会资本的产生"[②]。

[①] 张树旺、李伟、王郅强:《论中国情境下基层社会多元协同治理的实现路径——基于广东佛山市三水区白坭案例的研究》,《公共管理学报》2016年第2期。

[②] 刘伟:《社会资本与区域创新:理论发展、因果机制与政策意蕴》,《中国行政管理》2018年第2期。

第五章 基层治理服务中的共同生产

第一节 面向共同生产的公共服务改革

一 公共服务中的共同生产

传统的以政府为中心的公共服务供给模式强调政府提供公共服务的合法性和公平性，而对顾客满意度或服务供给中的公众输入并不感兴趣。这种模式将公众看作消极的角色，且把公共服务的供给者与生产者混为一谈，这种模式受到新公共管理的挑战。新公共管理强调顾客满意的重要性，认为政府要借鉴私营部门的管理经验，努力服务顾客，使他们对服务感到更加满意，此外，应将"企业家精神"引入公共部门管理中。由于公共服务提供与私营部门的服务提供有着本质的不同，这种观点受到了质疑。不同于新公共管理模式强调政府应该掌舵而不是划桨，新公共服务认为，政府应该做的是服务而不是掌舵。尽管二者强调的重点不同，但它们之间也有相似之处，新公共管理和新公共服务都强调了政府的中心角色。不同于这种政府中心的分析视角，共同生产既关注了政府在公共服务生产中的角色，又强调了公众的重要性，认为"公众不应该仅仅被视为是消费者，还应该被看作是公共服务的共同生产者"[1]。共同生产强调公共服务的多元供给模式，提倡伙伴关系和高质量服务，重构政府与其他主体间的合作关系，可以说，共同生产是公共服务供给的核心部分。基于此，本书提出了关于基层公共服务供给的新分析框架。通过案例研究来更好地阐

---

[1] Tony Bovaird, "Beyond Engagement and Participation: User and Community Co-Production of Public Services", *Public Administration Review*, Vol. 67, No. 5, September 2007, p. 864.

释基层公共服务供给的共同生产是如何建立并运作的。研究发现,服务供给结构、共同生产过程以及行动者特征都会影响基层公共服务的共同生产。

近年来,共同生产理念逐渐应用于公共管理领域,用以解释"公众在公共服务生产中的角色,鼓励公众和服务受益者直接参与到服务的生产和供给过程,与专业的服务机构一同提供服务"[1]。共同生产不仅挑战了传统服务供给的科层制和政府中心模式,也挑战了新公共管理的市场逻辑。尽管新公共管理将公共部门、私人组织和 NGO 纳入公共服务中,主张服务使用者参与服务生产和供给有助于降低服务成本并提高服务质量,这在某种意义上体现了共同生产的理念,然而,新公共管理过分强调市场化的工具和机制,体现了市场导向的公共服务逻辑。作为对传统服务供给和新公共管理的反思和超越,共同生产提出了新的理念和方式,并强调"公共服务的生产需要公众参与"[2]。相关研究主要有三种取向:一是简单地强调"服务逻辑",并认为生产逻辑会破坏绩效;二是"综合视角",即将服务方法与公共管理相结合,得出一个更加全面的共同生产理论;三是将行动分为"服务逻辑"和"生产逻辑",找出二者的内在联系[3]。

关于共同生产的概念,奥斯特罗姆认为,"共同生产意味着公共产品或服务的输入是由不同组织的个人贡献的"[4]。基于"消除逻辑"和"使能逻辑"来构思共同生产概念,"消除逻辑"是"服务的受益者并没有参与到服务的生产和供给中",而"使能逻辑"是"服务的

---

[1] Tina Nabatchi, Alessandro Sancino, and Mariafrancesca Sicilia, "Varieties of Participation in Public Services: The Who, When, and What of Coproduction", *Public Administration Review*, Vol. 77, No. 5, March 2017, p. 766.

[2] Ora-orn Poocharoen and Ting Bernard, "Collaboration, Co-production, Networks: Convergence of Theories", *Public Management Review*, Vol. 17, No. 4, April 2015, p. 587.

[3] John Alford, "The multiple Facets of Co-production: Building on the Work of Elinor Ostrom", *Public Management Review*, Vol. 16, No. 3, April 2014, p. 299.

[4] Elinor Ostrom, "Crossing the Great Divide: Coproduction, Synergy, and Development", *World Development*, Vol. 24, No. 6, June 1996, p. 1073.

受益者成为服务的共同生产者"①。国家机构和社会组织都能够提供大量资源,通过在国家机构和组织化的公民群体之间建立长期的规范关系,可以构建制度化的公共服务共同生产模式。有学者将共同生产描述为一种社会建构的过程,在这个过程中,"多个利益相关者交换资源并相互承诺,所有主体都能提供大量的资源,通过在专业化的服务供给者和服务使用者以及其他成员之间建立规范的、长期的关系,使服务的使用者和社区能够共同生产"②。可见,共同生产既包括使用者的共同生产,也包括社区的共同生产。使用者共同生产关注服务供给者和服务使用者之间的关系,而社区共同生产强调服务供给者和社区之间的关系,后者较前者而言参与者的范围扩大了,不仅包括服务的使用者,还包括其他有意愿参与共同生产的个人和组织。还有学者从共同这个角度界定了共同生产的三个层次(个人、组织和集体),从服务周期的四个阶段(委托、设计、供给和评估)来讨论共同生产"生产什么,谁参与共同生产,以及发生在公共服务周期的哪个阶段"③。

共同生产理念应用于公共服务中,意味着社会组织和个人能够与公共服务机构一同来生产和提供服务,充分利用各种资源和技能为公共服务过程做出贡献。进一步地,将共同生产理念应用到公共协商中,改变了以往只强调行政专家而把公众剔除在外的闭合路径,构建了包含行政专家和公众共同解决政策问题的决策模式。可见,共同生产进一步推进了公众参与,人们不仅能够参与政策的执行过程,还能够参与政策的决策过程。共同生产的倡导者认为,"共同生产能够提高效率,通过建立承诺和信任来减少非理性的敌意,提高使用者的责任。共同生产有助于动员社区资源,使居民和社会组织有动力参与共

---

① Albert Jacob Meijer, "Networked Coproduction of Public Services in Virtual Communities: from a Government – centric to a Community Approach to Public Service Support", *Public Administration Review*, Vol. 71, No. 4, July 2011, p. 598.

② Tony Bovaird, "Developing New Relationships with the Market in the Procurement of Public Services", *Public Administration*, Vol. 84, No. 1, February 2006, p. 81.

③ Tina Nabatchi, Alessandro Sancino, and Mariafrancesca Sicilia, "Varieties of Participation in Public Services: The Who, When, and What of Coproduction", *Public Administration Review*, Vol. 77, No. 5, March 2017, p. 766.

同生产"①。通过共同生产，服务的使用者能够收获服务生产和供给的积极经历，而不是简单地认为专家应该生产和提供服务。原先的服务生产者也可以从繁重的生产任务中解脱出来，转变成共同生产的促进者，从而减轻负担。但是，共同生产也存在许多局限，如来自专家的阻碍，或是那些更有能力和资源的主体可能会主导共同生产，从而导致不平衡。

二 共同生产的主体和制度环境

谁是共同生产者？在共同生产中，需要探讨谁是共同生产者以及什么使他们有意愿共同生产。早期关于共同生产者的定义仅限于消费者，把其他行动者如公众、志愿者、非政府组织都排除在共同生产者之外。随着公众、顾客、消费者、志愿者和社区组织共同参与生产服务并消费获益，共同生产主体范围得到扩大，共同生产者包括众多行动者。在共同生产中，区分行动者可以有许多维度，如通过区分行动者的自然属性（公司、非营利组织、联合会、邻里、个人），或是测量行动者的规模和影响，以及看行动者是否参与了共同生产过程。基于此，可以将行动者分为两类：一类是常规的生产者，如政府或专业生产机构，一般来说，专业生产机构与政府是委托代理关系，因此，专业生产机构必须从事与国家或政府相关或许可的活动。另一类是自愿参与共同生产的个人或组织，如服务使用者、社区成员、社会组织、志愿者等。消费者位于过程末端，接受公共组织提供的服务，供给者提供输入，合作者与组织共同承担工作。每一类行动者都是共同生产者，但是扮演的角色不同，供给者和合作者扮演了主要角色，消费者扮演了次要角色。可见，公众在共同生产过程中的地位能够通过他所扮演的消费者、供给者和合作者表现出来。

共同生产可以是集体行为，也可以是个人行为。将消费者纳入共同生产中，是较为常见的一种共同生产形式，但并不是共同生产的唯一形式。在给定的情形下，共同生产会包含多种类型的行动者，"他

---

① Ora-orn Poocharoen and Ting Bernard, "Collaboration, Co-production, Networks: Convergence of Theories", *Public Management Review*, Vol. 17, No. 4, April 2015, p. 587.

们有不同的能力和兴趣，有时还需要在他们中间寻求协同或权衡"[1]。根据行动者在共同生产中做了什么以及得到了什么可以对不同类型的行动者进行比较，这种比较将关注点放在行动者的能力和他们的动机上。共同生产既能创造公共价值，也能创造私人价值。有研究表明，大多数的共同生产会同时产生公共价值和私人价值的混合。共同生产能够形成一种或多种私人的、集体的、公共的价值，通过分析谁得到什么价值、谁创造什么价值，有助于决策者意识到潜在的优先事项，协调公共、私人和集体的价值，从而解决由此产生的矛盾。

关于共同生产的动机，心理学、政治科学和公共行政研究文献指出了影响共同生产的一些因素，如害怕被处罚、物质自利、内在回报、社会性、名义诉求等，这些都被认为是影响共同生产行为的关键动因。有研究发现，"对受到惩罚的消极预期所带来的激励会超过物质刺激的激励效果，而回报的影响效果取决于回报是作为一种奖励还是义务"[2]。共同生产的动机非常多样化，受到行为经济学的启发，由于理性的自利会受到认知偏见的限制，可能会扭曲基本动机的预期效果，因此人们参与共同生产不仅是出于理性的利己主义，可能还涉及其他复杂多元的因素。如果共同生产者是组织，那么这些影响会更加复杂，这些影响因素还会被组织特征，如任务、结构、环境、权力配置等调节。

共同生产需要怎样的制度环境？首先是有多元化的主体，多元化主体有利于促进服务的专业化生产和供给，生产并提供多样化的服务。提供服务并不等同于生产服务，提供服务是有责任确保服务得到提供，不一定要生产服务，而生产服务是生产并交付服务。在实践中，服务能够被多元化的主体生产，政府之外的组织或者公众都可以生产服务。相比于规模化的服务而言，多元化主体可以促使小规模的服务更加有效和高效，因为这些服务能够回应人们多元化的需求，从而发挥更好的作用；多元化还能够促进服务供给者之间的有效竞争，

---

[1] John Alford, "The Multiple Facets of Co-production: Building on the Work of Elinor Ostrom", *Public Management Review*, Vol. 16, No. 3, April 2014, p. 299.

[2] John Alford, "The Multiple Facets of Co-production: Building on the Work of Elinor Ostrom", *Public Management Review*, Vol. 16, No. 3, April 2014, p. 307.

创造协同机会，促进不同的服务提供者之间通过协同来提供更好的服务。奥斯特罗姆指出，"当共同生产的输入资源属于多元化的主体，协同就可能产生，因为每一个主体都拥有其他主体需要的资源"[1]。亲社会观念对人们的互惠行为具有重要影响，一些因素如公众之间的同理心和对共同目标的认可，都能够鼓励公众对集体或社区做出贡献，而信任会增强这种意愿，这体现了反馈的好处，即"人们通过重复多次的回应来提供信息，消减有限理性的局限性"[2]。共同生产者可以扮演许多角色，共同生产的方式也有很多，因此很难找到一种最佳的角色或最好的方式。在一种情境下运作良好的共同生产并不一定适用于其他情境，探寻适应情境的共同生产方式很重要。在不同情境下，制度设计也会不同，每一种制度设计都会考虑情境来调节和权衡竞争性需求。将消费者作为共同生产者并不难，因为消费规则在一定情境下也能够应用于共同生产中。最后是多中心决策。决策的多中心是相互独立的，它们将彼此视为竞争关系，共同完成协同合作任务，或是运用核心资源来解决冲突。不同的中心通过可预测的互动行为模式能够以持续一致的方式发挥作用。

三　共同生产的方式

共同生产的兴起与当前政府治理改革有关。新公共管理强调服务的供给者与消费者之间的关系，将服务与用户体验相联系，改进对消费者的服务方式。政府治理改革关注"组织间关系、网络治理、协作伙伴以及多元主体的共同行动"[3]。在这一背景下，关于多元合作和公私伙伴关系的研究迅速增长。越来越多的研究认为资源、组织特征、管理过程都会影响治理的有效性，有效治理取决于伙伴关系、组织功能、协作程度、共同目标和共享资源。因此，需要改变传统以政

---

[1] Elinor Ostrom, "Crossing the Great Divide: Coproduction, Synergy, and Development", *World Development*, Vol. 24, No. 6, June 1996, p. 1073.

[2] Elinor Ostrom, "Crossing the Great Divide: Coproduction, Synergy, and Development", *World Development*, Vol. 24, No. 6, June 1996, p. 1080.

[3] Tina Nabatchi, Alessandro Sancino, and Mariafrancesca Sicilia, "Varieties of Participation in Public Services: The Who, When, and What of Coproduction", *Public Administration Review*, Vol. 77, No. 5, March 2017, p. 766.

府为中心的公共服务提供方法，探索公共服务的共同生产方式。共同生产是提高政府生产力的一个途径，因为它可以降低成本，提高服务质量，扩大参与机会，使公众对公共服务更加满意。公共服务不仅要为消费者生产，而且应该由消费者共同生产。因为当更多动员服务的使用者在公共服务生产和供给中贡献他们自己的知识和解决方案时，公共服务就会变得更加有效，这也是参与成为公共服务新议程核心的一个原因。从这一理念出发，共同生产通过进一步纳入公众、组织和利益相关者来加强公共服务的生产和供给。

治理改革使共同生产的功能重新凸显，共同生产被认为可以加强公共服务质量和合法性。共同生产能够促进多元主体共同解决不能被单一主体解决的问题，它更多关注组织或个人能够同时作为服务的消费者和生产者，涵盖了主体间关系的所有类型。在公共服务中，共同生产促使多元主体通过协作来实现共同目标，并基于互惠原则，广泛吸纳公众，共同生产还基于民主参与和协商规范来强调公众参与的过程。与协作相似，共同生产也是一个动态的过程，它包含了垂直（政府机构层级间）和水平两个维度（跨组织和跨部门）。有学者指出，"协作是选择行动者和资源，形成网络，解决策略和操作复杂性的方法，它强调各主体既是自治的也是相互依赖的，因此，协作同时体现了行为主体的权威性和参与性"[1]。但共同生产不同，它可以是正式的，也可以是非正式的，可以是短期的，也可以是长期的，它包含了互惠原则、共享信息、交换资源等要素。共同生产是多元主体间为了一个共同的目标进行策划，各主体共担风险和责任，并共享收益，因此，主体间的信任程度较高。除了实现共同目标，共同生产还将个人目标的实现作为一个额外的结果（如更好的社会产出、更好的服务协调）。共同生产能够产生两种效应："替代效应"和"互补效应"。"替代效应"是"政府提供的服务可以由政府之外的主体提供，它们替代政府作为服务的生产者和供给者，这可以减轻政府负担"，"互补效应"是"多元主体可以给公共服务贡献新的知识，并提供情感

---

[1] Agranoff, Robert, and Michael McGuire, *Collaborative Public Management: New Strategies for Local Governments*, Washington, D. C. : Georgetown University Press, 2003, p. 41.

支持，它们之间还能够进行资源互补和信息共享"①。

第二节 基层治理服务中的共同生产：从政府包办到社区路径

一 共同生产与基层服务

随着信息技术的推广与普及，互联网不仅是信息传播的媒介，还是多元主体沟通和互动的平台。在Web2.0时代，公共服务不仅可以由服务使用者进行生产和提供，也可以通过网络和社区生产和提供。由于公众参与公共服务更多是发生在与他们经历更紧密的领域而不是抽象的领域，而社区公共服务的生产和供给与居民的日常生活息息相关，因此，本书将社区公共服务作为研究对象。社区收集与公共服务相关的信息，而服务生产者收集社区多样化需求的信息。基于这些信息，居民选择消费某类服务，生产者决定公共服务供给的特定目标群体。当居民选择某类服务或者他们的需求得到满足时，就产生了实际的服务供给，如社区居民获得教育、医疗健康或失业救济等服务。

共同生产可以发生在社区公共服务的各个阶段，包括共同计划、共同设计、共同生产、共同提供、共同监管和共同评估等领域。在共同计划阶段，共同生产主要是为了"策略地制定优先排序的公共服务和公共产品，共同生产者一起商议需要提供什么样的服务或产品，以及为谁提供等问题"②。在共同设计阶段，共同生产是将服务或产品的使用者纳入公共服务或产品的规划过程中。这种将使用者纳入进来的方式能够使政府更好地了解公共服务或产品应该如何设计，从而更好地造福个人和社区。共同生产通过一种不同的方式将公共部门和个人连接在一起，其目标是让公共服务或产品的受益者也能够影响公共服务规划，这与公众参与比较相似。在共同提供阶段，共同生产主要关注服务或产品质量和效率的改进，在多数情况下，共同生产行为给

---

① Ora-orn Poocharoen and Ting Bernard, "Collaboration, Co-production, Networks: Convergence of Theories", *Public Management Review*, Vol. 17, No. 4, April 2015, p. 587.

② Tony Bovaird, "Beyond Engagement and Participation: User and Community Co-production of Public Services", *Public Administration Review*, Vol. 67, No. 5, September 2007, p. 864.

个人和组织都会带来好处。在共同评估阶段,不同于由政府官员和第三方机构来进行评估,共同生产让政府和其他主体一起来评估服务的质量、存在的问题以及改进方面,评估作为一种反馈性的方法,常用来进行反思和改进公共服务或产品。

二 社区调解服务中的共同生产

社区调解服务提供了一个非常好的案例实践来研究基层服务的共同生产问题。社区调解中心通常与公共部门(司法、执法)、私营机构(社会服务、教育)和公益组织一起开展正式的或非正式的活动,社区调解服务也可以被视为跨越公共和私人之间一种高度协作的共同生产行为。本书通过考察社区调解服务中不同主体间的角色关系和行为方式,分析主体间共同生产行为以及对社区调解服务的影响。社区调解服务产生于20世纪90年代,它作为一种赋权工具给居民提供了解决争端或冲突的方法。当前,社区调解服务广泛应用于社区成员间的矛盾化解以及冲突解决,它的内容也非常宽泛,包含了在正式法律边缘的一系列行为,如提供家庭调解、邻里纠纷、成员冲突、同辈调解、恢复司法项目等。社区调解项目与冲突解决目标密切相关,大多数的调解项目由居民或社区组织运作,也有一部分调解项目由政府部门来运行,这些调解项目被看作培育基层民主治理的一种途径,正如有研究指出,"当参与者知晓了可供选择的方法来解决矛盾冲突时,社区就会获益"[1]。

随着社区调解中心在基层治理中发挥着越来越重要的功能,社区调解中心成为基层社会治理的一个重要内容。在实践中,社区调解中心更多是致力于促进争论双方之间更有效的沟通,依靠多样化的伙伴关系来解决争端和冲突,因此需要建立组织规范和调解程序来保障有效运作。此外,社区调解中心还通过建立非正式的组织间关系网络来共享信息和资源,社区调解中心的关系网络非常宽泛,既包括政府机

---

[1] Timothy Hedeen, "Institutionalizing Community Mediation: Can Dispute Resolution 'of, by, an for the People' Long Endure?", *Pennsylvania State Law Review*, Vol. 108, No. 1, July 2003, p. 265.

第五章 基层治理服务中的共同生产

构如法庭和检察部门,也有私营部门、个人和其他非营利组织。在此基础上,本书整合了诸如多样性、代表性、利益相关者代表、公私伙伴关系的相关理论,分析社区调解过程中各主体是如何实现资源共享和共同生产的。

委托代理理论和利益相关者理论为分析社区调解服务提供了很好的启发。委托代理理论认为委托人可以通过代理人来表达利益诉求,而利益相关者理论强调被代表成员的职业和其他特征,它提供了检验组织绩效、成员多样性与代表性的一个方法。尽管利益相关者理论多用于企业部门,但在公共部门也能够使用利益相关者理论来解释政策制定过程,因为利益相关者的特征会影响政策结果和组织间协作的程度。利益相关者理论关于成员如何表达利益诉求的"系统—中心"观点与公私伙伴关系密切相关。利益相关者理论强调,成员不仅要服务于组织利益,也要服务于小组利益,由于多样性和绩效间关系在一定程度上也会受到组织文化的影响,因此,利益相关者需要被赋予领导权来提高绩效,公众不断增加的需求给政府带来了压力,也带来了问责的威胁,对政府的回应性提出了极大挑战。

在社区调解服务中,成员的多样性和代表性是首要问题。尽管多样性和代表性有时会交叉使用,但它们具有不同的含义。多样性表示成员有不同的品质和特征,与差异性、异质性相近;而代表性则反映出组织成员的构成特征,基于社会契约理论,组织成员有义务代表大多数成员和利益相关者。多样性和代表性不能仅局限在个人的种族、道德、性别要素上,还需要包含社会品质,体现出更具包容性的分类方式,已有关于多样性与组织绩效关系的研究指出,"一些要素会使多样性和组织绩效的关系变得复杂,如测量标准的异质性可能会降低或提高绩效,因为异质性有助于带来多样化的资源和观点,促进组织绩效的提高,而组织成员的异质性可能会减弱组织团结和共识,从而降低组织效率"[1]。多样性与绩效的关系并非简单的因果关系,它既

---

[1] Beth Gazley, Won Kyung Chang, and Lisa Blomgren Bingham, "Board Diversity, Stakeholder Representation, and Collaborative Performance in Community Mediation Centers", *Public Administration Review*, Vol. 23, No. 4, July 2010, p. 610.

取决于主体的多样性以及组织领导的包容性，也会受到工作环境以及其他过程的影响，这些过程会使组织领导更愿意采取共同制定决策的方式。基于社会建构方法，当组织拥有更加多样性的成员构成时，组织会被认为是更加平等的，更具回应性的，在解决问题时也更有创造性。

社区调解中心通过提供一个多样化的平台来改进社区资源共享和主体间关系。我们从输入和输出两个方面讨论社区调解中心如何形成共同生产行动并影响社区调解服务，输入端是社区调解中心的结构和特征，包括服务的范围、成员多样性、共享资源、主体间关系等，这些因素与共同生产相关。其中，成员的多样性包含了利益相关者、职业多样性、性别平衡等，输出端是共同生产行动和社区调解服务结果（绩效）。理解社区调解中心的组织结构和特征与共同生产行为和社区调解服务绩效之间的关系，从主体间关系的视角理解结构—行为—绩效关系，其意义在于整合了多样性和代表性与共同生产来理解成员多样性在促进主体间关系和确保资源共享上的重要性，这是理解社区调解服务中共同生产行为对服务绩效影响的一次尝试。

实践表明，成员代表性会影响共同生产行为，进而影响服务绩效，为了体现代表性的多样化，需要更多地吸纳弱势群体的成员。基层政府需要认识到社区调解服务中利益相关者的代表性是提高社区调解服务有效性的重要影响因素。相比于正式化的制度激励，非正式化的激励在社区调解中发挥的作用更大。这是因为，正式制度化激励"主要依靠法制规则、行政规章和组织程序"，尽管制度化的激励效用是最大的，但在组织或社会情境变迁的灵活性上总略显滞后，而非制度化的激励机制表现出"短期性、潜规则和体制外"的特点，主要"依靠人的道德感和社会习惯、传统与习俗"[1]。在社区调解中，尊重本土文化与环境、社区组织化动员是关键。社区调解并不是一蹴而就的过程，以信任为基础、嵌入社区社会资本尤其重要。个性化的

---

[1] 任剑涛：《在正式制度激励与非正式制度激励之间》，《浙江大学学报》（人文社会科学版）2012年第2期。

需求、陌生人社会、关系模式的不确定性,这些都使得基层社区陷入了一种多元利益冲突的困境中。因此,经由共同生产网络的建构加快基层服务创新进程,促进基层自治建设,强化居民的主体性,是社区服务发展的动力源。

三　讨论

基于社区调解的实践,我们可以看到,社区主导了调解服务中不同主体间的协同与合作。合作能力不仅取决于组织成员和领导的品质和能力,还取决于在制度边界形成的主体间关系,以及项目的范围和能力。需要指出的是,政府对自上而下的方式已越发谨慎,并开始试图寻找自下而上的创新方式。尽管政府力量依然很强大,但是政府愿意提供更多的机会让社区进入公共服务过程。政府还策略性地提供较为有限的资金给社区,希望它们能够自主寻找更多的资源,而不是仅仅依赖于政府提供的资金。在共同生产过程中,政府和社区通过学习发现更加适宜的公共服务提供方式。学习过程能够帮助政府形成与利益相关者一致的政策偏好。政府需要思考,共同生产是为了加强管理的有效性并提供更好的服务(政策结果),还是以此来促进更高目标的实现,即提高人们的参与意识。如果是前者,政府主导是最好的策略。如果是后者,就需要设计一个完全不同的过程、结构和行动者的策略,政府需要后撤,并允许社区真正发展并自主决策。这个模式对于那些社会组织数量有限,而政府希望拥有更强的适用性,并通过共同生产网络而不是官僚制来提供服务的地区具有参考意义。实践表明,在不强调公共参与、赋权、合法性、民主原则的情况下,行为主体间也能够谈论协作、共同生产、网络治理。政府在共同生产中通过学习整合一系列关系,以及扁平化管理方式,并接受自下而上的创新,赋权其他伙伴,学习与所有层级进行沟通,可以更加智慧地"掌舵",并对服务过程负有责任。

社区服务中的共同生产重新界定了人们在社区服务中的角色和作用,使他们不仅是服务的使用者和消费者,也是服务的生产者。社区服务中的共同生产有助于推进社区居民的身份认同、促进社会资本积累,提高社区组织的问责性。志愿参与是社区服务共同生产的前提条件，因为共同生产需要合作，参与共同生产的主体需要意识到合作的重要性。共同生产一方面提高了社区服务的效率，促进了服务供给机制创新，一方面更好地满足了居民的需求，提高了居民满意度。然而，共同生产也面临着一些挑战，如共同生产会存在将成本和风险转嫁给使用者的可能性，共同生产也可能会带来不公平，加剧优势群体和弱势群体之间的不平等，因此，需要构建基层社区服务的共同生产网络。

第三节 基层治理服务中的共同生产行为

本书通过考察半无物业小区案例，借鉴行为公共管理研究，基于"行动—过程"分析视角，聚焦共同生产中的行动者和过程，分析行动者间的行为关系演化以及共同生产过程的推进逻辑，进而对共同生产的过程设计提出建议，帮助实践者更好地设计共同生产过程来实现预期目标。共同生产是一种共建、共治、共享模式，它能够促进身份认同，整合社会资源，激发人们的政治效能感和集体归属感。共同生产过程设计需要考虑行动者间行为关系的张力，基于民主协商和互惠价值来改进行动者间的认知和行为互动。由于行动者的共同生产动机不只是理性的利己主义，还是一系列复杂因素的混合体，因此，共同生产过程需要设计多种激励因素。共同生产过程设计还需要注重协商环节，充分尊重居民意见，关注协商原则的设计。

无物业小区是基层治理和服务面临的一个难点问题，这一问题在基层治理改革和城镇化进程中尤为凸显。一方面，随着基层社会体制从单位制过渡到社区制，单位福利房经由产权变更成为个人住房，原本由单位免费提供的小区服务或由单位承担的物业费用，需要居民自己来承担。居民不愿意付费，导致物业撤出，成为无物业小区。另一方面，随着城镇化的推进，越来越多的村转居社区散落在城市中，它们不同于商品住宅小区拥有较为成熟的物业公司和业主委员会，村转居小区在某种程度上仍保留农村社区的特点，许多小区没有物业，有物业的也仅限于街道出资配备的保安和保洁。在物业和业委会缺失的情况下，社区居委会成为居民眼中唯一的管理者和服务者，这导致居委会工作量显著增加，居委会也成为居民投诉的焦点，导致居民与居委会的关系时常紧张。

学术界和实践者已从多个角度对基层治理和服务改革进行探索和思考，如"鼓励居民参与，促进居民自治，发挥社会力量的作用"[1]，"建构新型的居委会、业委会、物业和居民之间的关系"[2]。这些探索表明，学术界和实践者对公众参与、民主协商、共同生产等价值早已认同，然而，他们对公众参与、民主协商、共同生产过程的关注却并不多，对如何设计这些过程以实现预期目标的探讨也不足。

一 文献综述与分析框架
（一）行为公共管理研究与行动者视角

西蒙关于决策和行政行为的讨论提出了有关认知行为限度的问题，这为行为公共管理研究奠定了基础。不完善的选择结构而导致的认知和行为困境对研究公共服务供给如何实现高效性和有效性很有必要。近年来，行为公共管理研究推进了人们对行为影响决策的理解。行为公共管理研究吸收行为科学理论和心理学相关理论，从人的行为和心理角度探讨一些棘手的公共管理问题。Grimmelikhuijsen等指出，"行为公共管理是基于个人行为和态度的微观视角理解个人和组织的心理和行为，它关注潜在于感知、态度和行为下的心理过程，是对公共管理问题的一种跨学科分析"[3]。

---

[1] 参见徐珣《社会组织嵌入社区治理的协商联动机制研究——以杭州市上城区社区"金点子"行动为契机的观察》，《公共管理学报》2018年第1期；袁方成、罗家为《十八大以来城乡基层治理的新方向、新格局与新路径》，《社会主义研究》2016年第1期。

[2] 参见石发勇《业主委员会、准派系政治与基层治理——以一个上海街区为例》，《社会学研究》2010年第3期；刘凤、傅利平、孙兆辉《重心下移如何提升治理效能？——基于城市基层治理结构调适的多案例研究》，《公共管理学报》2019年第4期；张翔《城市基层制度变迁：一个"动力—路径"的分析框架——以深圳市月亮湾片区人大代表联络工作站的发展历程为例》，《公共管理学报》2018年第4期。

[3] Stephan Grimmelikhuijsen, Sebastian Jilke, Asmus Olsen, and Lars Tummers, "Behavioral Public Administration: Combining Insights from Public Administration and Psychology", *Public Administration Review*, Vol. 77, No. 1, January 2017, p. 45.

行为公共管理研究整合了经济学的决策理论和心理学的个人特质理论。将个人特质理论和组织公民行为应用于公共管理研究最为常见。组织公民行为作为一种个人自主行为，它虽不能被正式激励系统直接识别，却能促进组织功能有效发挥。地方政府、基层政府、公共服务部门等都构成了组织公民行为发生的重要情境，研究对公共服务动机和工作满意度的讨论也比较多。公共管理者必须不断预期人们对选择会产生何种反应，以及如何操控选择结构来改进选择结果、实现部门目标和完成组织任务。行为公共管理学者运用更加广泛的研究工具和更加成熟的研究设计，除传统的调查和案例研究方法外，还使用了实验、纵向和面板设计方法。

行为公共管理研究契合了治理研究视角的拓展。近年来，治理研究视角从关注政府与治理的不同进一步拓展为关注治理行动网络。前一种视角关注政府和治理的区别，认为政府具有合法的、正式的权威和政策权力，而治理是由共享目标的个人和组织合作，他们可能并没有权威和政策权力。后一种视角把治理视为行动网络，强调治理过程中行动者之间的行为关系，并形成多样化的治理模式，如协作治理、合作治理、网络治理等。从这些模式可以看出，政府越发意识到多元主体的重要性，偏好与其他行动者共同解决棘手的公共问题。由于行为关系相比于更具抽象性的国家关系和更具功能性的社会关系显得更加直接和形象，因此，行为关系为治理研究提供了一个新的分析路径，即行动者分析路径。行动者作为治理的微观主体，一方面会受到自身条件（生理情况、经济条件）的限制以及周围环境的影响，另一方面也会受到治理过程以及治理规则的约束。行为关系的建构是基于行动者的立场还是行动者的利益，在很大程度上会影响行动者的行为。一般来讲，立场是人们想要什么，而利益是人们为什么想要这些，利益会受到行动者的价值观驱动。由于行动者的利益诉求不同，行动者间构建的关系更像是一种"利益联盟"关系[1]。这种"利益联盟"式关系有助于不同行动者

---

[1] Cheon Choi and Sang Ok Choi, "Collaborative Partnership and Crime in Disorganized Communities", *Public Administration Review*, Vol. 72, No. 2, March 2012, p. 228.

实现多元利益。然而，多元利益冲突或是行为逻辑相悖而导致联盟破裂的情况也很常见，从而使行为关系难以持续。行动者视角关注行动者本身的心理和行为，强调行为关系的情境分析，将过程看作一个动态的、新生的过程而不是静态过程，旨在剖析行动者间的关系演进和行为逻辑。

（二）从公众参与到共同生产

伙伴关系和互动过程是治理的两个重要特征。伴随着社会复杂性和不确定性日益增加，治理越发强调政府与社会（尤其是公众）之间的伙伴关系以及由此产生的互动过程，通过广泛使用治理工具将公共部门和个人行动者纳入复杂的治理网络中，强调合作和赋能而不是科层和控制，强调协商、协作、赋能、和谐、激励、调解等新治理技能，认为和谐能够使人们协作，激励能够促进参与，调解能够激发合作行为。公众参与作为治理的一个重要内容，旨在将公众需求、关注问题以及个人价值纳入公共事务的决策和行动中。已有实践表明，公众参与通过帮助个人增加技能，获得知识，从而促进公众更知晓和更理性的进行选择和判断。而参与也可能会增加成本，导致低效率。由于公众参与的范围广泛，形式亦多样，层次也较多，公众参与研究的内容非常丰富。

公众参与提倡将个人行动者纳入公共治理和服务中，催生了共同生产理念，即受益者参与治理和服务过程有助于降低治理和服务成本并提高质量。共同生产是对公众参与的延伸和拓展，它旨在将公众纳入公共治理和服务中，鼓励公众和服务受益者直接参与到服务的生产和供给过程，强调服务受益者和专家一同提供公共服务。提供公共产品或服务的输入过程是由不同组织的个人贡献的，因此，公共服务的生产需要公众参与。通过在国家机构和组织化的群体之间建立规范的、长期的关系，建立公共服务供给的制度化共同生产。

共同生产包含广义和狭义概念。广义的共同生产是指"公共部门与第三部门、公众、顾客、消费者、志愿者和社区组织等共同生产服务并消费或从中获益"，狭义的共同生产，即个人提供他们自己的服务，或是与专业部门一起提供，如"社区治安服务或环境保护，居民在共同生产过程中发挥积极作用"[1]。Nabatchi 等从共同这个角度界定了共同生产的三个层次——个人、组织和集体，并从服务周期的四个阶段——委托、设计、供给和评估来界定共同生产的核心问题，即"共同生产什么，谁参与共同生产，以及共同生产发生在服务周期的哪个阶段"等[2]。共同生产是一个动态过程而不是一个稳定状态。共同生产不是一个简单地表达意见的平台，而是由个人或社会组织与专业机构和公共部门一起，利用他们的资源和技能来提供服务并消费。共同生产强调资源依赖，行动者通过进入共同生产过程把不同的资源如金钱、信息、知识、技术放在一起来解决问题，从这个意义上说，共同生产能够带来更好的社会产出或更好的服务供给。

已有研究对国家和地方层面出现的共同生产实践探讨得较多，如政府购买、参与预算、环境治理等，而对基层层面的研究还很有限。基层社区是一个典型的共同生产场域，它能够把公共部门、私营部门、社会组织和个人行动者结合在一起，共同生产社区成员都能够获益的公共产品和服务。本书考察了基层层面的共同生产实践，基于半无物业小区的案例研究更好地理解基层社区的共同生产是如何建立、运作并有效实现目标的。

本书以一个半无物业小区作为案例样本，基于"行动—过程"分析视角，将居民角色从参与者拓展为生产者，将基层治理中的公众参与延伸至共同生产，提出共同生产中行动者分类的方法，并以此探讨共同生产过程中行动者的行为关系演化以及共同生产过程的推进逻辑，进而提出优化共同生产过程设计的思路和方法，探索基层自治的基本逻辑。

共同生产过程包含多个行动者，这些行动者之间的行为关系构成了共同生产的重要内容。早期共同生产者仅限于消费者，把其他行动

---

[1] Ora-orn Poocharoen and Ting Bernard, "Collaboration, Co-production, Networks: Convergence of Theories", *Public Management Review*, Vol. 17, No. 4, April 2015, p. 587.

[2] Tina Nabatchi, Alessandro Sancino, and Mariafrancesca Sicilia, "Varieties of Participation in Public Services: The Who, When, and What of Coproduction", *Public Administration Review*, Vol. 77, No. 5, March 2017, p. 766.

第五章　基层治理服务中的共同生产

者如公众、志愿者、非政府组织都排除在共同生产者之外。随着共同生产实践发展，共同生产者包含了公众、顾客、消费者、志愿者和社区组织等所有参与治理和服务并获益的行动者。区分行动者有多种方法，如通过行动者的规模和影响，或者区分行动者角色是决策还是执行，或是辨别行动者的合法地位（公司、非营利、联合会、邻里、个人）等。通常情况下，行动者大致分为两类，一类是常规的生产者，如政府部门或专业机构；另一类是自愿参与的个人或组织，如服务受益者或使用者、社区成员、社会组织、志愿者等。然而，这种分类方法过于笼统，并没有清晰界定不同行动者的角色关系，也没有区分组织和个人之间的角色差异。

基于民主协商和互惠价值的共同生产过程有助于将不同行动者纳入。行动者来自不同领域，包含公共部门、私人部门、非营利部门以及个人等，使得行动者之间的行为关系产生了张力，表现为行动者间既是自治的也是相互依赖的，既需要参与性也需要权威性。在多数情况下，尽管行动者偏好从自己的立场出发，但是他们也相信共同行动的价值，希望通过共同行动来解决单一行动者无法解决的复杂问题，回应社会需求，有效生产和提供服务，最终实现预期目标。

共同生产的核心问题是，是什么促使行动者愿意共同生产，即共同生产的动机是什么。共同生产需要考虑到多样化的动机，这可以从行为公共管理研究中得到启发。由于理性的自利会受到认知偏见的限制，扭曲基本动机的预期效果，因此，行动者对受到惩罚的消极预期所带来的激励可能会超过物质刺激所带来的激励效果。考虑到共同生产的回报是作为一种奖励还是义务，行动者的动机也会不同。行动者的动机会受到多个因素影响，如行动者特征、目标任务、组织结构、制定环境、权力配置等。因此，行动者参与共同生产的动机不仅是理性的利己主义，还是一系列复杂因素的混合体。

协商决策作为共同生产的重要环节，是人们为感知和求解社会问题而参与的对话和决策过程。如果决策是基于协商过程的，就可以视为一种主动的社会过程，这种社会主动过程承担着核心的认知功能和社会行动。协商可以是正式的，也可以是非正式的。正式协商是行动者之间为了一个特定目标进行策划，并愿意在长期共享收益；而非正式协商主要是分享信息和交换资源，通常是短期的互惠。协商决策相较于协商参与而言，除了分享信息和资源，还需要各行动者之间共担风险和责任，共享收益，并愿意投入大量时间，且彼此间信任程度较高。从这个意义上说，共同生产可以被看作协商决策的一个额外结果，即更好的社会产出、更好的服务提供。

三 研究方法与案例介绍

本书采用行动研究与个案研究相结合的方法。实用主义的知识传统认为，知识来源于经验以及详细而琐屑的调查，它强调社会生活不是固定不变的，而是动态和变化的。任何一种社会变化都关系到人类行为的变化，就那些卷入变化中的人们来说，这些变化表现为新情势的形式，在其中人们也必须建构新的行为方式。因此，为了理解社会生活的演变，我们必须参与到其中并记录那些转变对人们的影响以及人们的解释经验。行动研究遵循实用主义的知识传统，作为一种参与式研究设计形式，主张研究者应通过研究过程与研究情境或组织中的人员密切合作。将行动研究应用于社区是一种社区参与研究（CBPR）方法，社区参与研究的前提是与作为共同研究者的社区成员一起工作，这样可以更容易获得可解释的与人们生活息息相关的结果，还会对公共政策有更大的影响。已有实践表明，"有意义的社区参与过程可以是变革性的，通过积极参与，个人和社区可能会变得更有权力，并且能够更好地进行可持续性的个人和社会变革"[①]。本书借鉴行动研究和社区参与研究的方法，对个案进行审慎地参与和观察。笔者在研究的早、中期作为观察者的参与者，与社会组织一同参与进案例项目中，并与案例对象建立了良好关系；在研究后期则更多是作为参与者的观察者，通过大量访谈和观察，搜集和整理资料，以期获得最为真实和完整的资料信息。

为了对案例进行审慎而详细地描述与分析，本书采用个案研究方法。个案研究强调个案存在的环境以及组成该案例的各元素间的一系

[①] [英]迪姆·梅：《社会研究问题、方法与过程》，李祖德译，北京大学出版社2009年版，第137页。

列关系，注重对案例边界和特征的清晰界定，确保其完整性和系统性。本书主要运用内在个案研究方法（intrinsic case study），即对特定的个人、组织或事件进行深度描述。通过参与观察、深度访谈、文档分析、调查问卷等多种方法收集数据，并对个案的情境和生活史资料进行收集，以丰富案例研究背景，帮助理解可能影响案例的因果轨迹。

本书的个案研究对象是一个半无物业小区A。A小区是城市老小区，建有12幢多层楼房，共计350余户居民。该小区的5幢至12幢为居民自住房，由居民自己承担物业费，而1幢至4幢为企业职工福利住房，由企业承担物业费。2011年由于企业改制，1幢至4幢的原企业福利房经由产权变更转变为居民自有房，物业费需居民自己承担。而1幢至4幢的居民并不愿意承担物业费，认为他们没有义务缴纳物业费，而物业认为业主享受服务就该缴纳物业费，双方就此产生分歧，社区居委会先后召集物业公司与居民代表召开协商会议，经过几次谈判，在是否缴费问题上无法形成共识，最终谈判无疾而终，物业公司不再接管1幢至4幢楼宇的物业服务，只负责5幢至12幢物业服务。整个小区，一部分有物业，一部分没有物业，虽然小区出入口是同一个，从表面看基本上无异，但在管理和服务上却出现了很大差别，问题层出不穷。

之所以选择A小区作为个案研究，主要有两方面原因：一是客观方面，A小区作为典型个案研究符合Yin（2009）提出的五个特征，即案例研究必须是显著的、完整的、考虑了替代性观点、有充分的证据、以引人入胜的方式展开，Barzelay（1993）解释了公共管理研究中单个案例研究如何"产生关于管理理性、专业治疗和规范推理的经验准则"，认为公共管理非常适合采用案例研究，因为案例研究满足了对条件发现的识别需求并实现了其他方法很难获得的对因果关系的深度理解。基于此，本书通过个案研究，提炼中国场景下基层自治的基本逻辑，这或许能为基层治理改革提供合理的行动方向或未来研究趋势。二是主观方面，笔者自2016年通过社区服务项目介入A小区，完整地参与了A小区的"无物业小区的治理和服务"项目，该项目历时两年，于2018年底结束，后续跟踪观察一直持续到2019年底，因此，对项目的整个运作过程和后续评估反馈具有系统而清楚的了解。A 小区从部分无物业转变为全部有物业的过程，体现了基层主体对自治思路和方法的探索，这种探索从意义（文化、规范、习俗、认知等）、实践（无序状态、显著且颇具戏剧化的事件）和冲突（焦点问题）方面呈现了中国社会场景中治理规则的变化，揭示了基层自治的基本逻辑。

四　案例研究：半无物业小区治理和服务中的共同生产行为

第一阶段（2012—2015）：传统管理困境。

随着物业撤出 1 幢至 4 幢楼宇的管理和服务，A 小区被人为地划分为两个区域——有物业区域和无物业区域，这两个区域之间没有任何间隔栏，共同使用同一个出入口，从表面看来并无差异。然而，两个区域在管理和服务上却完全不同。无物业区域的管理和服务由社区居委会接管，居委会工作量大大增加。对于 1 幢至 4 幢的居民来说，有问题就找居委会，就如同曾经有问题就找单位一样，认知很难转变。

在访谈中，我们了解到（1 幢至 4 幢）居民的一些想法：

"单位改制了，物业撤了，我们也没办法，他（居委会）不管，谁管？我们只能找他（居委会）。""我们也考虑过自己交物业费，但一些房子是出租的，房东多少年都不住在这里，以前是单位交，现在要自己交肯定不愿意，（意见）很难统一，就一直拖着。"（访谈记录：AS 社区居民 20170729）

我们也访谈了几位（5 幢至 12 幢）的居民，他们对（1 幢至 4 幢）居民表现出不满：

"小区不大，他们（1 幢至 4 幢的居民）有时候就会把垃圾扔到我们这边，觉得反正这边是有物业会弄的。还有停车，经常停过来，我们回来找不到位置停。""一个小区里，大家都熟悉的，有些事情就只能说一说，吵起来不大好意思，除非就是做得过分嘛，大家来评评理。"（访谈记录：AS 社区居民 20170729）

小区居民之间的矛盾也逐渐加深，居民投诉日益增多，居民与居委会之间的关系时常紧张。居委会工作人员说道：

第五章　基层治理服务中的共同生产

"他们（1幢至4幢居民）就是觉得，没人管他们了，只能你（居委会）来管，什么问题都来找居委会。""我们（居委会）人这么少，要做的工作这么多，不可能随叫随到。但是他们觉得，居委会的工作就是来管居民的。""（1幢至4幢）居民每次来找（居委会），都是凶巴巴的，如果我们（居委会）没有及时回应，他们就直接和我们吵。""楼道里堆杂物要我们（居委会）去清理，家里下水道堵了找我们去修，楼上楼下闹矛盾找我们来评理，如果我们不及时回应，他们就抱怨我们不管他们。"（访谈记录：SQ社区居委会工作人员20170611）

居委会面临最多的投诉是保洁和环境问题。面对居民投诉，居委会就得处理，这导致出现了一种"投诉—处理—再投诉—再处理"的被动循环过程，居民发现，只要他们反复投诉，社区居委会就会来处理，"投诉"成为居民变相要求社区居委会提供物业服务的一种"有效方式"。尽管居委会处理了居民的投诉问题，但是社区居民之间的矛盾并没有得到缓解，居民与社区之间的关系也仍然紧张。为改善关系、缓解矛盾，社区变被动为主动，提出承担靠近1幢至4幢的小区西门维修工程，维修资金由街道支持。然而，门修好了，居民对社区的态度却没有多大变化，他们仍然继续投诉社区，称社区不管他们的安全。社区意识到，单靠社区自身力量，在解决无物业管理问题上非常吃力，因此，需要改变应对策略。

居委会原主任回顾当时思路改变的原因：

"原来我们（居委会）的方法很单一，就是投诉什么处理什么，处理的越多，投诉的越多。结果居民对我们意见还是很大，我们也很委屈。后来我们想主动给居民解决一些问题，但是效果一般，他们还是不停地投诉这个、投诉那个，我们实在没那么多精力，也没那个能力。而且，我们的同志也非常辛苦，所以我们需要发动群众，发动志愿者，希望他们能够帮助我们处理一些问题。"（访谈记录：SQ社区居委会工作人员20180304）

社区居委会从基层协商民主入手，通过召开社区楼道党员协调会，发动居民骨干和党员志愿者参与协商会议，鼓励楼道党员协助居委会承担力所能及的工作，如打扫楼道、倾听投诉、调解矛盾、联络沟通、现场说法等。经过近两年的实践，居民骨干和党员志愿者协助居委会处理了许多琐碎的问题，与居民之间的关系也逐渐熟悉起来。

第二阶段（2015—2016）：自治雏形与行动分歧。

基于前期实践基础，2015年，社区居委会引导居民骨干和党员志愿者成立自管小组，并由（1幢至4幢）每个楼道推荐或自荐楼道长，初步形成了以居民骨干、党员志愿者和楼道长为核心行动者的自治组织雏形。从组织结构来看，自管小组是一种直线型组织，既没有核心权力，也没有明确分工，各行动者之间像是一种志愿联合行动模式，约束力很弱，这也为后来自管小组内部矛盾埋下隐患。

自管小组成立后开展的第一项工作就是收缴1幢至4幢居民的保洁费。社区居委会与保洁公司、居民骨干、党员志愿者、楼道长等经过多次协商后，决定由每户分摊保洁费，并由楼道长把倡议书宣传到每户家庭。收缴保洁费工作开展主要分三个步骤：首先，召开居民代表大会和协调会，告知居民并动员居民积极缴纳保洁费；其次，居民骨干和党员志愿者通过现场说法向居民宣传保洁费收缴工作；最后，对于不愿缴费的居民，楼道长分别上门进行沟通。

"一年就二十几块钱的保洁费，一些居民还是不愿意出，如果他们不出，那其他人（居民）就觉得凭什么我出你不出，最后都不出了，这工作就没法做了。""对于出租的房子，租客和房东都不愿意出，我们就一个个做工作，有些晚上回来晚的，我们就早上7点去找他们，有些早上出去早的，我们就晚上8点多来找他们。""有的不愿意出，后来我们找他几次，（他）情面上也觉得不好意思，就同意交了。"（访谈记录：SH自管小组成员20180509）

经过近一个月的宣传和收缴工作，保洁费的收缴率达到80%。1幢至4幢的保洁问题得以解决，保洁投诉也明显减少。然而，在2016年，由于保洁费上涨，矛盾再一次产生。1幢至4幢居民不愿意承担保洁费上涨的部分，认为保洁公司和社区不诚信，居民与居委会之间矛盾凸显。同时，自管小组内部也出现问题，一方面，一些小组成员由于年龄原因，不再承担相应工作；另一方面，小组成员之间出现意见分歧，导致一些成员退出自管小组。

"我们这个自管小组（成员）都是志愿来参加的，平时有问题的时候大家碰碰头,讨论讨论,都是蛮热心的人,都想为小区做点儿事。""主要还是因为保洁费上涨,有的(自管小组成员)认为不应该这么快上涨(费用),(居民)刚交了一年肯定不愿意;有的认为人工涨了,费用肯定要涨,如果不涨,保洁就不肯做了,又打回原形。""那个时候吵得蛮凶的,我们自己意见都很难统一,有的说年龄大了,有的说家里有事,好多都退出了。"(访谈记录:SH自管小组成员20180509)

自管小组在保洁费上涨问题上难以达成共识,随着一些小组成员的退出,自管小组松散结构再次受到冲击,加上没有形成一套相对成熟的议事规则和行动纲领,自管小组基本处于一种解散状态。

第三阶段(2016年初—2017年初):以协商决策促进共同生产。

尽管自管小组初现了自治雏形,呈现出居民自我组织、自我管理、自我服务的自治模式,然而,由于其自组织能力较弱,专业性不足,也没有完整的制度规范来约束成员间的关系和行为,因此很容易受到冲击而衰弱。为应对1幢至4幢居民投诉问题,社区再次调整思路,借力社区服务社会化项目,引入社会组织(Z组织)和专业社工来解决无物业难题。

Z组织进驻小区后,社区居委会召集社会组织成员、自管小组成员、其他居民骨干和党员志愿者进行交流,制定行动规划。社会组织在早期通过开展便民服务活动与居民联络感情,并与自管小组、一些居民骨干和党员志愿者一同走访1幢至4幢居民。前期的入户访谈选取了自住户10户、租客5户,共计15户。与此同时,社会组织的专业社工还通过随机访谈、偶遇访谈等方式与居民交流。此外,社区召集社会组织、专业社工、物业公司、楼道长、居民骨干、党员志愿者、居民代表等多元行动者召开联席会,建立议事会制度,设立社区联席会、楼道长座谈会、居民座谈会、协调促进会等多种协商议事平台,增进多元行动者的沟通与互动,会议由社会组织和专业社工进行跟踪和反馈。

"通过召开各种会,主要是想把利益相关方召集在一起,一个需求一个需求地剖析,一个方案一个方案地商讨,通过整合现有资源来解决当前最棘手的问题,满足最迫切的需求。""尽管居民诉求看起来很琐碎，但总有个核心点，突破这个核心点是关键，我们反复和居民沟通，了解他们的诉求，取得他们的信任。"（访谈记录：Z 社会组织成员 20180622）

经过多次访谈和议事商讨发现，70%左右的（1 幢至 4 幢）居民愿意由物业接管，并认为由物业来接管是比较可行的方法。因此，后续主要有两个任务，一是如何争取更多持中立意见的居民，如何与持反对意见的居民进行沟通；二是选择哪一家物业来接管。任务分两个步骤进行，一是由自管小组成员和一些居民骨干、党员志愿者来与持中立或反对意见的居民进行沟通，争取在物业接管问题上达成更大程度的共识；二是由社会组织和专业社工对周边小区的物业进行走访，调研物业服务类目和费用情况，撰写物业调研报告书，并与自管小组、居民骨干、党员志愿者、居民代表、社区居委会共同商议。在此基础上，专业社工和社区居委会制作物业宣传海报张贴在社区告示栏中，由自管小组、社会组织成员和居民骨干、党员志愿者组成宣讲团，向居民发出告居民书，现场宣讲，简述问题现状、需求反馈、问题解决方式等，让居民了解物业备选方的相关信息，并形成初步选择意向。居民代表就物业选择意向积极与居民沟通，组织居民投票。在此期间，还召开了联席会和座谈会，听取居民需求，对物业选择进行商讨。

然而，结果并不理想。一些居民并不认可。

"就几个物业让我们选，选择面太窄，选择太被动了。""我们想要好的（物业），但是好的费用高，（物业费）便宜的，服务我们不满意。""如果我们随便选一个，便宜的，服务达不到我们的预期，选来做什么？"也有居民提出可以让小区里的物业来接管："小区物业这么多年在这里，我们也了解，管的还可以，可以考虑。"（访谈记录：AS 社区居民 20180719）

在了解到居民反馈和意愿基础上，社区召开居民代表大会，对物业选择意向进行商讨。其间，居民骨干和党员志愿者与专业社工反复与居民进行沟通，让更多居民能够达成共识。自管小组也通过楼道简短小会、个别入户访谈、楼道长解说等方式，争取那些持不同意见的居民的认可和支持。最终，近 85%的（1 幢至 4 幢）居民同意由现在的小区物业来接管。

第五章 基层治理服务中的共同生产

第四阶段（2016年底—2017年底）：行动者的共同生产。

社区召开协调促进会，居委会联系小区物业与社会组织、自管小组和其他居民骨干、党员志愿者、居民代表共同来商讨，主要商讨物业是否愿意接管以及接管的可能性和接管条件等问题。商讨过程非常困难，经过几次商讨都未能达成一致，原因是小区物业认为接管1幢至4幢并不赚钱，也不会增加个人收入，反而增加了工作量，所以不愿意接管。

"就100来户人，我们是要挣钱的，接管了（总部发给）我们的工资还是那么多，工作量反而增加了，我们不愿意接管。""那边（1幢至4幢居民）物业费很难收，之前也是（居民）不愿意交，我们才撤出的。""本来我们在这边做（物业）就没什么（赚）钱，现在又多了工作，还要贴钱做，谁会愿意？"（访谈记录：WY小区物业20180730）

社区居委会认为：

"还是希望物业能够接管，我们愿意配合他们工作，物业问题总是要解决的，不能只靠社区和几个志愿者来做。""一个小区里两个物业，管起来可能会有一些问题，比如相互扯皮、推卸责任等，还是一个物业统一管理比较好。"（访谈记录：SQ社区居委会工作人员20170804）

社工的主要任务是促进协调：

"我们尽力争取让各方能够达成共识，通过建立协调机制来共同解决问题。""我们有一些工作方法，也有一些资源，我们还是希望大家能把这件事情做成。"（访谈记录：Z社会组织成员20170804）

社会组织和专业社工通过走访物业总部（物业公司是本地企业，总部在市区），希望总部能够协调小区物业的接管问题，并邀请一位经验丰富的专业社工与总部代表进行沟通，帮助物业公司来测算接管成本和资源盘活等问题，并初步讨论接管规划。随后，物业公司内部也经过几次讨论，最终决定协调小区物业来接管，但需要与小区物业进行沟通。

"接管肯定不赚钱，但是我们作为本土（物业）品牌，考虑到公司在全市范围内的物业市场占有率和口碑，我们还是决定来接管，而且，考虑到我们在那个小区也做了很多年，居民基础还是有的。""我们自己也讨论了好几次，从赚钱上看肯定不行，但是从市场上看，我们多布几个点也未尝不可，凡事都有得有失嘛。""小区物业的想法我们也了解，但是公司需要开拓市场，也要考虑到公司战略大局。"（访谈记录：WYZ物业公司总部20180826）

最后，物业公司总部与小区物业沟通后达成共识，表示愿意接管，但是提出三个条件：一是小区里的高大树木修剪和无明主的建筑垃圾需要社区来弄，修剪和清理成本物业不负责；二是接管当年的物业费收缴不能低于80%；三是社区居委会要持续配合和支持物业工作。针对上述三个条件，社区召开联席会与社会组织、自管小组、其他居民骨干和居民代表、党员志愿者共同商讨，决定高大树木修剪问题由社区和社会组织来解决，无明主的建筑垃圾由自管小组和居民骨干、党员志愿者带领居民共同处理，物业费收缴工作由专业社工联合自管小组成员、居民骨干和党员志愿者共同完成，社区还与物业建立工作协同机制，并以备忘录形式予以监督。社区和社会组织通过社区服务社会化项目与街道进行沟通，争取街道能够对高大树木修剪工程给予支持，从街道层面与市政部门联系，并承担修剪成本。无明主的建筑垃圾处理由自管小组、其他居民骨干、党员志愿者带领居民共同完成。社会组织还运用项目经费，对小区活动室进行改造，为小区门口安装路灯。专业社工也与居民志愿者一同管理门口乱停车现象，组织居民张贴环保海报、捡拾塑料垃圾、清除防盗门小广告等，鼓励居民更多地参与进来。社工同自管小组成员、居民骨干和党员志愿者一起分工合作，分时间、分区域进行上门调查和收物业费，并由楼道长和居民代表与不予配合的居民进行沟通。最终，物业费的收缴率达到86%，达到物业所提要求。基于此，社区再次召开联席会，由社区、物业、社会组织、居民代表等多方共同签订同意书，完成物业接管工作。同时，社区、物业经理、自管小组、居民骨干、党员志愿者和居民代表还建起线上群聊，以便及时联络和沟通，相互支持工作，共同解决问题。在这个过程中，不同行动者在访谈中谈到了自身的体会。

社工："（物业）提的每一个条件都很尖锐，需要一起想办法解决，单靠社区或个人是很难完成的。""如果过分强调居民需求就可能会造成事态复杂化,所以抓住骨干人群和敏感人群进行沟通是比较可行的办法。""和居民培育情感,培育志愿者都是同步的,需要花很多时间和情感,为居民做很多事情。""在处理一些差异化问题时,可以通过个案服务来提供个性化服务,这样做效果会比较好。"(访谈记录:Z 社会组织成员 20190302)

社区居委会:"居民参与很重要,让居民参与到问题解决的每个环节,引导他们理性表达,共同讨论解决方案,这样大家就愿意一起来解决问题。""原来我们觉得自己是社区管理者,通过这个事情,我们觉得居民才是社区真正的管理者。"(访谈记录:SQ 社区居委会工作人员 20190302)

自管小组、居民骨干和党员志愿者:"这次和社会组织、专业社工一起,学到了很多方法,管理除热情以外,还需要技巧,专业性很重要。""以前退出的一些骨干和老党员,后来也一起参与进来了,虽然不在小组里,但是配合得很愉快。""总算把事情做成了,每个人都出了一份力。"(访谈记录:SH 自管小组成员、DB 居民骨干和党员志愿者 20190302)

居民:"人心都是肉长的,大家还是要多沟通,沟通好了问题就解决了。""我们以前觉得社区不管我们谁管我们,现在我们晓得我们可以自己管。""这次选物业,我觉得我的想法社区关注了,而且(社区)尊重我的想法,我很感动。"(访谈记录:AS 社区居民 2019-03-02)

从这些体会中,我们可以了解到行动者认知和行为的变化,这些变化也体现出行动者行为关系的变化,探讨这些变化背后的动力机制和激励因素,有助于揭示基层自治的基本逻辑。

五 案例讨论

在案例讨论中,我们主要分析谁是共同生产者以及什么驱使他们共同生产。在对共同生产过程中不同行动者的行为关系进行描述的基础上,对行动者的共同生产动机和激励因素以及共同生产过程的推进过程进行分析,进而提出优化共同生产过程设计的思路和方法,探索基层自治的基本逻辑。

区分行动者的传统二分法,将行动者区分为常规生产者(政府部门或专业机构）和自愿参与者（自愿参与的个人或组织），这种区分由于过于笼统，没有清晰界定不同行动者的角色特征，也没有区分组织和个人之间的角色差异，因此不能清楚地辨析行动者间行为关系。鉴于此，本书将其拓展为三个维度来区分行动者，一是"权力"维度，将行动者区分为决策者和执行者；二是"功能"维度，将其区分为受益者和生产者；三是"规模"维度，将其区分为组织行动者和个人行动者。基于三个维度的区分，可以更好地把握行动者的角色特征，辨析行动者的行为关系。需要说明的是，行动者在这三个维度中的角色并不是非此即彼，而是可以交叉的，行动者既可以作为决策者，也可以作为生产者。

从案例中可以看出，在第一阶段，社区作为组织行动者，既扮演了决策者和执行者角色，又扮演了生产者角色，而居民作为个人行动者，仅仅是受益者。这种角色差异源自传统管理体制，体现了行动者间管理与被管理的行为关系，是一种单向度的管理过程。在这种行为关系和管理过程中，"全能型"的管理者无法满足"多元化、差异化"的居民需求，"个性化"的居民诉求也无法通过单向度的管理过程被管理者及时获知。在第二个阶段，自管小组的产生打破了原有的二元行动者格局，有助于调解社区居委会和居民之间直接对峙的局面。基于三种区分维度，自管小组作为组织行动者，既可以是执行者，也可以是受益者。自管小组一方面作为社区决策的执行者，协助居委会做一些力所能及的工作；一方面，自管小组成员也是居民的一分子，享受社区服务和公共产品。自管小组最主要的功能是作为纽带连接着居委会和居民，缓和二者之间的紧张关系。在第三个阶段，Z组织的进驻在很大程度上改变了行动者间已有的行为关系模式，具体表现在，社区居委会不再是唯一的决策者和生产者，自管小组也不再仅仅是执行者和受益者，居民也不再只是受益者，他们既可以是决策者，也可以是执行者和受益者。尽管原有的自管小组由于成员退出功能减弱，但是在Z组织促进下，一些退出的居民骨干和党员志愿者又重新回到协商会议桌前，对社区焦点问题进行协商决策。在第四个阶段，公众参与已开始朝着共同生产的方向演进。从征求物业选择意见开始到最终与物业签署接管合同，我们可以看到，社区、社会组织、

第五章　基层治理服务中的共同生产

自管小组、居民骨干、党员志愿者和居民代表不仅参与了整个过程，而且作为决策者和生产者通过分工合作共同完成了这项任务。尤其值得关注的是居民的角色转变，从最初的受益者到参与者再到决策者和生产者，居民与社区间的行为关系也在这一转变过程中发生了根本性变化，从早期的反复投诉到中期的被动参与再到后期的共同生产，这种变化也体现出居民认知和行为的转变，而这些转变的背后则是居民在居民代表大会、楼道长座谈会、居民座谈会、协调促进会、民主协商会等各种协商议事平台上所产生的效能感和归属感与日俱增的结果。

共同生产过程包含了多种类型的行动者，根据行动者在共同生产过程中做了什么以及得到了什么可以对不同行动者进行比较，这种分析将关注点指向行动者的动机和他们所受到的激励，即行动者为什么进入共同生产过程中，是什么激励因素促使他们愿意共同生产。

在上述案例中，社区居委会主动进入共同生产过程更多是出于职责的考虑，一方面，社区居委会作为社区的主要管理者需要回应居民诉求、解决社区矛盾；一方面，社区居委会作为街道的"下属部门"，需要完成街道和职能部门指派的一系列任务。繁重的工作任务使社区工作人员分身乏术，常常占用大量的工作时间来完成街道和职能部门分派的任务，还有各种检查、评比和考核事项，而真正花在处理居民事务的时间并不多，加上居委会权力有限、资源匮乏，常常在解决居民问题上力不从心。此外，由于居委会工作绩效要接受街道考核，而考核成绩在很大程度上会影响社区今后的发展（如发展机会、发展资源、发展平台），也会影响社区工作人员的发展（如职业发展、晋升机会）。据了解，优秀的社区工作人员可能会被选拔到基层政府部门工作，也有可能通过考试成为正式公务员（优秀的基层工作经历可以获得优先录用权）。因此，为了在绩效考核中取得好成绩，避免一票否决的处罚，社区居委会需要发动社会力量参与社区治理，并与居民建立良好的互动关系，提升社区居民的满意度。

社会组织进入共同生产过程主要是出于完成项目任务以及实现自身价值的需要。社会组织进驻 A 小区源于社区服务社会化项目，主要任务是解决社区无物业管理问题，项目时间为两年。因此，对于社组织而言，如何在两年内完成这个项目，并在行业内赢得口碑是主要目标。社会组织无法仅凭一己之力来完成这个项目，基于已有工作经验和专业方法，H社会组织通过借力社区居委会，联合自管小组，整合社区自有人力资源，通过开展便民服务和趣味活动与居民联络感情，以此获得居民的认可和信任。同时，H社会组织还积极开展各种协调会、座谈会，协助居委会开展居民代表大会、协商议事会等，通过现场发放小礼物或者邀请赞助商提供折扣券或优惠商品，吸引更多居民来参与。正是通过这一系列活动和会议，H社会组织在A小区具备了一定的居民基础，这也为之后的居民动员以及物业费收取提供了有利条件。此外，H社会组织自身也拥有丰富的人脉资源，在案例中我们也看到，H社会组织通过聘请专业的资深社工与物业公司进行沟通，并最终说服物业公司接管A小区的无物业楼幢。而且，H社会组织通过社区服务社会化项目平台与相关职能部门负责人进行沟通，争取获得街道的支持，在项目后期，街道同意与市政部门接洽并提供资金支持来解决高大树木修剪问题。在整个共同生产过程中，社会组织起到了非常关键的纽带作用，它连接着街道、社区居委会、自管小组、居民骨干、党员志愿者、社区居民、物业公司等不同行动者，并促使这些行动者之间相互协调，推进共识达成。

自管小组最初是由社区居委会发动一些居民骨干和党员志愿者建立的，其目的是协助居委会来回应居民诉求、调解居民矛盾。居民骨干和党员志愿者是社区居民中的积极分子，他们自愿加入自管小组，愿意花时间与居民沟通，处理一些日常事务，因此与居民的关系也比较密切，在居民中具有一定的声誉和公信力。自管小组协助社区居委会处理一些居民事务在某种程度上可以看作共同生产的最初萌芽。然而，自管小组结构松散，也没有形成一套协商和约束机制，因此在成员发生意见分歧时很容易陷入分裂状态，最终导致一些成员退出而使自管小组衰弱。退出成员出于"对居民自身利益的维护"，以及不愿意"被居民说不诚信"，也不想"失去在居民中的声望"，因此不再协助居委会做事情。社会组织进驻小区后，通过召开协调会、座谈会等，重新将自管小组和退出的居民骨干和党员志愿者召集在一起，促进形成新的共识。尽管退出成员表示不再加入自管小组，但他们并不排斥合作,而且愿意进入共同生产过程,共同解决问题。从自管小组到共同生产的演进,体现了不同行动者之间行为关系的转变,即从原来的各自为战转变为分工合作,这得益于共同生产过程中的激励机制和约束机制(奖励和惩罚)。由于理性的自利会受到认知偏见的限制,从而扭曲动机的预期效果,因此,考虑到不同行动者的多样化动机,这些行动者之间既要相互合作,也要相互监督。在案例中我们可以看到,自管小组成员间的意见分歧正是认知偏见导致了意见冲突,而这种所谓"理性的自利"也没有受到自管小组结构和机制的约束。而在共同生产过程中,由于制定了议事规则和奖惩机制,行动者的行为会受到约束,实践表明,他们对受到惩罚的消极预期可能会超过物质刺激所带来的激励效果。

居民进入共同生产过程主要是受到两种力量的推动,一是来源于满足自身利益诉求的需要,多是出于物质自利;二是在多次协商决策中(包括各种协商会议、议事平台、居民代表大会、座谈会等),居民的诉求表达得到回应,建议对策也得到考虑和采纳,居民的政治效能感和社区归属感得到极大提升。综观整个过程,不难发现,居民的角色认知和行为方式都发生了很大改变,居民从最初的"被管理者"角色转变为共同生产过程中的"决策者、生产者和消费者"角色,从"反复投诉"转变为"自我管理和自我服务"。这些转变表明,行动者的角色和行为可以影响过程,过程也能够促进新角色和新行为的产生,好的过程设计能够激励居民共同生产,促进共同生产目标的实现。

综上可见,影响行动者动机的因素有很多,比如害怕被处罚,或者出于物质自利,也可以是为了解决诉求,或是实现内在回报,等等,这些都是促进行动者共同生产行为的关键动因。案例表明,行动者参与共同生产的动机不是理性的利己主义,而是一系列复杂因素的混合体。考虑到共同生产的回报是作为一种奖励还是义务,激励行动者共同生产的因素也会不同。

实践表明,当面临复杂的公共问题时,政府由于资源有限,很难独自解决问题,因此需要整合资源,与其他行动者共同解决公共问题,并通过市场竞争、财政监管、法律途径,以及授权、参与、自我治理、社区发展等多种形式适度干预。在案例第一阶段，当政府非常强大而社会还没有繁荣起来时，共同生产不具备发生的条件。在这种情境下，政府作为唯一的决策者和生产者，提供公共产品和公共服务，居民多是被动地接受服务和产品并采取消极反馈方式，如反复投诉或不予配合。在第二阶段，当社会力量（自管小组）出现时，由于其结构松散、人力单薄，缺乏相应的专业知识和运作经验，只能辅助居委会进行简单的信息传递和矛盾协调工作，从这个层面上看，共同生产也没有真正发生。尽管如此，共同生产的萌芽已经出现，当自管小组协助居委会处理一些日常事务时，如发放环保手册和宣传环保理念，或与居民沟通楼道间杂物摆放问题等，这些都可以看作自管小组参与了社区环境治理过程，并协助居委会共同解决环境整治问题。在第三阶段和第四阶段，随着社会组织和专业社工进驻小区，社会力量逐渐壮大，社会资源也不断增加，不同行动者之间凭借自身专业知识和工作经验，能够形成资源整合和优势互补，在这种情境下，共同生产得以发生。共同生产过程可以从共同委托、共同设计、共同提供、共同评估等四个方面进行分析，这四个方面也反映出共同生产过程的演进逻辑。

共同委托是为了策略地制定所需提供的公共服务或公共产品而采取的行动，它是共同生产的初始阶段，主要关注需要提供什么产品或服务并对这些产品或服务进行优先排序。在案例中，社区居委会通过召开联席会和座谈会，与社会组织、自管小组成员、居民骨干和党员志愿者、居民代表等共同讨论社区面临的重点问题和难点问题，并分析这些重难点问题之间的关系，拟定初步解决方案，优先处理1幢至4幢的保洁问题。就物业选择条件和方案进行讨论，并最终决定由当前小区物业进行接管。可以看出，共同委托主要发生在协商决策过程中，不同行动者在协商中表达诉求并进行商讨，以达成共识为目标。

共同设计是将公共产品或服务的使用者纳入产品（服务）规划和生产过程中。这种将使用者纳入进来的方式能够使政府更好地了解公共产品或服务应如何设计从而被更好地使用。共同设计与直接参与很相似，即让公共产品或服务的使用者、受益者、消费者、社区等直接参与进公共产品或服务的规划过程中。本案例中的共同设计发生在物业选择过程中，社区召开了协调会和居民代表大会，与自管小组成员、居民骨干和党员志愿者、社区居民共同设计物业选择规则和程序，并对物业选择条件进行相关性筛选和优先排序，最终确定了物业选择的几种方案，并通过投票选出最终方案。

共同提供重点关注提供产品或服务的质量和效率的改进。在案例的第四阶段中我们看到，社区居委会与社会组织争取街道的支持和赞助解决了高大树木修剪问题，自管小组和居民骨干、党员志愿者带领居民共同清理了无明主的建筑垃圾，专业社工联合自管小组成员、居民骨干和党员志愿者共同完成了物业费收缴工作。在这个过程中，不同行动者共同完成了物业公司提出的三个接管条件，高质量地提供了"物业"服务，尤其在物业费收缴方面，不到一个月时间物业费的收缴率已达到86%，高效地完成了物业所提的要求。

共同评估不同于绩效评估。绩效评估通常是由政府和第三方机构来完成，而共同评估是在共同生产中，政府和其他行动者共同评估服务质量、存在问题和改进之处。不同于具有前瞻性的共同设计，共同评估则侧重回顾性，评估结果多用于对已有工作的反思和对今后工作的启示。在项目完成之后，我们对社区工作人员、社会组织和专业社工、自管小组成员、居民骨干和党员志愿者、居民、物业人员等进行了大量访谈，尽管这些访谈并不是严格意义上的共同评估，但也能够为共同评估提供可参考的依据。访谈发现，在共同生产过程中，行动者的认知和行为都发生了一系列改变，尽管这些改变看起来是缓慢的，其间也发生过由于意见分歧引起的回旋，但这些改变促进了居民从被管理者向共同生产者的身份认知转变，也推动了居民行为从公众参与到共同生产方式的演进。

任何一种共同生产都是在特定情境中进行的，因此，共同生产过程设计需要考虑情境因素，而制度环境是最为重要的情境因素之一。什么样的制度环境有助于促进共同生产呢？从案例中我们可以看到，多元化的行动者是一个重要因素。多元化的行动者能够促进共同生产，主要表现在：一是多元化有助于提升专业化，进而提供多样化的服务；二是多元化有助于推进差异化，整齐划一、规模化的服务不一定能够发挥更好的作用，反而一些差异化、个性化的小规模服务可能会更加有效和高效，因为这些服务可能更加接近它们的使用者，也能够及时得到使用者的反馈意见；三是多元化有助于促进平等化，多元化的行动者尽管在权力和地位上会有差别，但是他们拥有不同的资源和经验，在共同生产中能够实现资源整合和优势互补，促进平等认知与共识达成。此外，共同生产过程设计还需要关注行动者动机。在前文中我们得出，影响行动者动机的因素有很多，如害怕被处罚，或者出于物质自利，也可以是为了解决诉求，或是实现内在回报，等等，这些都是促进行动者共同生产行为的关键动因。共同生产过程设计还需要考虑如何培养和激发行动者的亲社会观念，促进行动者之间的彼此信任和互惠行为。需要指出的是，共同生产过程中的协商决策是行动者身份认知发生转变的重要环节，只有当行动者意识到自己的诉求能够得到回应、提出的建议能够影响决策时，他们才会愿意深度参与，而这正是行动者从参与者转变为生产者的重要动力。在案例中，联席会、座谈会、议事会、协调会、居民代表大会等为协商议事搭建了平台，居民在协商议事平台上能够表达诉求并影响决策，这会激发居民的政治效能感和社区归属感。因此，共同生产过程设计也要关注协商原则的设计。

六 结语

共同生产的兴起与当前政府治理和公共服务改革有关。政府治理改革关注基于组织间关系、治理网络、伙伴关系及其他形式的多元主体的共同行动，而公共服务改革关注公共服务的多元供给模式，提倡高质量和高效率服务，强调合作的重要性。共同生产是一种共建共治共享模式。一方面，政府对自上而下的方式越发谨慎，开始探索自下而上的创新方式。政府通过与社会力量互动，学习并发现更加有效的方法，形成与其他行动者一致的政策偏好，从而更加智慧地制定政策。共同生产中的协商实践，改变了以往只强调行政人员和专家而把公众剔除在意见表达之外的封闭路径，构建了包含行政人员、专家和公众共同决策的多元协商模式。共同生产将公众参与往前推进了一步，人们不仅仅是参与者，更是决策者和生产者。另一方面，共同生产重新激发了人们在社会治理和服务中的角色,使他们不仅是治理对象和服务受益者,也是治理主体和服务生产者,这在一定程度上有助于人们集体效能感的产生,而集体效能感又会进一步促成人们的集体行动,促进社会资源的整合。可见,共同生产在推进身份认同、整合社会资源等方面也具有重要作用。

共同生产过程设计需要考虑行动者间行为关系的张力。由于行动者来自不同领域,他们既是自治的也是相互依赖的,既需要参与性也需要权威性,因此,共同生产过程设计需要基于民主协商和互惠价值来促进不同行动者间的行为关系。同时,过程设计还需要辨析行动者动机并采取适当的激励方式。行动者参与共同生产的动机不只是理性的利己主义,还是一系列复杂因素的混合体。因此,考虑到不同行动者的多样化动机,共同生产过程需要设计多种激励因素。这些激励因素既可以是物质上的,如金钱、产品和服务,也可以是精神上的,如内在价值和规则意识。此外,共同生产过程设计需要注重协商环节,在设计共同生产过程时,需要尊重居民的意见,根据协商原则,通过多次议事会、联席会、代表大会等方式进行协商决策,促进基层民主协商,真正做到基层群众自治。

需要指出的是,共同生产也存在局限性,共同生产过程可能会被更有能力和资源的行动者主导,这会影响共同生产的效率和效果。因此,行动者需要思考他们参与共同生产过程是为了加强管理有效性或提供更好的服务(政策结果),还是具有更高的目标(如提升人们的政治认知和能力)。而且,共同生产对情境高度依赖,在一种情境下运作良好的共同生产过程并不一定适用于其他情境,很难找到一种最好的设计方式,因此,探寻共同生产过程的多种设计方式是很重要的。

本书采用个案分析,显然不足以探讨不同情境下的多种共同生产形式,也不足以提供差异化的过程设计方案,这是本书的不足之处,今后将继续拓展案例研究,将深度分析与广度分析相结合,探寻共同生产的多种形式和路径方法。

第四节 建构基层治理服务的共同生产网络

一 共同生产与网络方法

技术发展与网络应用使人们重新开始关注共同生产。不同于科层制和市场，网络关系是多维的，它包含了纽带关系、交换关系以及基于共同利益的联盟。利益相关者和公众参与公共政策制定具有重要意义，网络为重构政府与公众间关系提供了可能性。在这个背景下，共同生产可以基于网络方法予以探讨，"共同生产的网络方法强调了创造共同生产网络的重要性"[①]。

以往公共服务的研究视角主要聚焦于政府，其基本观点是政府需要提供公共服务和产品。这种以政府为中心的公共服务研究认为，可以通过提升政府能力来改进公共服务，进而提高公众的满意度。然而，这种视角并没有认识到公众在公共服务中的角色和作用。将研究视角从政府转变为网络，公众通过网络形成共同生产小组，建构共同生产网络，一个显而易见的优势是可以减轻政府负担，提高政府合法性。需要指出的是，公共服务提供并不一定依赖于网络，但网络能够为改进公共服务创造新的可能性。共同生产与网络的关系主要体现在两个方面，一是共同生产如何影响网络的结构、过程和主体行为，一是网络的结构、过程和主体行为是如何影响共同生产的。共同生产需要在主体之间建立信任，信任需要可持续的网络结构和过程，并考虑利益相关者的特征。本节基于案例关注基层社区服务的共同生产网络，主要研究网络构建如何促进基层社区服务的共同生产。

网络结构与网络功能。网络结构可以区分为三种，一是共享治理结构，当参与者数量较少且目标高度一致，参与者之间具有较高信任时，他们对网络能力的需求较低，通常会采用这种形式。在共享治理结构中，网络成员共享治理责任。二是领导治理结构，这种结构常应

[①] Albert Jacob Meijer, "Networked Coproduction of Public Services in Virtual Communities: from a Government-centric to a Community Approach to Public Service Support", *Public Administration Review*, Vol. 71, No. 4, July 2011, p. 598.

用于中等数量的参与者,他们具有中等程度的目标共识,且参与者之间的信任程度较低时,他们需要一些网络能力,领导负责治理和协调。三是网络治理结构,"当参与者数量众多且目标共识程度较高,但参与者之间的信任程度并不高,他们对网络能力有较强的需求,需要一个中立的组织来管理和协调网络"[1]。适宜的治理结构能够优化网络功能,此外,清楚的规则和透明的过程也有助于提高网络的协调性。清楚的规则使参与者之间理解对方的观点,而透明的过程对促进协作也很有必要,因为面对面的谈话能够促使参与者之间建立信任并信守承诺。

网络结构通常有四个核心主体:(1)领导核心,一个可见的、有权力的、有名望的领导来组织和维持网络;(2)政治核心,包含了不同政府机构的主要部门领导,作为治理结构的一部分,这表明参与进这个网络很重要;(3)技术核心,包括专家、对某个特定任务非常了解的工作人员;(4)行政核心,他们处理行政事务。网络主体的关系强度会影响网络功能。关系强度主要取决于时间、情感强度、亲密感、互惠服务等要素。强关系可能有利于协作,但是需要花费大量时间去建立,当关系太强时还可能会导致自我封闭。而弱关系不需要花费太多时间去建立,且能够更加灵活地吸纳不同的观点,连接网络内外的行动者,但不会形成强烈的协作意愿。关系强度会影响网络密度,密度大的网络意味着有许多信息渠道,能够提高信息传播,产生更多协作机会,因此,网络密度会影响网络运行。主体特征也会影响网络的功能,有研究表明,"当网络能够实现主体的利益和目标时,主体的参与水平最高。当利益相关者意识到目标的实现需要与其他利益相关者合作时也会增加参与意愿"[2],主体参与的目的主要是获得资源,提高组织合法性,通过与信任的伙伴进行合作来减少交易成本。

网络具有学习、协调和建立社会资本的功能。其中,学习是网络

---

[1] Ora-orn Poocharoen and Ting Bernard, "Collaboration, Co-production, Networks: Convergence of Theories", *Public Management Review*, Vol. 17, No. 4, April 2015, p. 587.

[2] Rachel Fleishman, "To Participate or Not to Participate? Incentives and Obstacles for Collaboration", in Rosemary O'Leary and Lisa Blomgren Bingham eds., *The Collaborative Public Manager: New Ideas for the 21st Century*, Washington, D. C: Georgetown University Press, 2009, p. 31.

的一个重要因素，学习可以发生在集体中，也可以发生在个体上，学习既可以是单向的，也可以是双向的。集体学习改变了组织或网络成员间原有的共享模式，这意味着社会结构，包括制度结构（正式或非正式规范）和关系结构也将发生改变。当成员发现目标与结果不相匹配时，就会产生网络学习的单向循环。而网络学习的双向循环需要打破例行常规，建立新的行为规则，并对目标和互动关系进行反思，改变人们的认知范式。这需要一些价值观来支持。最为常见的价值观是信任和承诺，信任既可以是工具，也可以是内在价值，而承诺是一个风险承担的问题。信任和承诺可以通过共享信息和好的意图来建立，有研究指出，"如果利益相关者之间存在高度的分歧，政策制定者和利益相关者之间应该致力于信任建设。没有承诺就不能有效协作。当信任和承诺可以持续时，协作会更成功"[1]。理解也是重要的价值观，与信任和承诺相似，相互理解有助于消除误解，尤其是当面对复杂的政策问题，而利益相关者持有不同的观点时，相互理解就变得特别重要。

有学者指出，"科层力量渗入契约，短时间会迅速改变市场主体行为选择，但是长期会导致由于市场主体利益受损而拒绝合作，造成干预市场的结果。科层力量渗入网络，会把长期共享网络关系行政化，造成干预社会团体的结果"，网络关系渗入科层，会增加信任力度，降低执行规则的交易成本，而且，"契约激励力量渗入科层，会增强支持规则的动力，提高合作效率，造成向政府购买产权的结果和共享的利益补偿机制"[2]。通过建立网络，能够促成社会资本的纽带（排外的）和桥梁（包容的）构建。纽带社会资本是将有相似价值观、信念、地位的人连接在一起，而桥梁社会资本是将没有相似价值观的人连接在一起。这些行为是未来合作的基础，会影响个人和组织的生产力。

---

[1] Ora-orn Poocharoen and Ting Bernard, "Collaboration, Co-production, Networks: Convergence of Theories", *Public Management Review*, Vol. 17, No. 4, April 2015, p. 587.
[2] 范永茂、殷玉敏：《跨界环境问题的合作治理模式选择——理论讨论和三个案例》，《公共管理学报》2016年第2期。

二 基层服务的共同生产网络建构

本书通过智慧社区平台来分析基层服务的共同生产网络是如何建构的。智慧社区平台提供了信息共享的平台，促进了社区情感支持，是对以政府为中心的社区服务供给方式的一个重要附加。居民可以通过智慧平台对社区公共服务提出主观意见，做出居民评价。这些主观意见和评价会在一定程度上反映出公共服务的客观质量，这是对政府进行居民满意度评估的一个重要补充，以此来帮助政府做决策。这里有一些有意思的问题是居民使用智慧社区平台表达诉求和反馈居民评价会在多大程度上促进社区服务中的共同生产？政府如何使用信息技术和居民评价来构建社区服务的共同生产网络？社区居民参与共同生产网络的动机是什么？研究通过考察社区服务的共同生产行为来分析邻里间的互动方式以及政府与社区居民间的共同生产方式，并对居民与政府的共同生产方式所产生的激励和获益展开进一步的思考。

政府和居民的互动行为。在智慧平台上，居民可以找到什么信息，这些信息是如何呈现给居民使用者的？哪个主体管理智慧平台并对讨论予以回应，这些行为为什么会产生？政府是否允许和鼓励居民自主提供信息？

共同生产机会。智慧平台网络使用的难易程度如何？智慧平台在对居民诉求进行回应以及对争论进行调解的效果如何？调解的结果是什么？政府是否应该渗入居民的个人领域来改进社区服务？

参与者和参与内容。多少居民访问智慧平台？多少居民会使用智慧平台上的信息？多少居民在智慧平台中愿意参与讨论？居民参与的动机是什么？智慧社区平台里包含了哪些信息内容？居民是否会通过平台来询问问题？这些问题是否会得到回应？居民之间是否可以通过智慧平台来交换经验？智慧平台是否有助于居民吸纳个人经验？需要强调的是，政府是否应该在促进居民之间，以及居民与政府之间的经验交换和情感支持方面扮演重要角色？

居民通过智慧平台对社区服务做出居民评价。在基层公共服务绩效考核中，使用满意度调查来测量居民对公共服务的满意度这一方法非常普遍。然而，有研究者和实践者质疑调查结果的有效性，他们更相信"服务质量的客观测量结果而不是居民主观评价"[1]。对实践者而言,他们需要决定调查信息何时是有用的,当居民评价和客观指标相异时,评价本身是错误的。评价是人的主观看法,而客观标准通常基于科学分析或来自政府记录的专业数据,因此居民的主观评价并不能反映出公共服务的客观质量。还有观点认为居民通常会依据对其他问题的看法(如他们对城市的满意度或对地方政府官员的感知)来判断公共服务的质量,这表明居民评价有可能是存在偏见的,因为他们对服务要么完全批评要么完全支持。与此相反,有学者指出,"居民评价应该是服务质量的首要指标,因为政府官员的主要责任是回应居民需求,鉴于此,政府在制定政策时应该更多地考虑居民评价,将更多资源投入居民评价低的地方"[2],这种评价方式会以一种持续有效的方式影响政策,因此需要更多地了解居民评价的有效性和影响因素。

一些居民参与了社区服务的共同生产,他们对社区公共服务的评价可能与那些没有参与社区服务共同生产的居民并不同,这表明,居民评价在一定程度上会受到是否参与社区服务共同生产的影响。通过比较居民(参与者)评价与中立观察者(非参与者)的评价,我们能够检验居民参与社区服务共同生产对居民评价的影响。如果一个参与者的评价与非参与者的评价相同,那么可以证明居民在评价中并没有偏见,尤其是他们对社区公共服务的评价并不会受到其他因素的影响。

参与质量。智慧社区平台的质量是如何评估的,平台质量主要体现在贡献的程度、回应时间、贡献的综合性和互相尊重方面。智慧平台上的共同生产行为在多大程度上有助于实现政府目标?智慧平台在多大程度上能够帮助居民实现他们的目标?

---

[1] David Swindell, and Janet M. Kelly, "Linking Citizen Satisfaction Data to Performance Measures: A Preliminary Evaluation", *Public Productivity and Management Review*, Vol. 24, No. 1, September 2000, p. 30.

[2] Michael J. Licari, William McLean and Tom W. Rice, "The Condition of Community Streets and Parks: A Comparison of Resident and Nonresident Evaluations", *Public Administration Review*, Vol. 65, No. 3, May 2005, p. 360.

三 讨论

基于对智慧社区平台的分析,研究发现,智慧平台对社区服务的共同生产有三个方面的影响,一是智慧平台提供了社区服务共同生产的一个渠道,政府通过智慧平台,可以给居民及时提供大量的、正式的信息。二是智慧平台促进了居民经验的交流与分享。面对面的方式和智慧平台都能够提供交流的机会,但是智慧平台能够使更多的居民更加灵活地进行交流,不会受到时间和空间的限制。三是平台提供了一种社会情感功能。政府中心的服务供给很少会提供机会来讨论有关失业和情感等社会问题,而智慧平台为居民提供了畅所欲言的机会,有助于居民之间建立情感支持。智慧社区平台案例表明,共同生产使关注点从个人和理性的动机转变为集体和社会的因素。在信息网络社会,共同生产的核心要素在于拥有开放、灵活的共享身份。实践表明,网络、远程通信等信息技术有助于形成新的互动形式,促使居民个体之间建立起松散的关系网络。而且,背对背的沟通方式打破了以往面对面交流的局限性,促进了信息交换的灵活性和社会情感支持。信息技术促进了共同生产实践,智慧社区平台在政府与居民的互动中扮演着越来越重要的角色,推进了政府与公众关系的变化,Bovaird提出"对使用者和社区的决策给予更多信任使共同生产得以开展"[1]。激励共同生产者的因素有可见的好处,如金钱、产品和服务。非物质奖励关注内在的、团结的,以及需求表达也是很重要的。互联网促使民众趋向于自我表达价值观,有研究表明,"互联网使用频率越高,民众的公平感、政治参与意识、公民意识、环境意识会越强,更强调政府责任,更能宽容、平等对待他人的行为等等"[2]。

居民满意度评价有助于我们理解基层服务共同生产网络建构的意义,那么,居民评价如何促进共同生产呢?以社区服务为例,居民评价的目的是了解服务的技术状况还是了解居民对服务的看法?多半是

---

[1] Tony Bovaird, "Beyond Engagement and Participation: User and Community Co-production of Public Services", *Public Administration Review*, Vol. 67, No. 5, September 2007, p. 864.

[2] 苏振华、黄外斌:《互联网使用对政治信任与价值观的影响:基于 CGSS 数据的实证研究》,《经济社会体制比较》2015 年第 5 期。

后者。居民在获得社区服务时会产生一些看法和感受,从这个意义上说,居民评价在某种程度上能够促进社区服务的共同生产。有研究表明,一些因素可能会影响居民评价的程度,如高档小区的居民评价等级更高,有较高政治效能感的社区,居民对服务评价较好的社区,居民能够聚在一起解决问题的社区也会得到较高的评价。尽管因素各不相同,但都可以表明居民对特定服务的评价会受到他们对政府服务认知的影响。有学者强调了制度能力建设的意义,指出"制度能力与传统的社区动员不同之处在于,它不仅强调居委会与居民之间的人情、面子的网络,更加注重居委会与社区其他组织、居委会与社区外机构团体之间的合作互动和资源获取",这种合作不是暂时的、零散的、短期的互惠互利,而是"追求长期的治理模式和文化的生成"①。

---

① 孙小逸、黄荣贵:《制度能力与治理绩效——以上海社区为例》,《公共管理学报》2012 年第 4 期。

第六章　基层政府行为与基层治理改革

第一节　基层政府行为：基于权力、利益和关系的视角

一　权力、利益和关系与基层政府行为

公共行政研究经历了从科层制到公共治理的重要转变，学者开始研究在不同情境下治理和网络对政府行为的影响。治理发生在制度、组织、管理和技术层面，它包含正式和非正式的规则、网络、层级和程序。制度被看作规则、角色以及规范的社会建构，它约束个人和集体的选择和行为。而网络是相互依赖的结构，它"能够使相互依赖的主体动员资源、共享信息、建立信任、防止欺骗，这些对实现目标都很必要"①。网络具有正式和非正式的纽带，包括交换和互惠关系、共同利益、共享信念和专业视角。合法性提出了一系列衡量标准，如"代表性、开放性、平等、公平、公正等，网络作为治理的一种方式能够确保治理过程具有上述特征"②。

在治理过程中，基层政府行为是稳定和可持续的吗？基层政府的决策能否有效转化为行动？本书从权力、利益和关系三个方面来探讨基层政府治理行为。治理关注权力和资源的分配，行动者基于自身的

---

① Manoj K. Shrestha, "Network Structure, Strength of Relationships, and Communities' Success in Project Implementation", *Public Administration Review*, Vol. 78, No. 2, March 2018, p. 284.

② Erik Hans Klijn and Joop Koppenjan, "Public Management and Policy Networks", *Public Management: An International Journal of Research and Theory*, Vol. 2, No. 2, June 2000, p. 135.

利益通过权力和资源来影响彼此间关系。权力和资源会影响行动者的行为，与其他行动者之间的关系也会影响行动者的行为。由于行动者使用并解释制度规则，他们的行为可能会影响制度结构的形成。从这个意义上说，"行动者的互动行为在一定程度上能够巩固和形成社会制度结构"[①]。基层政府拥有特殊的资源，如权威性和合法性，这些资源给基层政府提供了大量的权力，使基层政府在治理网络中具有特殊地位，很难被其他主体替代。同时，基层政府还要受到规范和原则的制约，如好政府原则、民主原则等。因此，基层政府不仅需要高效运作，还要确保其行为的合法性，使政策得到公众支持。通常，在治理过程中，决策主要是由权力高的行动者来制定的，但是，权力低的行动者也可能会影响决策，如通过运用反对权或是限制资源获得来阻碍政策制定。可见，无论是高权力还是低权力，它们都会影响治理过程，当低权力行动者拥有反对权时，他们对治理过程也会产生一定的影响。因此，在基层治理中，基层政府需要考虑那些低权力的行动者，使低权力行动者的利益在决策过程中被予以考虑，从而提高政策方案的质量和公众的支持率。从这个意义上看，基层政府在决策过程中通过纳入多元利益行动者的信息来增强学习能力，从而形成更加完整和可行的政策方案。

基层社会治理"面对的治理问题是一个涉及价值的、制度的、规范的、结构的社会改革，而这个社会改革问题就集中在政府与社会、政府与市场的权利关系领域当中"[②]。权力、利益和关系会受到治理机制的影响。由于治理过程包含了行动者之间的互动和反馈，因此治理机制非常复杂。实践表明，积极的互动和反馈有助于促进治理状态的改变，而消极的互动和反馈则能够保持治理状态的稳定性。也有研究发现，即使有各种互动发生，系统也可能会出现停滞（锁定）的状态。当行动者采取不同的甚至是冲突的策略而使对方陷入僵局时，决策过程可能就会进入锁定状态，可见，"持久的关系存在着合作与

[①] Erik Hans Klijn, "Complexity Theory and Public Administration: What's New?", *Public Management Review*, Vol. 10, No. 3, May 2008, p. 299.

[②] 周庆智：《推进基层治理的社会改革》，《学海》2016年第1期。

冲突之间的张力，合作与冲突共同构成了持久关系的特征"①。治理机制也会影响规则，规则是在先前的互动过程中形成的关系，先前互动过程中产生的不平等关系可能会延续到现行的规则中，因此，"改变规则也就意味着改变行动者之间的权力关系"②。非线性动力被用来解释治理的复杂机制，强调系统是非线性发展的，这一系统包含了许多主体，每个主体都是在所处的情境下遵从一定的规则来行动的，系统的每一个部分都对应于各自的情境，这使系统具有不可预测性和复杂动力。与此相似，在治理场景中，每个行动者对问题、解决方案和其他行动者都持有不同的看法，行动者基于这些看法来选择策略。因此，治理的结果是不同行动者间策略互动的结果，这些策略受到行动者认知以及权力与资源分配和关系的影响。同时，资源分配和关系也会在互动中逐渐形成，并在互动中得到加强或改变。

二　基层政府的行为方式

基层政府的行为是解释基层治理问题的核心。在政府间关系方面，已有研究呈现了较多的关于"基层政府行为与中央政策之间的差异、距离和紧张的呼声"③。由于自上而下的政策制定不一定符合基层实际，同时，政绩导向的考核体制又造成政策执行的异化情况，因此，基层政府行为呈现出多种方式。

由于政策统一性与执行灵活性、激励强度与目标替代、科层制度非人格化与行政关系人缘化的悖论，基层政府间为应对上级的考核安排所做出的"共谋"行为已经成为一个制度化的非正式行为。周雪光认为，"运动型治理逻辑的产生和延续反映了中国国家治理面临的深刻挑战和困难，反映了特定制度环境中国家治理的制度逻辑，运动型治理是针对常规型治理机制失败而产生的（暂时）替代机制或纠

---

① Erik Hans Klijn, "Complexity Theory and Public Administration: What's New?", *Public Management Review*, Vol. 10, No. 3, May 2008, p. 301.

② Erik Hans Klijn and Joop Koppenjan, "Public Management and Policy Networks", *Public Management: An International Journal of Research and Theory*, Vol. 2, No. 2, June 2000, p. 135.

③ 周雪光:《从"官吏分途"到"层级分流"：帝国逻辑下的中国官僚人事制度》，《社会》2016年第1期。

正机制"①；郁建兴等提出了地方政府的"摆平"策略，指出"受到'上下分治'以及'经济发展主义'和'有限任期'、'一票否决'等体制机制的共同影响，地方政府运用制度框架内的方式应对社会抗争的动力较小。因此，地方政府较为被动、消极地履行社会管理职能。在应对社会抗争事件时，运用拖延、收买、欺瞒、要挟、限制自由等方式，尽量实现属地社会表面上的暂时性稳定"②；还有学者指出，"国家希望通过'运动式治理'要求民众执行上级命令，但由于国家逻辑与民众行为逻辑并非完全一致，因此导致了基层治理的低效，出现了'运动式治理'模式，这种模式体现了以政府为中心的治理结构和运作方式"③，而"政策适用性低于执行压力变化是导致消极执行与运动式执行的根源"④；也有学者指出，"政策执行波动是造成当前许多基层治理问题的重要原因，在消极执行情况下，政策目标没有落实，实际情况与政策导向之间的差异造成问题的积累。到了运动式执行阶段，政策又被不惜一切代价大规模的推行，让大量问题突然爆发，失去了问题调整的缓冲期，让基层社会不得不面临巨大压力"⑤；也有学者提出了"双轨运作"，认为"地方政府和基层官员通过正式政治和非正式政治的'双轨运作'来实现条块协调的治理目标，正式政治体现为党政系统以条块协调为目标的正式化制度构建，非正式政治表达的则是基层官员为了完成工作所使用的非正式的关系资源和行为操作，以及政府组织内部的文化和意识形态资源"⑥；也有学者称其为"非自主性理政"，表现为无功而返的执行、不得已的执行和无可奈何的有限执行行为，即"基层政府自身的'自由裁量权'与'行政追责约束'之间的张力，人力、财力等组织资源匮乏

---

① 周雪光：《运动型治理机制：中国国家治理的制度逻辑再思考》，《开放时代》2012年第9期。
② 郁建兴、黄飚：《地方政府在社会抗争事件中的"摆平"策略》，《政治学研究》2016年第2期。
③ 田雄、郑家昊：《被裹挟的国家：基层治理的行动逻辑与乡村自主》，《公共管理学报》2016年第2期。
④ 陈家建、张琼文：《政策执行波动与基层治理问题》，《社会学研究》2015年第3期。
⑤ 陈家建、张琼文：《政策执行波动与基层治理问题》，《社会学研究》2015年第3期。
⑥ 叶敏：《城市基层治理的条块协调：正式政治与非正式政治》，《公共管理学报》2016年第2期。

的情况阻碍了政策的有效执行,上级政府的官僚层级压力与政策法规在地方的低适应性之间形成的张力导致了基层政府政策执行的困难,民众的多元诉求与政策执行效率之间也会出现矛盾"[1]。

总的来看,基层政府在治理过程中表现出不同的行为方式:第一种是地方政府和基层政府试图通过自上而下的方式将理念和目标强加给其他行动者,这需要政府投入大量的人力和物资。由于需要有足够稳定的政治支持,因此这种做法的风险很高,政策法规从中央到地方,尤其当政策制定基于不完全信息时,基层政府需要考虑目标群体的利益,并确保目标任务的完成是高效率和有效的。第二种是基层政府与其他行动者通过合作来完成任务。尽管基层政府与市场和社会组织合作被认为是多元治理的一种有效方式,但是就目前来看,合作还很有限,政府间垂直的科层制关系会限制水平合作的可能性。第三种是在解决一些特殊问题或项目时,基层政府通过扮演促进者的角色来推动治理过程发展。基层政府被认为代表着公共利益,并对行为负有公共责任,因此能够促进治理过程中的主体间互动行为。在政策执行中,有研究发现"制度的清晰程度、政府给予的压力、个人能力以及政策认同对基层政府的政策规则遵从度有正向影响,而制度的奖惩措施与同级给予的压力会产生负面影响"[2]。第四种是基层政府作为治理网络的建构者。建立网络以及伙伴关系是基层政府治理行为的重要方面,"基层政府拥有特殊的资源,是公共利益的代表者,因此基层政府通过建构网络来进行治理"[3]。

基于传统自上而下的方法,治理过程的成败主要取决于政府是否有效实现了治理目标,政府代表着公共利益,也是治理过程的核心管理者。在治理情境下,不同的行动者基于各自利益不可能对问题或目标持有相同的看法。而且,在互动过程中,行动者会根据其他行动者

---

[1] 崔晶:《城镇化进程中基层政府"非自主性理政"行为研究》,《华中师范大学学报》(人文社会科学)2016年第3期。

[2] 杨帆、王诗宗:《基层政策执行中的规则遵从——基于H市5个街道的实证考察》,《公共管理学报》2016年第4期。

[3] Erik Hans Klijn and Joop Koppenjan, "Public Management and Policy Networks", *Public Management: An International Journal of Research and Theory*, Vol. 2, No. 2, June 2000, p. 137.

的行为来调整他们自身的行为,这其实是一个学习的过程。如果绩效评估只关注最初界定的问题或目标,就会忽视互动过程这一重要因素,即互动中的学习过程会被消极评价。因此,对治理过程的评估需要衡量过程要素,考虑多元利益行动者在互动过程中的学习行为。行动者对过程标准以及外部效果的关注会影响治理过程的成败,相比于对事前的目标进行评价而言,这种对过程和结果的事后评价要显得更有效。此外,将行动者的主观判断与实际结果进行比较,也能够使评估更加客观。当实际结果改进了原有的状况,或是避免了不良状况的发生,这意味着实现了政策的双赢。

三 基层政府行为如何促进基层治理发展

资源依赖理论主张,行动者很少能控制全部必要资源,需要依靠其他行动者来获得项目所需资源,在治理过程中,单个行动者很难自给自足,他们需要依赖外部资源、信息和资金来完成任务。组织规范和治理网络对于实现治理目标是很有必要的,通过建立网络,可以使行动者获得多样化的资源,伙伴关系也可以使行动者之间进行合作,已有研究就发现,"行动者拥有较多的合作伙伴,且与合作伙伴有较强的关系,就越能成功实现治理目标"。尤其在基层治理过程中,基层政府会面临两种选择:关系选择和关系强度。关系选择表明基层政府与哪些组织建立关系,而关系强度则表明基层政府与组织间的互动频率,"弱关系的结构特征是纽带关系,它会拓展行动者与其他行动者的间接接触,并在多个行动者之间搭建桥梁,因此被认为是行动者获得新信息的一种有效手段;而强关系的结构特征是封闭网络,即所有的行动者之间都要建立关系,这些关系能够产生快速的信息流来解决行动者之间的争端和冲突"[1]。在实证研究中,互动关系强度通常用互动频率来测量,互动频率越高意味着关系越强,互动频率越低意味着关系越弱,有学者用互动频率衡量公共组织与非公共组织间的关

---

[1] Manoj K. Shrestha, "Network Structure, Strength of Relationships, and Communities' Success in Project Implementation", *Public Administration Review*, Vol. 78, No. 2, March 2018, p. 284.

系强度，发现"网络结构决定伙伴间的互动频率对建立信任、动员资源、传递信息等都有重要影响"[1]。伙伴间的互动频率会给行动者提供获得资源的机会，促使行动者及时获得资源，但"频繁互动也可能会使信息优势变成信息劣势，信息过度共享会减少信息的价值"[2]。

伙伴间的互动关系如何影响治理结果？已有实践表明，社区和基层政府间接触频率增多会促进社区项目的成功执行，社区与基层政府频繁的互动会增加社区的信息资源获得，这有助于社区成功执行项目，但同时也会增加社区的互动成本。因此，社区需要权衡，是否应该更多地依赖于基层政府，还是与基层政府保持一定程度的自主性。这些研究在强调网络结构的同时，还增加了对互动频率的考量，关注互动频率在治理效率中的重要性，这为基层政府治理有效性研究提供了重要的启发，在基层治理中，基层政府行为与互动频率在一定程度上会影响行动者间的伙伴关系。

第二节　基层政府行为与基层治理创新

一　传统城镇化中发展型政府的角色偏好与行为特征

基于李普塞特的"经济发展带来民主"这一经典命题，发展主义强调经济发展与经济增长的绝对优势，认为"经济发展是社会进步与政治发展的先决条件"，即"随着经济增长和民主制度的巩固，所有社会矛盾与问题将迎刃而解"[3]。在发展主义框架下，国家（政府）的首要目标就是促进经济发展。随着发展主义理论范式的不断演进以及实践的不断丰富，尤其是第三世界国家的加入，发展主义尽管一直秉承自由发展的核心思想，但对国家（政府）行为的认识发生了一定程度的转变，认为国家（政府）在推动经济发展中的角色和作用显得越发重要。在东北亚国家，修正的发展主义进一步形成了"发展

---

[1] Agranoff, Robert, and Michael McGuire, *Collaborative Public Management: New Strategies for Local Governments*, Washington, D. C.: Georgetown University Press, 2003, p. 41.

[2] Manoj K. Shrestha, 2018 Network Structure, Strength of Relationships, and Communities' Success in Project Implementation, PAR, pp. 284-294.

[3] 郁建兴：《发展主义意识形态的反思与批判》，《马克思主义研究》2008年第11期。

型国家"理论范式,这一范式的最突出特征就是"高度选择性的产业政策"①,"发展型国家"的理论范式表明,国家(政府)在推动经济发展中扮演着积极而重要的角色。新的发展主义范式在发展主义片面关注"经济"因素的基础上增加了对"政治"因素的考量,"新发展主义的新制度主义要素赋予了其新的生命力"②。同时,后现代主义也折射到发展主义上,促成发展主义转向以后现代主义为基础的新发展主义,并主张"第三世界国家摆脱西方现代性的价值尺度和西方主流理论所提倡的现代化发展道路,选择一条尊重各国自己的历史文化传统、符合第三世界国家社会发展实际的'另类'发展方式和路径"③。尽管发展主义的理论体系在后来遭遇到危机并饱受诟病,但其对于推动世界经济的快速发展是功不可没的,而且,其对于经济发展的强烈推崇深深地影响了许多后发国家。

我国的发展模式正是极大地受到了上述发展主义的影响,权威型政府逐渐向发展型政府转变。尤其在改革开放后,我国经济的高速发展有目共睹,政府在极大促进经济发展中发挥了重要作用。与韩国、日本等发展型政府一样,我国的发展型政府同样重视政府干预和调控行为,但由于处在不同的时空条件,即"日本在 30 年代初到 60 年代末期形成的古典发展主义模式适应了全球化第一次浪潮逆转以及战后初期第二次浪潮初始阶段限制市场力量保护社会的需要,中国在 70 年代末形成的新发展主义模式则适应了全球化第二次浪潮迅速发展期释放市场力量的需要",因此,我国政府在对待市场的态度以及与之有关的制度性安排上又与日、韩政府有所不同,表现为"大胆地引进市场力量","为了追求经济结构的升级换代,经常不惜承担社会不稳定的风险"以及"各个地方政府为了当地的经济发展在投资方面进行激烈的竞争"④。传统城镇化正是在这一工业化时代背景和发展主义理念下

---

① 郁建兴、石德金:《发展型国家:一种理论范式的批评性考察》,《文史哲》2008 年第 4 期。
② 曾毅:《新发展主义的历史制度主义分析》,《马克思主义与现实》2011 年第 2 期。
③ 李胜:《新发展主义与后现代解构》,《国外理论动态》2009 年第 1 期。
④ 高柏:《新发展主义与古典发展主义——中国模式与日本模式的比较分析》,《社会学研究》2006 年第 1 期。

启动的,发展型政府作为传统城镇化的推手发挥了重要作用。

在传统城镇化进程中,我国的发展型政府将促进经济发展作为最重要的考核指标,尽管提供公共服务也是政府最为基本的职能,但发展型政府的职能却时时以经济增长马首是瞻。有学者研究地方发展型政府的行为逻辑,指出地方政府之所以"选择性履行职能",是因为"促进经济增长和增加财政收益才是地方政府的优先目标","财政收益最大化逐渐居于支配地位",由此形成"以社会政策创新为工具的发展型政府新形态"[1]。在经济发展和财政增长的双重利益目标驱动下,城镇化逐渐变异为政府主导的"造城运动""圈地运动",离最初的城镇化规划目标越来越远。综观政府在传统城镇化中的管理模式,我们需要了解政府的角色偏好和行为特征。我国的政府管理在很大程度上受到西方理论范式的影响,从公共行政到新公共管理再到新公共服务以及治理理论的引入,政府的角色和职能都发生了改变。在政府管理模式上,不管是"单位制—街居制—社区制"演变框架,还是"国家—社会"分析框架,抑或是"治理"理论框架,都显示出政府管理已逐渐从"封闭"到"开放"、从"一元"到"多元"的发展趋势。这也体现在政府的城市管理中,有学者考察了20世纪40年代末到70年代末的中国城市规划,指出那是一种"集中和高度标准化的社会组织形态,高度整合的没有阶级差别的社会以及基于国家和地方自给自足的国家经济计划"[2],即"城市社会主义",表现为城市政府干涉市场对其进行引导,并确保主要服务和基本设施的正常供应。在这种管理模式下,政府扮演了主推手的角色,全方位主导城镇化的推进,干预市场并控制社会。改革开放以来,在全球化、工业化的时代背景下,政府逐渐从全权全能的权威型政府转变为关注经济增长的发展型政府,但政府依然是主导者,通过开放市场,积极调控市场,努力维持城镇作为生产和制造业基地的吸引力来推动城镇经济的

---

[1] 郁建兴、高翔:《地方发展型政府的行为逻辑及制度基础》,《中国社会科学》2012年第5期。

[2] C. P. Lo, "Shaping Socialist Chinese Cities: A Model of Form and Land Use", in C-K. Leung and N. Ginsburg, eds., *China: Urbanization and National Development*, Department of Geography Research Paper, Chicago: University of Chicago, 1980, No. 196, pp. 130–155.

快速发展。有学者将这种城镇化管理模式称为"半城市化",指出"推动经济发展与提供公共服务都在竞争地方政府手中有限的财政资源",地方政府面临"在有限财力下,在耕地、环境等其他约束条件下,如何实现经济增长的最大化;以及在有限财力下,在公众基本满意的约束下,如何实现政府公共支出的最小化"的问题。在这种情况下,"半城市化的制度安排对地方政府来说可以减少相应的公共服务支出"[①]。城镇化在政府的单方主导和强势推动下表现出急进粗放的管理特征,并滋生出许多腐败现象。对于城镇化中的腐败行为,有学者指出,"组织体系的腐败在某些方面加速了城市的现代化进程",因为"组织的领导者十分敏锐地意识到改进基础设施不仅能带来一般的经济效益,而且巨大的工程建设也使自己获得美誉,为了规范即将出现的基础设施而制定的住房法规、建筑规则和地方法令越多,通过贿赂而不执行这些法规的机会也就越大"[②]。可见,在传统城镇化中,政府固有的主导者和管理者的角色偏好,以及偏重于经济发展而弱化服务提供的行为特征,甚至以牺牲公平来追求效率,都使得城镇化进程中出现了许多矛盾,如城市肌理碎片化、边缘城市、过度城镇化等,以上种种问题在一定程度上削弱了城镇化在促进经济增长和社会发展中所起的作用,也不利于城镇化的可持续发展。

本书将城镇化作为一个动态演进的过程来研究政府角色和行为的变化。在这个动态演进过程中,城镇化引致了经济社会的一系列变化,而这些变化又进一步促进了城镇化,也即是说,城镇化使"城市体系的动态和特征方面产生了巨大的变化,在城镇之间,城市化引起土地利用模式的改变,社会生态的改变,建筑环境的改变和城市生活的本质变化,这些变化反过来又影响了拉动全面城市化进程的动力学机制"[③]。鉴于此,传统城镇化引致的变化必然会使已有的政府角色

[①] 薛澜:《中国城镇化过程中的公共治理问题》,载中国(海南)改革发展研究院主编《人的城镇化》,中国经济出版社2013年版,第275页。

[②] [美]保罗·诺克斯、琳达·迈克卡西:《城市化》,顾朝林等译,科学出版社2009年版,第531页。

[③] [美]保罗·诺克斯、琳达·迈克卡西:《城市化》,顾朝林等译,科学出版社2009年版,第9页。

和行为面临新的挑战,新的挑战主要表现在:一是城镇化过程中各主体间权力结构的变化以及利益诉求的多元使政府作为主导者和管理者的角色受到挑战;二是忽视除经济发展之外的职能履行而导致社会矛盾和环境问题的日益突出,使政府的职能方式受到挑战;三是在全球经济一体化和治理能力现代化的情境下,政府固有的重计划轻市场的行为特征以及自上而下的纵向管理模式受到挑战。这些新挑战要求我们在对传统城镇化进行反思的基础上,重新构思推进城镇化可持续发展的新型路径,即新型城镇化。新型城镇化既不是对传统城镇化的全盘否定,也不是对西方城市化路径的简单效仿,它是基于对已有城镇化模式的扬弃,并结合我国场景和治理现代化情境来探索新型的城镇化模式,在推进新型城镇化进程中,政府转型至关重要。

二 新型城镇化下政府的新角色与治理新模式

从古至今,从柏拉图的理想国,到韦伯的官僚制、阿尔蒙德的公民文化,再到新公共行政、新公共管理、新公共服务和治理理论,综观已有理论和范式,不难看出,政府角色一直是备受关注的重要话题。理论界和实践者们之所以钟情于角色研究,是因为角色变化提供了新的参考点,行为主体能够在不同的政策领域中努力寻找他们的空间,使他们的行动在其他行动者看来是合法的,也即是说,角色变化会带来行动变化。从这个意义上说,角色研究有助于解释行动结构和主体间的复杂关系,理解在中观层面和宏观层面上的范式和制度的变化是如何影响微观层面的行动的,而微观层面的行动又是如何改变或重塑政府和社会的关系模式的。结构功能主义将角色定义为一系列规则、规范和条件,角色一旦形成就会相对固定。但由于行为主体面临的情境可能不同,对于角色的认知也会不一样。科尔曼指出,"最基本的系统由两种元素组成,第一种元素是行动主体,第二种元素是某种事物",在科尔曼看来,某种事物即"资源"或"事件"[1],可见,行为主体的行动并非一成不变,尽管角色和身份相对固定,但行动还

---

[1] [美]詹姆斯·S.科尔曼:《社会理论的基础(上)》,邓方译,社会科学文献出版社2008年版,第29页。

是会受到"资源"或"事件"的影响,从这个意义上说,行为主体既是角色的接受者,也是角色的塑造者。角色界定尤为关键,因为模糊的角色会给行为主体造成一定程度的行动困境。西方传统的政府角色是在自由民主范式下形成的,选举产生的政治家是权威的政策制定者,行政人员是官僚,公众既是选民又是被统治对象;在工业化和全球化时代,在技术专家治国,精英主义和多元主义、社团主义等影响下资源控制和利益诉求发生了变化,使得传统政府角色遭遇到政治文化和制度基础的双重挑战,变得越发模糊和异质。一方面,在政策制定中,政府既要保持权威者的身份,又要积极回应其他主体的利益诉求;另一方面,在政策执行中,政府既要作为主导者,又要积极促成多元参与的形成,这使得政府角色很难清楚界分,时常发生由于角色冲突而导致的行动困境。由于政府角色在不同的时代背景和理论范式下会表现出多重性和复杂性特征,甚至是冲突性的,这必然要求政府在固有角色的条件下,权衡规范与情境,通过创新来塑造新的角色。

政府的新角色须回应传统角色在新情境下面临的新挑战。行为主体的固有身份已不再是角色界分的重要标准,由于管理者与被管理者的边界越发模糊,同一行为主体在不同的治理情境中既可以成为管理者,也可以成为被管理者,行为主体的角色不再仅仅取决于其所在的组织或部门,还需考虑到其在治理过程中所受到的影响和发挥的作用。传统政府角色是作为管理者和主导者,由于政府掌控着大量资源,并且是唯一合法的公共管理部门,因此在管理过程中占有绝对优势的地位,其他行为主体作为被管理者,在管理过程中只能被动接受政府的安排。如在西方的政治系统中,尽管公民在系统的输入端口可以作为选民拥有选举权利,但在系统的输出端口却仍然是政策的被动接受者,公民基本上很难参与政策制定过程,更不用说在政策制定过程中表达利益诉求,实现利益目标。随着外在因素和内在因素的双重变化,传统政府角色遭遇到管理危机。外在因素表现为,随着经济迅速发展和社会不断进步,资源不再由政府完全垄断,市场企业、社会组织和公民拥有的资源越来越多,尤其是专业性较强的资源,使得政府不得不采取交换、共享或授权等策略与其他行为主体互动;而且,由于利益的多元趋势和社会组织地位的不断提升,市场企业、社会组

第六章　基层政府行为与基层治理改革

织和公民在治理过程中对利益表达的需求越发强烈，促使政府不得不考虑他们的利益诉求并予以回应。内在因素表现为，随着理论范式的不断演进和实践的日趋丰富，政府对于管理的理念也发生了相应的改变，越来越注重管理的科学性、有效性和合法性；而且，由于受到公共财政和绩效评估的影响，政府很难做到全权全能，促使政府在保留其基本职能的基础上，不得不让出部分职能，交由市场和社会来完成。基于此，政府需要在固有角色的惯性下，重塑新角色。

在宏观层面上，政府作为引导者引导目标和规则的形成。尽管引导在某种程度上也具有干预的色彩，但不同于控制的直接干预形式，引导更侧重于间接的指挥，即"在某些富有弹性的'元目标'基础上确立行动方向，在每一个政府层级上，都会进一步地分解目标和重新确认目标，然后做出行动上的目标选择"。从这个角度上说，引导"具有极大的弹性和广泛的包容性，开放地面对各种各样的异议和创新追求"[1]。在引导者的角色下，政府职能也发生了相应的转变，即形成了所谓的引导型政府职能，正如有学者指出，"政府能否为社会的发展指明方向，能否为社会生活提供基本的原则，能否为多元的社会确立起一个制度框架。所有这些，都可以归结为政府的引导功能"[2]。政府通过引导功能形成治理现代化相关的法律、政治、财政框架，并通过制度设计推进整个治理过程。在微观层面上，政府作为合作者参与和调解治理过程。与传统公共行政偏好管理和控制的方式不同，现代政府越发认识到合作在治理网络中所发挥的重要作用，正如有学者指出，"政治家必须参与正在进行的治理网络对话中，因为对话能够给予政治家战略知识使他们有能力治理网络，并给予他们机会来影响网络行为"[3]。在治理过程中，政府一方面需要设计合作规

---

[1]　张康之：《论政府行为模式从控制向引导的转变》，《北京行政学院学报》2012年第2期。

[2]　张康之：《论政府行为模式从控制向引导的转变》，《北京行政学院学报》2012年第2期。

[3]　Erik Hans Klijn and Joop Koppenjan, "Interactive Decision Making and Representative Democracy: Institutional Collisions and Solutions", in Oscar Heffen, Walter Kicket, and Jacques Thomassen, eds., *Governance in Modern Society: Effects, Change and Formation of Government Institution*, Dordrecht: Kluwer Academic Publisher, 2000, p. 114.

则,通过规划项目和资金方案来促进政府与其他行为主体间的合作来解决一些政策问题,协调各行为主体间的行动,共享资源,共担风险;另一方面,政府也要设计竞争规则来刺激潜在服务提供者间的竞争,促使资源能够得到有效配置。需要说明的是,政府会意识到合作存在削弱其权威的风险,所以在合作中会存在政府希望掌控治理过程并影响其他行为主体与其他行为主体越来越强烈的自治需求之间的张力,这就需要政府积极发挥调解的功能,使政府在治理中成为有影响力的参与者。

全球化、后工业化将公共行政推向了一个崭新的时代,治理理论和实践发展到一个全新阶段,治理现代化正是基于情境和技术进步条件下对治理理念和方式的改革与创新。治理现代化一方面沿承了工业化时代所推崇的对效率、公平和合法性的追求;另一方面,它更加鼓励和包容不同利益诉求的表达,关注公共利益的实现和合作关系的建构。需要指出的是,不同于新公共管理所倡导的委托—代理式"合同关系",治理现代化的"合作关系"并不把政府视为合同的一部分,而是将其看作治理过程中的引导者和调解者,通过提供法律的、政治的、财政的支持来鼓励公共机构和私人部门共同治理。在治理现代化的框架下,政府的治理理念也发生了相应的转变,即将有效性置于合法性之前,将灵活性置于规范性之前,将对话置于权威之前。基于这一新的理念,政府作为统治者和管理者的角色日渐式微,取而代之的是作为引导者和合作者的角色。政府作为引导者和合作者的角色回应了治理中的一个难题,即"政府选择不干预的角色会担心其在治理中失去影响力,而选择干预的角色会很难权衡其作为权威者和参与者之间的尺度"[1],也就是说,回应了政府如何既在一定程度上参与治理又保持一定程度独立性的难题。治理新模式正是在治理现代化框架和政府新角色下形成的,与新公共管理强调市场竞争、新韦伯主义强调组织创新不同,治理新模式强调在私人、公共、非营利部门间的多元

---

[1] Erik Hans Klijn and Joop Koppenjan, "Interactive Decision Making and Representative Democracy: Institutional Collisions and Solutions", in Oscar Heffen, Walter Kicket, and Jacques Thomassen, eds., *Governance in Modern Society: Effects, Change and Formation of Government Institution*, Dordrecht: Kluwer Academic Publisher, 2000, p. 114.

共治来促进公共创新。从这个层面来讲,推进新型城镇化的过程也可以被看作推进公共创新的过程。

三 以基层政府治理创新推进新型城镇化

新型城镇化是对传统城镇化的反思和超越。传统城镇化是在工业化时代背景和发展主义框架下提出的,具有强烈的发展主义色彩。而新型城镇化是在后工业化时代背景和治理现代化框架下提出的,因此需要超越发展主义,实现公共治理,推进公共创新。在新型城镇化过程中,如何理解和增强公共创新成为一个核心问题。以往的公共管理模式出于对绩效的关注以及对详细过程和输出目标的测量都使得管理变得更加条框化、机械化、标准化,尽管在某种程度上可以规范管理行为,但由于缺乏灵活性和情境性,而且创新方案可能会通过全新的过程并产生不同的输出结果,而测量标准中也许并没有原始数据对新结果进行检验,因此往往会阻碍创新。有学者就指出,"新公共管理的基本问题在于它优先加强标准服务生产效率的固有倾向,而将加强公共政策和服务系统的有效性置于其后"[1]。需要说明的是,与创造不同,"创新是一个复杂的和反复的过程,在这个过程中,问题被定义,新的思想得以形成、发展和组合,模型被设计、测验和重新设计,新方法被使用和散播"[2]。因此,在公共创新中,城镇化问题需要被重新定义,治理现代化的理念需要形成和发展,治理模式需要重新构思和测量,现代治理工具和方法需要应用和推广。

基层政府作为社会治理的前沿阵地,一方面执行着上级政府的政策和指令,一方面又为顶层设计和公共决策输送源源不断的创新实践,从这个角度上讲,基层政府既是推动公共创新的执行者,也是形成公共创新的实践者。近年来,"智慧城市""智慧社区"成为基层

---

[1] Jean Hartley, Eva Sorensen and Jacob Torfing, "Collaborative Innovation: A Viable Alternative to Market Competition and Organizational Entrepreneurship", *Public Administration Review*, Vol. 73, No. 6, October 2013, p. 821.

[2] Stephen Osborne and Louise Brown, "Innovation, Public Policy and Public Services Delivery in the U. K.: The Word That Would Be King?", *Public Administration*, Vol. 89, No. 4, May 2011, p. 1335.

社会治理的主流方向。"智慧社区"将信息科技网络技术应用于社区治理中，使基层社会治理的操作更加规范化、科学化和现代化，同时，也减轻了社区工作者烦琐的事务性工作。在信息技术平台上，社区资源整合更为便捷，社区事务治理也更加效能。但从目前来看，"智慧社区"却面临着诸多问题，主要表现在以下三个方面：一是操作技术问题，由于社区工作者大多是年纪较大或是退休的工作人员，在农村社区或动迁社区，社区工作者基本上是由原来的村干部接任，这些社区工作人员虽然具有丰富的社区管理经验，但由于在接受和掌握信息网络技术上存在一定困难，电脑操作技术不熟练，很难达到"智慧社区"的技术要求。而且，由于基层政府财政有限以及社区人才制度还不完善等的制约，社区工作人员中的大学生、专业工作者比例还很低，而"智慧社区"却急需大量能够熟练运用信息操作技术的专业社工，这就造成了"智慧社区"的操作技术要求和操作者自身能力两者不匹配的困境，不利于推动"智慧社区"的推广和普及。二是思想观念问题，社区作为政府在基层延伸的神经末梢，承接了政府大量的行政事务，导致社区的行政事务域大大挤压了自治域，社区工作者面临繁重的工作任务，很难有足够的精力开展社区自治方面的活动，如社区草根组织的培育和互动、社区个性化服务的供给等。而且，由于受到传统社会管理体制下管制思想的影响，在"智慧社区"的信息技术平台建设中，政府更多关注基层社会管理方面的应用，而服务方面的应用还不多，尤其是针对外来人口管理和服务上，"智慧社区"平台还未能触及。三是资源整合问题，"智慧社区"需要获取与社区相关的各个上级部门的信息并将其整合在统一的网络平台上，但由于各个部门的信息难以充分共享，资源整合困难，而且，构建整体信息化平台所需要的口径难以统一，所以，"智慧社区"平台在管理和服务方面的应用也遇到了诸多限制。可见，"智慧社区"面临的诸多问题主要来源于硬件设施现代化和管理模式传统化间的矛盾。也即是说，尽管"智慧社区"在硬件设施上应用了信息化、科技化等现代化的治理技术和工具，但是，"智慧社区"的操作者却还远未树立现代化的治理理念，仍然延续着传统的管理理念和保守的工作方式。从这个层面上看，治理困境不仅存在于传统与现代的冲突中，也存在于思想与工具的矛盾中。为此，基层政府需要解放思想，树立与现代治理工具相匹配的现代化治理理念。一个基层治理创新，如果是模式，需要满足：第一是独特性，有制度创新；第二是可复制性，具有稳定性和扩散性，而不仅仅是地方性的实践特点；第三是被认可的制度化，"制度化的要素包括价值、规范、程序、结构形态等"[1]。

联合国关于城市治理的界定指出，"城市治理是个人和组织、公共和私人规划和管理城市的方法，是协调各种冲突和不同利益，进行合作的持续过程，既包括正式制度，也包括各种非正式行动以及公民的社会资本"[2]。这表明，城市治理模式实质上是一种共同治理模式，基层政府需要认识到这一点，从而引导和促进基层治理的共治模式的形成。共治模式需要引入政府之外的其他治理主体来参与基层治理，这就提出了一个重要问题，即当前是社会组织必须介入基层社会治理和公共服务的关键阶段，如何使社会组织更好地参与基层社会治理和公共服务，基层政府又如何引导和监管社会组织呢？尤其是社区草根组织已经成为基层社会治理改革的瓶颈，因为它们的规模较小，结构松散，在社会组织管理中只能作为备案，不能登记注册，因此很难得到资金扶持，在政府购买服务中也显得比较弱势，这使得社区草根组织发展缓慢，在参与社区治理和服务中的作用发挥也很有限。但是，社区草根组织本身却有很多优势，表现在：一是草根组织是由兴趣爱好相似的社区居民自发组织起来的，是真正意义上的自我管理、自我服务的自治组织；二是一些草根组织中能够提供个性化、差异化的服务，能够弥补政府基础公共服务之外的空缺，使服务供给多样化、精细化和人性化；三是草根组织有利于促进社区邻里关系，增强社区活力，居民通过组织能够交流沟通和相互影响，从而打破大都市"陌生人社会"的冷漠；四是草根组织能够激发社区居民对基层社会治理和公共决策的参与热情，促进基层自治格局的形成。因此，基层政府需要积极鼓励和培育发展社区草根组织，使他们能够有能力承接基层社

---

[1] 周庆智：《基层治理创新模式的质疑与辨析》，《华中师范大学学报》（人文社会科学版）2015 年第 2 期。

[2] United Nations Human Settlements Programme, *The Global Campaign on Urban Governance: Principles of Good Urban Governance*, New York: UN – Habitat, 2002, p. 12.

会治理和公共服务提供。就目前的实践来看，基层政府通过建立公益坊平台，使其成为社区草根组织的孵化器；吸引较为成熟的社会组织、公益组织进驻社区，一方面为社区提供专业化的管理和服务，一方面也可以引导和帮助社区草根组织的成长；向社会组织购买服务，尤其是专业化的养老服务、培训服务和心理关怀服务，使社会组织参与到社区治理和公共服务中，这些做法表明基层政府正逐渐转变主导者和管理者的角色，重塑引导者和合作者的角色，形成基层社会治理的多元共治格局。

基层政府治理创新不仅需要引入其他治理主体来共同推进公共创新，基层政府本身也需要进行自我改革和创新，通过法治政府建设，规范基层政府行为。同时，基层工作人员的结构和能力也需要创新，专业化、职业化的社工以及义工、草根组织领袖都是基层治理创新的动力源泉。以基层政府治理创新推进新型城镇化发展，主要体现在：第一，基层政府治理创新转变了政府的角色和职能，提升了政府治理能力，有利于推进新型城镇化的可持续发展；第二，基层政府治理创新构建了基层社会治理的新格局，开启了一种新型的政社互动关系模式，使传统的社会管理时代走向了现代化的社会治理时代，为新型城镇化发展营造了良好的制度环境；第三，基层政府治理创新激发了基层社会的活力，尤其是鼓励社会组织和公众参与基层治理，有利于增强新型城镇化的社会根基，全面推进人的城镇化；第四，基层政府治理创新推广了信息网络技术的广泛应用，使治理工具和方法更加现代化和智能化，有利于促进新型城镇化的科学性和普适性。总之，新型城镇化的推进需要政府的持续创新，只有创新才能够应对不断变化的情境，从而更好地推动经济社会的发展。需要指出的是，从传统的管理模式到现代化的治理模式的转变并不是一蹴而就的，它是个循序渐进的过程，在这个过程中，制度环境、政策法规、组织结构、行为主体都在不断发生改变，这就需要政府积极发挥引导功能，促进基层政府治理的体制和机制创新，进而推进新型城镇化的发展。

第三节 弹性选择：基层政府行为逻辑

一 问题的提出

基层治理是国家治理体系的重要构成，基层治理肩负着国家治理的使命。国家治理现代化要求在治理过程中吸纳多元主体参与，即"在理性政府建设和现代国家构建的基础上，通过政府、市场、社会之间的分工协作，实现公共事务有效治理、公共利益全面增进"[1]。可见，多元共治是新时期政府治理和社会治理的主导趋势。就目前来看，治理现代化的推进一方面来自中央政府在宏观层面上的制度设计和战略引导，另一方面来自基层政府在微观层面进行的治理改革与创新的实践探索。基层政府的改革实践历经了从传统城镇化到新型城镇化的过程，基层政府作为改革与创新的主导者，其行为方式也从控制转变为管理再到治理。

在对基层政府的行为方式进行考察后，我们发现一个普遍而突出的现象：在基层治理中，基层政府的行为灵活度很高、弹性很大。这种现象之所以会出现，主要是由于基层政府所治理的空间是一个行政和自治并存的场域，在这个场域中，行政与自治间的界限非常模糊，常会出现行政功能挤占自治功能的情况，我们将这种界限模糊、功能异位的场域称之为"模糊空间"。在"模糊空间"中，基层政府会根据面临的问题设定目标任务，并采取不同的行为方式，在行动中权衡治理与行政间的张力，从而使其行动方案既能完成目标任务又能契合治理理念。

基于此，本书从两种研究进路出发，通过案例比较分析，试图探讨基层政府是如何根据问题导向设定目标任务并选择行为方式的，并在此基础上，进一步思考不同行为选择背后的动机和原因，从而为更好地理解政府行为、克服行动困境、推进基层政府治理改革提供有益的思路。

---

[1] 薛澜、张帆、武沐瑶：《国家治理体系与治理能力研究：回顾与前瞻》，《公共管理学报》2015 年第 3 期。

二 基层政府治理行为研究

随着社会管理体制改革和城镇化进程的推进,街道和社区成为基层治理的新平台。关于街区的权力变迁与职责转变,从已有文献来看存在两种主流观点:(1)街区强化。这种观点认为国家行政权力在基层社会渗透的同时,基层社会力量也在成长,即国家与基层社会可以处于一种共生共长而非此消彼长的关系。如有学者指出,"行政权力在重组的同时也存在着向社会分化的倾向,权力中心正在由以往的单纯的政府行政控制向半行政半自治的社区管理委员会过渡","街区的权力模式将不同于上一级政府块对条的强控制模式,而很可能是块对条的协调为主的弱控制方式,行政权力也不只限于政府科层内部,而将吸收社会的各种力量参与管理。其模式将是一种科层与参与相结合的模式"[①]。(2)撤街(道)强(社)区。这种观点主张在层级结构上撤销街道办事处,将原有街区行政职能上移,并强化基层社会组织网络和公民参与网络,扩大基层社区自治空间,推进治理扁平化。比较上述两种观点,不难看出,无论是街区强化还是撤街强区,其前提假设都是默认了基层场域中行政与自治共存的属性而围绕行政与自治间的博弈展开讨论。因此,研究基层政府的行为方式必然回避不了基层场域中行政与自治共存的空间属性以及二者的矛盾张力。

在政府行为研究中,"合法性"是一个重要的研究内容,政府行为与合法性建设密不可分。哈贝马斯认为合法性意味着"某种政治秩序被认可的价值"[②],阿尔蒙德指出,"某一社会中的公民都愿意遵守当权者制定和实施的法规,而且不仅仅是因为若不遵守就会受到惩处,而是因为他们确信遵守是应该的,那么,这个政治权威就

[①] 朱健刚:《城市街区的权力变迁:强国家与强社会模式——对一个街区权力结构的分析》,《战略与管理》1997年第4期。

[②] [德]尤尔根·哈贝马斯:《交往与社会进化》,张博树译,重庆出版社1989年版,第184页。

第六章　基层政府行为与基层治理改革

是合法的"①。对政府而言，合法性与权威性相辅相成。一方面，政府通过正式制度结构如权力秩序、法律法规构建权威，使其行为具有合法性；另一方面，政府通过参与、对话、协商等非正式的制度安排促使民众信任政府，认同政府的权威，增强政府行为的合法性。国内外不乏关于中国政党和政府的合法性研究，如有学者认为，"中国自古以来国家的合法性就奠基于政绩（或者绩效）之上"②，也有学者从意识形态、结构和个人对现有中国政治合法性进行考察③等。就"合法性"概念本身而言，其外延和内涵十分丰富，公正、正义、公平、绩效、信任等都可以与之相关。

除了"合法性"，"公共性"也是政府行为研究中的一个重要因素。公共性是伴随着公共领域研究而提出的，"在政府的统治功能和管理功能此消彼长的过程中"④产生和成长，"对于公共行政而言，公共性的概念是与合理性、合法性和代表性等联系在一起的"⑤。就目前而言，公共性通常是以公共利益的表达和公共参与的形式来表现的，如基层政府出于提高民众对其信任度和满意度的目的，会倾向于采取鼓励公众参与和民主协商等行为方式，增强公共行政的公共性，对此，有学者专门对参与行为与政府信任的关系模式进行研究，发现不同的参与驱动机制，即吸纳式参与和关切式参与对政府信任的内在动力机制不同，吸纳式参与模式表明，参与社区活动者的政府信任程度更高，而关切式参与模式则表明，参与社会组织的活动者对政府信任程度更高⑥。然而，就公民参与本身而言，它并不能体现公共性，因为从公共行政过程而不是政治过程来看，"公民参

---

① ［美］加布里埃尔·A. 阿尔蒙德、小 G. 宾厄姆·鲍威尔：《比较政治学：体系、过程和政策》，曹沛霖、郑世平、公婷等译，上海译文出版社 1987 年版，第 35 页。

② Dingxin Zhao, "The Mandate of Heaven and Performance Legitimacy and Legitimation", *American Behavioral Scientist*, Vol. 57, October 2009, p. 416.

③ Gunter Schubert, "One-Party Rule and the Question of Legitimacy in Contemporary China: Preliminary Thoughts on Setting up a New Research Agenda", *Journal of Contemporary China*, Vol. 17, No. 54, February 2008, p. 191.

④ 张康之：《公共行政的行动主义》，江苏人民出版社 2014 年版，第 113 页。

⑤ 张康之：《公共行政的行动主义》，江苏人民出版社 2014 年版，第 92 页。

⑥ 高勇：《参与行为与政府信任的关系模式研究》，《社会学研究》2014 年第 5 期。

与并不是民主的实现,至多是与官僚制所达成的一个妥协方案"[①],因此,如何体现公共行政的公共性、实现公共利益是政府行为选择的一个重要维度。

基层行政人员是政府实际运行中的主体,从这点来看,政府的行为选择也是基层行政人员的意志体现,正如有学者指出,"当改革自上而下地开展的时候,所显现出来的无非是这些最基层行政人员的意志和愿望得以实现的过程"[②],因此,基层行政人员在实际工作中所形成的目标任务和行为策略都会直接影响到政府行为的选择。如基层政府间的"共谋现象"[③]、政府"不出事"逻辑和民众的"闹大"逻辑[④]、基层政府的"项目制"动员[⑤]等,都体现出基层政府在有限空间内采取的灵活自主的行为方式。在我国,自上而下的"行政推动"是政府最为常见的行为方式,在基层社会发展中,政府作为主推手在社区建设中发挥了主导作用。不可否认,"行政推动"能够快速实现任务目标,提高行政效率,但是这种强大的行政权力一旦介入,必然会挤占社会自主发展的空间,甚至阻碍"内生发展、可持续发展的制度基础"[⑥]的建立。因此,"行政推动"作为近现代政府惯性的行为方式,需要在新时期重新加以审视,重新建构现代化的政府结构。现代政府结构主要表现为官僚制形式,后现代公共行政否定了这种层级控制模式的官僚制,并提出"公共能量场"的概念,指出,场是"作用于情境的力的复合",能量意味着"场中有足够的目标和意图,这些目标和意图使人们被吸引、被激动、被改变"[⑦]。这一概念完全

---

① 张康之:《公共行政的行动主义》,江苏人民出版社 2014 年版,第 141 页。
② 张康之:《公共行政的行动主义》,江苏人民出版社 2014 年版,第 40 页。
③ 周雪光:《基层政府间的"共谋现象"——一个政府行为的制度逻辑》,《社会学研究》2008 第 6 期。
④ 谢正富、赵守飞:《弹簧模型:基层治理行动逻辑的一种分析框架》,《求实》2015 年第 2 期。
⑤ 陈家建:《项目制与基层政府动员——对社会管理项目化运作的社会学考察》,《中国社会科学》2013 年第 2 期。
⑥ 郁建兴等:《从行政推动到内源发展:中国农业农村的再出发》,北京师范大学出版社 2013 年版,第 29 页。
⑦ [美]查尔斯·J. 福克斯、休·T. 米勒:《后现代公共行政——话语指向》,楚艳红、曹沁颖、吴巧林译,中国人民大学出版社 2002 年版,第 9 页。

摒弃了官僚制所追求的命令—控制模式，而是转向了公共话语，致力于建构一种网络结构模式，从而对现代行政提出了挑战。政府行为也会因为不同的结构模式和话语导向产生变化，正如治理作为对统治和管理的扬弃，促使政府行为发生了一系列改变。

综观政府行为研究，不乏关于基层政府改革与创新的探讨和思考，但更多聚焦于应然分析，即在治理理论框架下政府应该如何转变角色和职能以适应治理，治理改革应如何推进，治理创新应如何扩散，等等，这些研究为政府改革指明了行动的目标和方向，尽管在对策和方案上有不同见解，但最终目标都是为了政府强治理能力的实现。也有不少文献关注实然分析，如政府如何应对对抗性事件、基层政府如何形成应对上级政府的行为策略等，研究兴趣更多关注的是对抗纠纷或危机管理事件。但是，在基层场域中，基层政府更多处理的是日常的社区事务和服务问题，在面对这些问题时，基层政府的行为方式并非一成不变的以治理理论来指导实际行动，而是表现出极大的灵活性，即基层政府可以根据面临的问题设定不同的目标任务，并根据目标任务选择行为方式。在解决现实问题的过程中，基层政府会自觉使用治理的理念和工具，确保其行为的合法性，最终在完成任务的同时也力图促进治理改革。本书正是基于以上背景，试图从实然与应然不同的分析视角来对基层政府的行为方式进行研究，并尝试讨论基层政府行为方式背后的动机和原因，从而更好地理解基层政府行为的逻辑。

三 基层政府治理行为分析

本书从两种研究进路出发（如图 6-1 所示）：一是理论研究的应然分析，主要基于中央政府从宏观层面上提出的推进治理现代化和治理能力的国家治理理论；二是政府实践的实然分析，主要基于基层政府从微观层面上进行的治理改革和创新举措。之所以选择两个不同的研究进路，是因为考虑到基层政府的行为方式会受到宏观理论和微观实践的双重影响，而这双重影响的着力点并不同，因而会导致基层政府在选择行为方式上具有极大的弹性和灵活性。

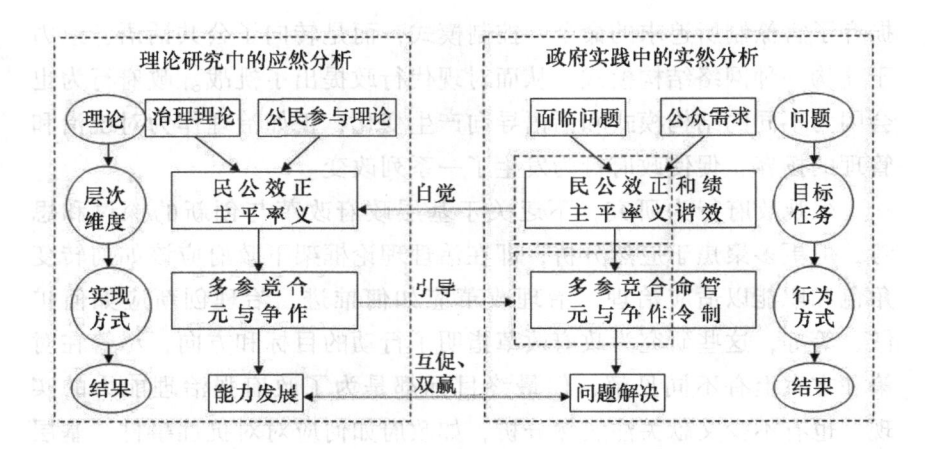

◈❖ 中国城市基层治理：路径、方式与转型

图6-1 两种分析进路比较中的政府行为

自党的《中共中央关于全面深化改革若干重大问题的决定》提出"推进国家治理体系和治理能力现代化"的重要目标以来，从中央政府到地方政府、基层政府开启了一场轰轰烈烈的治理改革运动。理论界对治理理论展开了追本溯源的研究，从借鉴学习到本土化应用，关于治理研究的文献汗牛充栋，为理论指导实践奠定了扎实的基础。一般而言，比较流行的有治理理论和公民参与理论，这两种理论作为对传统的行政统治和科学管理主义的反思和超越，提出了一系列新的价值标准和行为指南，其理论维度和概念层次涵盖了民主、效率、公平、正义等价值，并推崇多元、参与、竞争、合作的方式。作为对饱受诟病的官僚制困境和日益复杂的社会问题挑战的回应，治理理念已然自上而下渗透到政府的各个层级，成为政府重塑合法性和公共性的新思路。

同时，实践者也铆足干劲，积极探索因地制宜的治理改革和创新经验，数以万计的"地方政府创新奖"案例足以体现出地方政府、基层政府在改革实践中的丰硕成果。在实践中，政府改革的动力源可能更多是来自现实场景中的问题和挑战而不是理论学习，因此，为了更好地解决问题，体现行动的合法性，政府会自觉将行动的目标任务与主流理论相连接，即所谓的"切合情境的意向性"，在这种目标任务导向下，政府的行为方式也必然会受到主流理论的影响。但是，就

226

目前来看，改革的实践较理论所勾勒的治理愿景还差一大截，甚至还会出现伪治理的现象，这样的困境之所以产生，我们需要思考实践者的改革行为逻辑，对实践者在改革过程中的行为方式的考察中，讨论理念与行为产生偏差的原因和改进思路，进而更好地促进理论指导实践，实践进一步推进理论发展。

四 案例比较：居民自治项目化与大网格管理

本书选取"自治项目化"和"大网格管理"两个案例进行深度调查。这两个案例都是在推动"政社互动"过程中发生的，其制度背景和政策环境完全相同，然而，由于两个案例中基层政府的目标任务并不相同，从而导致基层政府的行为方式完全不同。有意思的是，虽然基层政府采取了完全不同的行为方式，但最终都完成了最初设定的目标任务，得到了上级政府和民众的认可，成为治理改革的典范。鉴于此，本书通过对两个案例进行比较分析，试图探寻治理的理论和政府的实践是如何交织并互促的。

（一）社区居民自治项目化实践

2014年G区以激活居民自治、培育发展社区社会组织为目标任务，通过工作经费项目化运作，探索社区居委会与社区社会组织、社区居民的衔接与互动流程和路径。居民自治项目化以项目为载体，并在项目化各阶段中对社区居民、社会组织赋权，鼓励社会力量参与社区治理和服务。

（1）居民自治项目化的内容与流程

在需求项目征集阶段，首先征集需求项目采用入户调查、民情日记、民情信箱、民情热线、民情连心卡、民情联络员、居民提案等方式；其次对需求项目进行初选，社区议事会对征集的居民自治项目进行初选、归类，并淘汰无效需求；再次对需求进行评议；最后社区针对初选、归类的居民自治项目建立相应的共治协商小组，对经过初选的居民自治项目进行评议，投票选出进入下一步工作议程的需求项目。在项目方案征集阶段，社区发布经过居民评议的居民自治项目，邀请社会组织、社区自治组织等各类社会主体提交实施方案；对征集方案进行初选，社区召集共治协商小组会议，对征集的项目方案进行初选，对申报的社会组织进行资格审查。在项目评审阶段，社区召集各共治协商小组负责人联席会议商议组建不低于 50 人的项目评议委员会；经过项目展示、现场答辩、居民投票等环节，对项目进行评审；将评审结果向社会公示，根据公示情况，确定获选项目；各共治协商小组对通过评审的项目进行再次优化，以使项目计划书更加合理、严谨，项目预算科学、准确。在项目实施阶段，由社区与获选项目申报单位签订合同，明确项目实施时间、范围、内容、服务要求、资金支付方式和违约责任等内容，资金根据项目阶段性实施情况等进行拨付，启动阶段拨付 60%，期末评估合格后拨付 40%。由共治协商小组针对所有项目实施过程进行监督和督导，并定期以书面形式向社区报送项目实施进度情况等报告。在项目评估阶段，项目团队在项目结束后以书面形式向社区提交总结报告。由共治协商小组对项目进行评估，评估合格后兑现期末资助资金；项目实施结束后，共治协商小组要向居民代表大会报告结果，社区组织开展优秀项目的评选表彰奖励活动。

（2）居民自治项目化中基层政府的行为方式

在这个案例中，基层政府的目标任务在于促进居民参与、推进社区自治，因此，在界定目标任务时，基层政府自觉地将治理理论和公民参与理论中的"民主""自治""参与""竞争"等理念纳入进来，并体现在行为方式上，基层政府更多地采取治理的工具，如"赋权""协商"等。购买服务前，重在社区居民自治框架下通过基层协商民主和社区组织有序引导居民需求的识别；购买服务中，统筹设计服务项目，支持社会组织承接的项目化运作；购买服务后，依托社区平台，引导专业社会工作队伍提供专业服务以及在社会组织运作下的居民有序化反馈。[①] 例如，在居民需求征集过程中，以民情日记、民情信箱、民情热线、民情连心卡、民情联络员等民意收集渠道来畅通民意诉求；在议事方面，引入"罗伯特议事规则""开放空间"等现代会议技术和议事规则，开展社区恳谈会、社区

---

① 曹海军、薛喆：《"三社联动"机制下政府向社会力量购买服务的三个阶段分析》，《中国行政管理》2018 年第 8 期。

议事会等；在民主评议上，组建共治协商小组，对需求项目实施方案及组织进行征集、筛选和评议，并对项目实施过程进行监督和评估。可见，基层政府选择协商共治的行为方式，以共治协商小组、项目评议委员会、社区议事会、居民代表大会等为协商平台，将社区内行政资源、公共资源、志愿资源、辖区资源等多方资源纳入，既与治理理论中关于多元治理的理念和方式相契合，也与公民参与理论中邻里互动的理念和方式相契合。从最终的结果看，基层政府既完成了自治化的目标任务，同时，也因行为方式契合了主流理念，被认可为治理改革的典范。

（二）社区大网格管理实践

2014年，X区针对"社区能发现问题却解决不了，政府部门解决得了问题却发现不了"的困境，构建大网格体系来提升社区治理效率，实现"一张网无缝对接的精细化管理"。

（1）大网格管理的内容

首先，通过明确区级部门、街道（乡镇）、社区（村）三级职责，依托《基层自治组织协助政府工作事项清单》，对基层自治组织协助政府工作事项进行重新清理，将原有的19类31项工作事项扩展到25大类104项，建立了全面、规范的基层组织权力运行清单。

其次，通过整合部门网格资源，构建了大网格体系，即"三级网格"：一级网格，以镇（街道、区）为单位建立，由所在地主要领导担任网格长，主要对辖区"三级网格"建设与管理提出指导性意见，对重大事项进行综合协调、办理和处置，对信息系统进行升级维护，对下级网格进行考核、评估、监督与管理；二级网格，以社区（村）为单位建立，由社区（村）党组织负责人担任网格长，具体负责辖区网格化管理的指导、监督和考评等日常工作；三级网格，将社区（村）划分为若干片区而建立，由社区（村）"两委"人员担任网格长，并组成由居（村）民小组长、志愿者等组成的管理服务团队，负责网格内的日常巡查、管理服务工作。

再次，通过建立有人巡查、有人报告、有人负责、有人解决、有人督查的"五有"工作机制，明确一般性工作、协调性工作、突发性工作、审批性工作的工作流程，依托信息数据库、基础台账、民情日志等实行"事在网中办",实现基层一张网无缝对接的精细化管理。

最后,在考核评估方面,除对网格责任人的考核和部门"下沉"人员的考核以外,还建立了多元化的考评机制,以及社区、部门、居民的多向评议体系。

(2) 大网格管理中的基层政府行为方式

在这个案例中,基层政府的目标任务是对社区进行精细化管理,使社区问题得到及时发现并解决,避免属地管理造成的责任相互推诿,进而提升行政管理的效率。因此,在行为方式的选择上,基层政府通过构建无缝对接的"三级网格",将管理的精细化达到极致,突出强化管理效率。例如,在权责划分上,通过制定明细的工作职责,界分各层级政府的权责;在职能布局上,将各个部门职能融入大网格管理中,通过定人、定岗、定责,形成"组团式服务"的工作模式;在资源整合上,将辖区社会企事业单位纳入并建立承诺制度和责任联系人制度,社区党组织、社区居民委员会对业委会、物业公司、社会组织、志愿者队伍进行综合管理和统筹协调。基层政府这种精细化管理的行为方式在一定程度上与科学管理主义或者传统的管制方式很相似,即通过划分层级网格,形成高效的"问题—责任"机制,形成所谓的"谁管理,谁负责"模式。尽管这种行为方式与治理理论并不契合,但基层政府有意识地运用了多元参与的治理方式,如将居民、志愿者、社会力量也作为网格化管理的主体,使基层政府的行政管理与社区居民的自我管理相结合,从而体现了"政社互动"的政策导向。从结果来看,大网格管理在发现和解决社区问题方面确实发挥了极高的效率,实现了基层政府提升行政管理效率、促进社区和谐的目标任务。同时,居民也因需求得到了迅速的回应,问题得到了有效的解决,并能够参与到社区治理中而对基层政府感到满意。网格化管理要求网格对社会进行"纵向到底、横向到边"的全覆盖,将基层社会进行全面"再组织",这种"他组织"管理方式是否侵犯了法定的自治组织空间呢?[①]

---

① 张树旺、李伟、王郅强:《论中国情境下基层社会多元协同治理的实现路径——基于广东佛山市三水区白坭案例的研究》,《公共管理学报》2016年第2期。

比较以上两个案例（如表6-1所示），不难发现，尽管都处于相同的制度环境和政策背景下，但由于基层政府面临的问题不同，因此在目标任务的设定上也各不相同。基层政府在选择行为方式的时候更多是考虑到面临的实际问题而不是就理论而规范行为，但在具体实施过程中，基层政府会自觉运用宏观理论和主流理念，使其行动不仅有效，而且也具有合法性和公共性，从而获得上级政府和民众的认可。

表6-1　　　　　　基层政府不同行为方式的比较分析

案例 比较	居民自治 项目化	大网格 管理
政策背景	政社互动、三社联动	政社互动、三社联动
目标任务	促进居民参与、推进社区自治	及时发现并解决问题、提升管理效率
行为方式	赋权、协商、参与、竞争	"三级网格"、多元参与
结果	得到认可，推进治理改革实践	得到认可，将治理理念纳入，延伸科学管理
理论与实践的交织与互促	实践中自觉应用治理理论与公民参与理论，与治理理论的契合度高，是基于本土化对治理理论的应用	实践中自觉将治理理论与科学管理主义相结合，尽管与治理理论契合度低，但可看作对科学管理主义进行延伸

可见，基层政府会在多大程度上受到理论的影响取决于目标任务与理论观点的契合程度，一般情况下，契合程度高，影响就大，但在契合程度低的时候，政府也会有意识地将理论中的一些思想纳入进来，这样既能够与主流理念保持一致，又能顺利完成目标任务，从而很好地平衡了行政与治理的张力。

五　弹性选择：基层政府治理的行为选择

（一）角色紧张、行动困境与弹性选择

从基层社会发展来看，在传统城镇化时期，政府主导的强力推动的土地城镇化模式，积累了大量的社会矛盾，使社会发展明显滞后于经济发展。基于对传统城镇化的反思和超越，国家提出了新型城镇化战略，力图转变政府的角色和职能，注重社会力量尤其是社会组织的

成长与发展。在从传统城镇化向新型城镇化过渡的当前阶段,社区(基层社会的主要载体)是一个特殊的场域,它既不同于西方社区完全作为自治共同体进行运作,也不同于传统社会管理体制下作为行政延伸的末梢节点,而是既包含了名目繁多的行政事务,同时也产生了大量的自治事务,社区成为行政与自治共存的"模糊空间"。与此同时,随着治理理论研究的深入以及国家治理现代化的提出,治理理念已然从理论界渗透到实践中,并得到迅速推广,成为改革创新实践的理论指引。然而,由于受到路径依赖的影响,传统的管制方式仍然会在一段时间内存留,而新兴的治理方式也在逐渐成熟,因此,基层政府的行为方式会同时受到传统行政方式与新兴治理工具的影响。上述案例研究表明,模糊空间会使基层政府感到角色紧张,而角色紧张又会造成基层政府的行动困境。

一方面,基层政府会感到清晰地界定角色非常困难。在以上两个案例中,基层行政人员最关注的是如何高效解决问题,其行动方案遵循的是一种"问题—角色—行动"的路径,角色的界定取决于面临的问题,而行动的方案取决于扮演的角色,角色不同会使行为方式也不同,即"角色变化提供了新的参考点,行为主体能够在不同的政策领域中努力寻找他们的空间,使他们的行动在其他行动者看来是合法的"[1]。由此,与其说基层政府是角色的接受者,不如说是角色的塑造者,而基层政府将塑造何种角色会受到其在模糊空间中对行政与自治间张力的权衡,如在案例中,基层政府必须对自治和行政做出权衡,也正是出于这样的权衡,才会使基层政府感到角色紧张,正如有学者所指出的,"政府选择不干预的角色会担心其在治理中失去影响力,而选择干预的角色会很难权衡其作为权威者和参与者之间的尺度"[2]。

---

[1] Jacob Torfing, Guy Peters, Jon Pierre and Eva Sorensen, *Interactive Governance: Advancing the Paradigm*, Oxford: Oxford University Press, 2012, p. 147.

[2] Erik Hans Klijn and Joop Koppenjan, "Interactive Decision Making and Representative Democracy: Institutional Collisions and Solutions", in Oscar Heffen, Walter Kicket, and Jacques Thomassen. eds., *Governance in Modern Society: Effects, Change and Formation of Government Institution*, Dordrecht: Kluwer Academic Publisher, 2000, p. 114.

另一方面，基层政府会受到角色紧张而带来的行动困境。如在自治项目化案例中，基层政府在积极推进社区居民参与协商的同时还制定了一系列制度规则，以确保自治项目化能够在可控范围内有序推进，也即是说，基层政府尽管将其界定为参与者，但在实际运作中仍然以主导者的身份出现，因此在行动过程中常常出现进退彷徨。而在大网格案例中，基层政府则更多地表现出一种管理者的姿态对社区进行层层管控，确保社区问题及时有效得到解决，与此同时，也将居民纳入管理主体进行自我管理和自我监督，但对行动者的次序进行了明确规定，可见，基层政府的行动常常会面临治理和管制的困境，尽管基层政府有促进参与的意识，但管制仍然是其行为方式不可忽略的一个重要特征。

(二) 弹性选择下的基层政府行为逻辑

尽管基层政府在模糊空间中会存在角色紧张并导致行动困境，但在实践过程中，基层政府也会努力克服由于角色变化而造成的行为方式的矛盾，尽可能在完成任务目标的同时实现共赢。在上述案例中，基层政府的这种行为逻辑主要体现在两个方面。

一是将微观的目标任务与宏观的理论导向相结合，使行动方案尽可能与宏观理论相契合。在不同的问题场景中，基层政府会设定不同的目标任务，尽管这些任务形形色色、各有不同，但基层政府会尽可能使其与当下的主流理论保持一致，确保改革与创新实践的目标方向。案例研究表明，不管是自治项目化还是大网格管理，尽管改革目标的焦点不同，但都在不同维度上体现了治理的理念，才会使基层政府的行为方式在不同程度上表现出公共性特征，从而获得合法性认可。

二是注重制度设计与能力发展齐头并进，使宏观理论与行动方案互促共赢。一直以来，理解"在中观层面和宏观层面上的范式和制度的变化是如何影响微观层面的行动，而微观层面的行动又如何改变或重塑政府和社会的关系模式"[1]，是理论者和实践者热切关注的议题。

---

[1] Jacob Torfing, Guy Peters, Jon Pierre and Eva Sorensen, *Interactive Governance: Advancing the Paradigm*, Oxford: Oxford University Press, 2012, p.147.

建构好的制度为政府改革和社会发展提供良好的制度空间，能够激励行为主体成为好的行动者，从而促进行动者改进行为方式。在项目化案例中，基层政府设计了一套项目化行动方案，规范政府行为，制定协商规则和民主议程，提升了基层政府的治理能力和社区居民的自治能力；在大网格案例中，基层政府也同样设计了一套网格管理方案，明确权能职责，提高了基层政府的管理效能和居民自我管理和监督的能力。然而，网络化管理并未能有效体现治理意义，尤其是网络治理的意义。正如学者指出，不同于网格化管理，在网格化管理中，技术管控类概念发挥得较好而治理服务类功能较为薄弱。社会事务的新变化要求基层社会治理主体的多元化，这对传统的政府科层组织形态提出了变革的要求，不仅政府的科层体制要适应新的社会治理需求，还要转变原有政府官员的职能，使其能够具备提供新的网络化治理需求的能力，"网格化管理重在管理，其形式是网格化，是一种管理与控制思维，而网络化治理重在治理，其形式是网络化，是一种新的治理模式"①。

六 结论

基层治理的成败直接影响国家治理的进程。当前我国的基层治理正处于行政与自治相互胶着的状态，正如有学者所描述的，"一方面表现出国家管治与国家主导下的社会治理共存的局面，另一方面凸显出走向社会治理的可能性。国家与社会的互动状态体现为国家既存在通过社会建设维持控制机制，强化社会稳定与社会秩序，实现管理目标的管控意图，也正在通过制度建设和治理策略调整为社会发展提供空间，从而达到'建设社会'与提升国家治理体系的有效性与合法性的双重目标"②，基层政府的治理改革实践面临着极大的挑战。在此情形下，考察基层政府的行为方式，分析其背后的原因和逻辑，进而探索改进基层政府行为的有益途径显得非常必要。

---

① 秦上人、郁建兴：《从网格化管理到网络化治理》，《南京社会科学》2017年第1期。
② 郁建兴、关爽：《从社会管控到社会治理——当代中国国家与社会关系的新进展》，《探索与争鸣》2014年第12期。

本书从理论研究的应然角度和实践过程的实然层面建构了理论与实践对基层政府行为方式产生影响的不同路径,通过对两个案例的比较研究,发现了应然与实然这两种不同进路对于基层政府行为影响的偏差,并分析了基层政府如何选择行为方式来缩减偏差带来的不利影响。事实表明,基层政府出于合法性和有效性的考虑,会有意识地将微观的目标任务与宏观的理论导向相契合,与此同时,基层政府也会对权威性和公共性进行权衡,通过制度设计和能力发展连通应然与实然,使宏观理论与行动方案互促共赢。需要指出,在行政与自治并存的基层社会空间,基层政府既要完成来自上级政府下达的行政任务,接受自上而下的政府绩效考核,也要在有限的自主性下推进公众参与和社区自治,接受自下而上的居民满意度考核,因此,在行为方式的选择上可能会表现出很大的差异,这是理性选择的一种表现。然而,在公共行政中,仅仅考虑理性是不够的,公共行政的特征还在于它的公共性,公共利益和公共价值作为公共性的重要内容,需要得到重视。因此,基层政府在选择行为方式时,要注重加强理论的指引和渗透,从应然角度彻底转变政府的角色和行为方式,而不是为了迎合理论导向而在行动过程中仅作表面牵扯的努力。

第四节 政治文化发展与基层政府行为

一 问题的提出

政府改革是行政学研究的重要问题。处于治理现代化进程中的政府治理改革,不仅是国家治理能力的体现,而且对经济发展和社会可持续发展都具有重大意义。政府在治理改革中面临着如何对传统政治文化进行扬弃与承继,以及如何将治理理论引入并改造,使中国政治文化与治理现代化相融合,共同指导改革实践的问题。与此同时,政治文化与治理现代化也会促使政府治理改革。随着我国经济社会、政治体制改革的逐步开展和深入,基层社会政治发展、基层政府治理改革日益成为重要环节。一方面,随着公众政治文化的发展,如政治认知的提升、政治知识的增长、政治态度的转变,对基层政府治理改革提出了新的要求;另一方面,国家治理现代化的提出,使得基层政府希望通过治理改革提高其治理能力和治理水平，在这些因素的相互作用下，近年来出现了一些基层政府治理的新模式、新创举。

政治文化的分析视角并不否认诸如经济、政治制度等因素对政治发展与政府改革的重要性，而是更加关注人们对权力和秩序的认知和态度在政治发展与政府改革过程中所起的作用，"由于中国的制度因素不发达，社会有序就得依靠文化。文化可以形成体制，体制也可以形成文化"①。在这一特殊背景下，政治文化的功效显得尤为突出。当某种政治制度和政治生活方式演化为一种政治文化时，那么这种政治制度就获得了普遍的合法性，"它不仅在法律上和国家机器的保障中具有合法性，而且在公民的心理中也具有合法性"②。政治文化发展也体现了政治社会化的过程，不同的社会化过程会形成各不相同的政治取向。人的政治社会化要经过两个基本阶段："一是基本的社会化过程，即人们在早期导入一般的社会文化，包括一般的态度、价值、认知、个性和意向等；二是引入更加特殊的、明确的政治生活的社会化过程，开始认知政治事件并形成一定的取向。"③政治取向会影响人们的行为方式，如"在政府改革过程中，人们是积极参与还是冷漠旁观甚至是粗暴抵抗，都是其政治取向的反映，一旦政府功能变革了，人们长期形成的对政府功能的观念如不及时加以调整，就会成为制约力量"④。在这种情势下，审视政治文化发展对政府改革的影响显得很有必要。

当前，随着治理现代化的提出以及治理理论在本土化实践中的不断探索，我国的政治文化正经历着深刻的转变，"政治文化中传统的、保守的、封闭的、集中的、主观的、武断的成分正在向新型的、开放的、分散的、客观的、民主的成分转变"⑤。在这一转变过程中，传统的政治文化与现代的治理观念是如何互构和互促的？基层政府在政治文化发展中发挥了哪些作用？政治文化发展与治理现代化对基层政

---

① 王沪宁：《转变中的中国政治文化结构》，《复旦学报》（社会科学版）1988年第3期。
② 张康之：《政治文化：功能与结构》，《中国人民大学学报》1999年第1期。
③ 俞可平：《政治文化论要》，《人文杂志》1989年第2期。
④ 王沪宁：《转变中的中国政治文化结构》，《复旦学报》（社会科学版）1988年第3期。
⑤ 王沪宁：《转变中的中国政治文化结构》，《复旦学报》（社会科学版）1988年第3期。

府治理创新产生了怎样的影响？

二 政治文化、治理与基层政府行为：一个分析框架

政治文化是政治学、行政学的一个重要概念，也是一种研究方法。一般认为，政治文化作为一个崭新的概念是在20世纪50年代由阿尔蒙德提出的，此后，政治文化研究逐渐得到学者们的关注。中国学者关于政治文化的研究也受到了阿尔蒙德"政治文化""公民文化"相关理论的影响，并形成了一系列关于中国政治文化理论和方法的研究成果。王沪宁在《转变中的中国政治文化结构》一文中对中国的政治文化进行了深入的剖析，指出中国政治文化历来是一种"文化中轴的政治文化"，即"政治文化本身与家庭生活、社会生活、道德生活和伦理生活有着千丝万缕的联系，社会通过一定的文化机制和一定文化形态下形成的主体文化沉淀作用于政治生活，社会生活和伦理生活的展开便是政治文化的实现。在这种氛围下，政治文化的效能和力量来自大众的认同或不认同，感应或不感应，纳入或不纳入，而非一定要身体力行"[1]。俞可平在《政治文化论要》一文中对政治文化的概念、特征和影响进行了详细的阐释，指出"政治文化就是人们的政治取向模式，由于政治文化具有自发性、深层性、社会性、代传性和缓变性等特征，并对政治行为、政治生活、政治过程、政治结构、政治稳定和政治变革产生重大影响，因此政治文化分析既是政治分析的主要内容，又是政治分析的重要途径"[2]。政治文化有广义与狭义之分。广义的政治文化是指"制度形态政治文化"与"观念形态政治文化"，而狭义的政治文化仅指"观念形态的政治文化，即公民政治文化素质的培养与提高，它是政治发展的关键"[3]。本书所讨论的政治文化更侧重于狭义的政治文化概念，它包括了公众的政治认知、态度和情感三个方面。政治认知是"人们关于政治知识了解、认识和掌握的程度，体现了人们的政治知识水平与政治信息量。由于知

---

[1] 王沪宁：《转变中的中国政治文化结构》，《复旦学报》（社会科学版）1988年第3期。
[2] 俞可平：《政治文化论要》，《人文杂志》1989年第2期。
[3] 刘彤、柏维春：《论政治文化的内涵和结构——兼议我国政治文化的研究取向》，《政治学研究》1996年第1期。

识会影响观念，观念的知识化又会促进知识的增长"①，因此，政治知识的认知会使政治知识得以不断积累，政治观念不断强化。认知"不仅包括信息的数量，而且也包括它的特性和准确性以及组织和处理信息的能力"②，可见，政治认知也体现出人们关于政治知识的智慧。政治态度表现了"人们在政治问题上的性格和精神状态"③，它来源于政治认知，并直接影响人们的政治行为。政治情感是人们在政治生活中形成的感受与体验，即"对政治和政治生活的同情、喜欢、愉悦、亲近、感激、向往、轻视、疏远、冷漠、厌烦、愤怒等"④，反映了"人们对政治目标的依附或反抗的心态"⑤。从三者的关系来看，政治认知会影响政治态度，政治态度会逐渐形成政治情感，而政治情感反过来又会进一步固化政治认知和政治态度。可见，要促进政治文化的发展，首先要提升公众的政治认知。

随着治理理论的兴起，治理作为一种完全不同于传统科层制管理的模式迅速引起了国内学者的关注。尤其在近几年，随着国家治理、地方治理、基层治理、政府治理、社会治理等概念被广泛使用，治理已然成为一种显学。对于治理理论在中国的适用性问题，郁建兴等指出，如果因现实关怀而忽视了应有的学术理性，就可能导致对理论的随意解释和对实践的误导，而如果运用结构分析方法而否定治理理论的中国适用性，暗示了结构（如权力结构、制度结构、社会结构等）一成不变的基本假定，按照这种假定，经济社会的发展变迁必定趋于静止。基于此，需要"在正视结构因素的前提下，认可某种'弹性'，考察行动者在具体结构背景下能进行何种策略选择和行动"⑥。从当前中国治理研究的热点和焦点看，政府行为方式的转变、社会组织与政府的协同与合作、公众参与等构成了治理研究的主要议题。在这些议题中，政府行为的合法性是无法避开的一个问题。合法性意味

---

① 张康之：《论社会治理中的知识》，《学海》2014 年第 5 期。
② 马文辉：《论政治文化的实质与属性》，《政治学研究》1996 年第 4 期。
③ 俞可平：《政治文化论要》，《人文杂志》1989 年第 2 期。
④ 马文辉：《论政治文化的实质与属性》，《政治学研究》1996 年第 4 期。
⑤ 俞可平：《政治文化论要》，《人文杂志》1989 年第 2 期。
⑥ 郁建兴、王诗宗：《治理理论的中国适用性》，《哲学研究》2010 年第 11 期。

着"某种政治秩序被认可的价值"①,它会影响政府的权威性。阿尔蒙德指出,"某一社会中的公民都愿意遵守当权者制定和实施的法规,而且不仅仅是因为若不遵守就会受到惩处,而是因为他们确信遵守是应该的,那么,这个政治权威就是合法的"②。在实践中,政府通过正式制度结构如权力秩序、法律法规构建权威,使其行为具有合法性,同时,政府通过参与、对话、协商等非正式的制度安排使民众信任政府,认同政府的权威,增强政府行为的合法性。

在政治文化研究的视野中,政治所关注的是运用公共权力协调各种社会关系,建立稳定的社会秩序以维持人们的共同生活,其核心问题在于"协调个人与社会、特别是个人与国家的关系"③。在治理的视野中,治理所关注的是多元主体如何互动与合作以追寻合作共治的问题,体现了"公共性"和"合作性"的价值追求。比较这两种视野,不难发现,它们包含了一个共性的话题:政府与社会的关系。这一共性话题使得政治文化与治理之间彼此产生了交叉互构的关系,即新的政治文化中纳入了治理的一些理念,而治理也会结合中国的政治文化传统因地制宜地应用于实践。主要体现在,一方面,治理理论在中国的传播会受到中国政治文化的影响;另一方面,中国的政治文化会借鉴治理理论而不断发展,形成新的政治文化。正如学者所言,"一种新的政治文化体系往往是在综合旧的文化体系中的合理成分和新的政治思想体系中的积极因素的基础上形成的"④。尽管如此,治理理论的引入虽然会"使政治文化中所包含的整体思维方式和价值准则有所调整和改变,但却无法失去决定其本质特征的整体民族文化特点"⑤。在政治文化与治理的双重作用下,基层政府治理受到的影响尤为显著。这是因为,治理现代化的推进一方面来自中央政府在宏观

---

① [德]尤尔根·哈贝马斯:《交往与社会进化》,张博树译,重庆出版社1989年版,第184页。
② [美]加布里埃尔·A. 阿尔蒙德、小 G. 宾厄姆·鲍威尔:《比较政治学:体系、过程和政策》,曹沛霖、郑世平、公婷等译,上海译文出版社1987年版,第35页。
③ 张康之、王晓云:《在两场学术运动巧遇的背后——论政治文化研究与新公共行政运动的内在联系》,《吉林大学社会科学学报》2005年第1期。
④ 张康之:《政治文化:功能与结构》,《中国人民大学学报》1999年第1期。
⑤ 汪波:《建构政治文化理论框架的尝试》,《政治学研究》2000年第1期。

层面上的制度设计和战略引导,另一方面,来自基层政府在微观层面进行的治理改革与创新的实践探索。基于此,本书将政治文化发展与治理现代化相结合来考察基层政府治理,治理现代化使得政治文化的发展趋于制度化,从制度和体制方面来推进基层政府治理创新;政治文化使得治理现代化更加体现出中国的治道模式,促进基层政府治理改革。

三 政治文化传统与传统的基层政府管理行为

中国的政治文化传统表现出重国而轻民的特征。徐大同等指出,"传统的政治文化表现出与人的政治行为紧密结合和追求实用的倾向。注重治国之道,而不注重制度的研究。以君为师,以吏为师确认了权力对认识的最高裁决权",尽管强调"重民",但"民"不是权力的主体,而是客体,是被动的受治者。这种重民培育的只能是对"官"与"皇权"的肯定[①];王沪宁亦指出,"中国政治文化强调通天人一内外,内圣外王。在这种精神主导下,则有忠君、草民等种种观念萌发"[②];王绍光认为,"中国传统文化是义务本位的文化,而不是权利本位的文化。在这种整体本位和义务本位的文化里,民众的利益表达和参与显然没有一席之地"[③];金太军亦认为,"中国传统政治文化包括从一个中心元点(君主)出发的单向辐射型政治意识形态,以'忠'、'孝'为核心的伦理至上的政治评价模式,丧失主体性的政治依附情感等"[④]。在这种政治文化传统下,政府与社会/民众的关系是一种统治与被统治的关系。传统的基层政府管理必然表现为控制和管制的模式。

从政治认知上看,由于传统的基层政府管理模式是自上而下的控制和管制模式,"政治信息的输出是从一个行政中心点(中央政府)

[①] 徐大同、高建:《试论中国传统政治文化的基础与特征》,《天津社会科学》1987年第5期。

[②] 王沪宁:《转变中的中国政治文化结构》,《复旦学报》(社会科学版)1988年第3期。

[③] 王绍光:《政治文化与社会结构对政治参与的影响》,《清华大学学报》(哲学社会科学版)2008年第4期。

[④] 金太军:《论中国传统政治文化的政治社会化机制》,《政治学研究》1999年第2期。

单向辐射至行政末梢（社区），信息获取渠道单一，而官僚所掌握的专业化的知识使他们持有一种行政傲慢，拒绝向公众开放，甚至把政府转化为一个封闭系统"[1]，因此，人们可获得的信息量也十分有限，政治知识水平普遍不高。受限的政治认知会导致政治的认同度低以及政治情感淡薄。根据学者的研究，"尽管公众表现出顺从依附于权力、权威，但又激烈否定拥有权力、权威的群体，这表现出公众政治态度极具传统性的一面：即将道德政治化，强调执政者个人的道德自觉，在放弃自身应有的政治参与权利的同时，保留了对官员进行道德批判权力"[2]。还有学者对中国中产阶层的政治态度进行考察，研究发现"他们对当地政府工作满意程度的评价较低、对当地政府也表现出了较差的信任程度"[3]。此外，传统的基层政府管理受到效率文化的影响而采取强有力的社会管制来实现高效管理，效率不仅是行政的手段，也是目的。政府的社会治理活动把效率追求放在了非常突出的位置上，"官僚制的形式合理性设置把政府官员置于不可选择的效率目标中去了"[4]。对效率的追求难免会忽视公平公正，从而削弱了政府的合法性。可见，传统的基层政府管理模式已然遭遇到了认同危机和信任危机。

当然，政治文化传统中也不乏许多积极的因素，诸如儒家的仁政思想、道家的无为而治、法家的依法治国等，这些优秀的思想在政治文化发展的数千年来得以延续和发扬光大。时代在前进，政治文化也在传承中逐渐更新，"每一个时代的社会治理都不可能拒绝从历史上传递过来的知识，管理型社会治理方式会把统治型治理方式遗传而来的知识当作宝贵资源，服务型社会治理方式也会乐意于接受管理型社会治理中的知识"[5]。治理现代化也必然在与政治文化传统的互补融合中构建政治发展框架，进而推进行政体制改革。

---

[1] 张康之：《论社会治理中的知识》，《学海》2014年第5期。
[2] 范雷：《80后的政治态度——目前中国人政治态度的代际比较》，《江苏社会科学》2012年第3期。
[3] 张翼：《当前中国中产阶层的政治态度》，《中国社会科学》2008年第2期。
[4] 张康之：《论社会治理效率观的改变》，《中共浙江省委党校学报》2017年第2期。
[5] 张康之：《论社会治理中的知识》，《学海》2014年第5期。

四　基层政府在政治文化发展和治理现代化中的作为

当前，基层政府治理受到来自政治文化发展和治理现代化进程的双重压力。在治理语境下，尽管治理理念已经渗入基层政府治理的各个方面，但是治理知识的缺乏以及传统管制思维的根深蒂固，基层政府在社会治理中会出现诸多问题。对基层政府而言，一方面，必须接纳基层治理对传统政治文化的依赖是不可改变的事实；另一方面，也需要通过发展政治文化和创新体制机制而寻找治理现代化的出路。

基层社会结构会影响基层政府治理的模式。社会结构是"政治文化赖以存在的基础"[1]，也是治理改革得以开展的土壤。传统社会结构"像一个硕大无比的蜂巢，每个蜂室是一个相对独立的社会、文化和政治共同体。基层共同体的居民对区域内部状况相当了解，并具有高度的集体认同感"[2]。在这一结构下形成了一种专制、封闭的基层管理模式，基层政府管理也因"山高皇帝远"而出现了一种"集权的简约治理"[3] 的模式。经济社会的发展促使社会结构转型，社会结构从原子化、封闭的传统格局转变为流动性强、开放的多元格局。在这一背景下，基层政府治理改革与创新势在必行。从基层政府治理的改革实践来看，一方面，基层政府通过大力推进政治社会化来提升民众的政治认知，增强民众对基层政府的信任和认同；另一方面，通过提高基层社会的自组织能力，培育民众的参与意识，促进多元共治。基层政府在政治文化传输及推进政治社会化过程中扮演着关键角色，"中国的政治社会化过程表现为执政党领导国家政权体系和通过学校、家庭、大众传媒等主要途径，采取政治宣传、政治教育、政治培训等形式将主导政治文化进行广泛社会传播和教育的过程"[4]，这其实是一个互动的过程，由于基层政府最接近民众的日常生活，在政治文化

---

[1] 徐大同、高建：《试论中国传统政治文化的基础与特征》，《天津社会科学》1987年第5期。

[2] 王绍光：《政治文化与社会结构对政治参与的影响》，《清华大学学报》（哲学社会科学版）2008年第4期。

[3] 黄宗智：《集权的简约治理——中国以准官员和纠纷解决为主的半正式基层行政》，《开放时代》2008年第2期。

[4] 陈义平：《论发展中国特色社会主义政治文化》，《政治学研究》2008年第4期。

第六章　基层政府行为与基层治理改革

传播中，基层政府作为政治文化输出的最末端，可以及时地将政治文化在民众间进行传播扩散，也能及时地获取民众的反馈信息。同时，民众在政治文化传播过程中获得政治信息的内容，将"政治知识经个体思维加工和内化"[1]，并通过与基层政府的日常互动而不断加深政治认知体验。此外，基层党组织在政治社会化过程中也发挥了重要作用。基层党组织通过"政党扩张、政党增殖提升政党覆盖面的广度和强度"[2]，基层党组织与社会组织优势互补、协同合作，如通过培养党员在社会组织中成为领袖，或者发展社会组织中的领袖为党员等来推进在非行政控制领域的党的基层组织建设，提升政党在民众中的公信力和认同度。

治理现代化所提倡的多元互动、协商与合作对政治文化提出了新的要求。基层政府需要完成一种面向公共治理的性质转变，改变命令和管制的行为方式，将参与、自治等要素纳入政治文化中，鼓励其他主体参与到社会治理事务中。从目前来看，公众参与被广泛应用于基层事务治理和公共服务中，如政社互动和三社联动实践、政府购买基层社会组织服务、社区居民自治项目化探索等，都体现出基层政府对公众参与是有意而为之的。然而，公众参与并非一蹴而就，参与的效果会受到公众政治认知的影响，"如果公众没有政治运作方面的知识，就会在参与到政治过程中时露怯出丑"[3]，"政治知识的缺乏，也会使公众的参与表现出缺乏理性和情绪化的特点"[4]。因此，基层政府加强政治信息的公开透明，提高决策过程的开放程度，都有助于公众政治认知的提升，进而促进公众参与。此外，基层政府通过创新机制，如参与机制、互动机制、竞争与合作机制等来改进政府与社会间的关系模式。政府创新在推进政治文化发展与治理现代化中十分重要，"在一个高度复杂性和高度不确定性的时代，公共利益以及社会公平、

---

[1] 李元书、杨海龙：《论政治社会化的一般过程》，《政治学研究》1997年第2期。
[2] 郑琦：《政党社会化：当代基层党组织建设的路径选择》，《中共浙江省委党校学报》2016年第1期。
[3] 张康之：《论社会治理中的知识》，《学海》2014年第5期。
[4] 王丽萍：《政治发展进程中的中国政治文化构建——兼论改革开放三十年中国政治文化》，《北京大学学报》（哲学社会科学版）2009年第1期。

正义等价值的实现,都更多地取决于公共部门行动者的创新行动。如果不是行动者的持续创新,稳定的制度所呈现给我们的都将是它的缺陷"[1]。

五 政治文化发展与治理现代化下的基层政府治理创新

党的十八大报告提出,"倡导富强、民主、文明、和谐,倡导自由、平等、公正、法治,倡导爱国、敬业、诚信、友善,积极培育和践行社会主义核心价值观",这一论述明确了新时期社会主义核心价值观的基本要义。一种政治文化的形态如何,"最关键的是支撑其骨骼价值系统如何,政治文化的转变需要围绕一定的价值系统去生长和发育"[2]。当前铸造的价值核心,是在承继优良的政治文化传统的基础上加入治理的新思想,体现了中国传统政治文化与现代治理理念的结合。政治文化发展为基层政府治理改革提供了新的思路,"对基层政府而言,民主和法治成为改革的重要主题,改革所涉及的内容不仅包括诸如制度、体制、权责等构成的结构要素,还有道德、价值、态度、心理等情感要素,这些要素融汇于治理改革过程中,契合了以人为本的发展思路;对居民而言,政治文化不仅为其有效的行为方式提供了控制性的指导原则"[3],更重要的是,有助于培育其公民意识,"公民意识的产生是传统政治向现代政治转型的一个重要结果"[4]。可见,政治文化发展更多是从理念和指导思想上影响基层政府治理,使基层政府治理改革着眼于从制度和文化两个方面共同推进。

而治理现代化则更多是从方法和策略上影响基层政府治理。基层政府治理改革既包括基层政府自身角色和行为方式的变革,也包含基层政府对社会治理方面的改革。其中,社会治理作为国家治理的子部分,与国家治理之间存在着张力,郁建兴等指出,"现代国家治理能力的拓展离不开社会治理,社会治理固然可能造成能力低下的政府的

---

[1] 张康之:《论社会治理效率观的改变》,《中共浙江省委党校学报》2017年第2期。
[2] 王沪宁:《转变中的中国政治文化结构》,《复旦学报》(社会科学版)1988年第3期。
[3] 汪波:《建构政治文化理论框架的尝试》,《政治学研究》2000年第1期。
[4] 王丽萍:《政治发展进程中的中国政治文化构建——兼论改革开放三十年中国政治文化》,《北京大学学报》(哲学社会科学版)2009年第1期。

第六章 基层政府行为与基层治理改革

困境，但也是有效国家治理的基石，国家治理体系与治理能力现代化的方向选择将影响社会治理的发展进程，社会治理的良性发展可以促进国家治理体系与治理能力提升"①。基于这种张力，基层政府在社会治理中的策略表现为，主张多元主体间合作共治，鼓励其他主体参与社会治理，积极运用参与、合作等理念来推进治理现代化，同时，制定制度、法规来影响社会治理的实际操作，保障基层政府的合法性和权威性。以公众参与为例，基层政府一方面积极动员居民参与社区事务治理，一方面通过制定参与规则、设计参与程序来规范居民的参与行为，使参与活动受限在政府可控范围内，这既能提高居民对基层政府的认可度，也能增强基层政府的合法性和权威性。根据阿尔蒙德的区分，顺从者在参与过程中会显得比较被动，尽管他们对政治体系施加于他们生活的影响有所认识，但并不会积极地影响政府的行动。而参与者有着较高的政治认知，并形成了积极参与的政治态度，相信自己只要努力去做就能影响国家的政治事务。从这种区分上看，当前我国基层政府引导的公众参与更多体现为一种顺从者的参与形式，而治理现代化的过程需要公众从顺从者转变为参与者。

政治文化发展与治理现代化共同影响着基层政府治理改革。基层政府面临着传统政治文化向现代政治文化变迁，以及与治理理论相交融等挑战。基层政府在治理过程中一方面需要重视政治文化的社会化过程，通过教育宣传引导、制度规范和公共政策影响等多种途径，使政治文化经过通俗化、普及化的过程得到公众的认同。在这一过程中，基层政府要提高信息的公开性和透明度，提升公众的政治认知，并让公众参与到决策环节中，而不是仅仅停留在决策前的意见征集和决策后的执行反馈上。另一方面，基层政府需要基于治理理念来转变行为方式，在基层治理和服务中更多采用与公众、社会组织协商、合作等方式来实现共治，以居民自治、政府购买社区社会组织服务等方式推动社区自治，以民主沟通来取代独断管制，尤其在冲突调解中，更需要强调基层治理的多元利益表达机制，而不是靠"维稳""摆

---

① 郁建兴、王诗宗：《当代中国治理研究的新议程》，《中共浙江省委党校学报》2017年第1期。

平"等策略来应付了事,郁建兴等认为,"'摆平'策略中会给基层社会带来恶性的示范效应,使得民众更加习惯于或信任使用社会动员的方式表达他们的意见,进而引发新的社会问题"[1]。可见,基层政府治理改革需要面向"公共性"。对于公共行政而言,"公共性的概念是与合理性、合法性和代表性等联系在一起的"[2],公共性通常是以公共利益的表达和公共参与的形式来表现。需要指出的是,就公民参与本身而言,它并不能体现公共性。如果公民参与只是发生在决策过程之外,那么公民参与只能说是一种形式上的参与,很难影响政策制定。从这个意义上说,体现多元利益、实现公共利益是基层政府行为选择的一个重要的维度。

---

[1] 郁建兴、黄飚:《地方政府在社会抗争事件中的"摆平"策略》,《政治学研究》2016年第2期。

[2] 张康之:《公共行政的行动主义》,江苏人民出版社2014年版,第92页。

第七章 新基层治理

第一节 治理现代化进程中的基层治理

本节主要探讨基层治理与治理现代化之间的关系，尤其关注基层治理在推进治理现代化进程中所发挥的作用，并思考基层政府在治理现代化中所面临的挑战以及未来可能的命运。通过更好地整合政策和服务来确保治理得到改善是地方政府和基层政府最重要的任务，因为"越是在基层，越需要地域化、个人化、权变化、柔性化的治理策略和行为"[①]。

治理的广泛应用回应了现代社会复杂多样和动态性所带来的挑战，治理现代化要求治理不仅要高效，而且要高质量，治理项目既要关注最优价值，又要关注其他方面，这需要政府将政策制定与治理项目的规划、设计和供给相结合。治理理论主张"改变政府作为单一行动者、以层级制为主的运作模式，强调政府与私人部门和志愿部门形成伙伴关系，政府不再是以强制性权力直接干预自组织网络"[②]。这使得公共和私人部门以及志愿者组织、社区之间的关系发生了改变。多元化主体的治理过程产生了多样化的治理机制，如委托代理机制、市场机制、互动机制、协调机制、网络机制等。在治理实践中也出现了多样化的治理技术，如"决策统一性与执行灵活性之间的动态关系、政治教化的礼仪化、运动型治理，行政逐级发包制，上下分治的

[①] 叶敏：《城市基层治理的条块协调：正式政治与非正式政治》，《公共管理学报》2016年第2期。

[②] 田凯：《治理理论中的政府作用研究：基于国外文献的分析》，《中国行政管理》2016年第12期。

治理体制，这些机制在正式制度与非正式制度之间进行微妙的转换和调节"①。有学者对治理理性与治理技术的关系进行了区分，指出治理理性是现代国家辨识社会问题、构想公共政策议程，以及合理化国家干预的一系列思考逻辑与行为过程。而治理技术是使特定治理理性得以实现的干预方式。干预可以表现为多种形式，"既包括市场竞争、财政监管、法律途径，也包括授权、参与、自我治理与社区发展"②。

一方面，城镇化和信息技术正在以前所未有的效力改变着经济社会；另一方面，管理的碎片化和民主的缺陷，导致地方治理中权威、合法性和问责性的缺失，这给治理带来了诸多挑战，引发了治理危机。正如学者指出，"这不仅是治理技术与治理体制的危机，更是基层生态与文化危机，是日益严重的综合性危机，是复合性危机"③。在此背景下，地方政府提出了新的治理策略，它的目标是要持续改进政府的治理能力，整合政策制定和执行过程以消除专业和组织的边界。由于政府在治理现代化和民主化议程的优先权设置上存在模糊性，因此，在政策活动中二者会存在一定的张力。这些张力主要表现在三个方面：一是政府的角色张力；二是代议制民主和参与民主之间的张力，在治理活动中只考虑代议制民主而不考虑参与民主是不够的，需要考虑二者如何共同运行；三是现代化的自上而下方法和民主化的自下而上方法之间的张力。

基层治理作为替代方案被提出来，正如学者指出，"'自上而下'视角，考察地方政府在多大程度上执行了中央政策，并试图探寻其中的关键因素，'自下而上'视角以地方政府的动机和实际环境为出发点，通过剖析地方政府在政策执行中的理性选择和行动策略，致力于探讨改进政策执行的激励机制"④。基层治理反对管理主义观点，通过强调民主参与的重要性，将公众和治理机构重新连接起来。近年

---

① 叶敏：《城市基层治理的条块协调：正式政治与非正式政治》，《公共管理学报》2016 年第 13 期。
② 黄晴、刘华兴：《治理术视阈下的社区治理与政府角色重构：英国社区治理经验与启示》，《中国行政管理》2018 年第 2 期。
③ 肖唐镖：《城乡基层治理"复合性危机"观察》，《学术前沿》2015 年第 2 期。
④ 杨宏山：《情境与模式：中国政策执行的行动逻辑》，《学海》2016 年第 3 期。

来，学界和实践者对基层政府、社区福祉、邻里重建和公众参与等问题的一系列讨论表明基层治理正在走向复兴。基层治理的未来成为最受关注的议题之一，学者指出，"基层治理是一个政治制度框架或政治结构之中最基层的权力运作过程，在国家治理结构和治理体系中，基层治理具有基础性地位和功能"[1]。基层社会治理是一项复杂的系统工程，"其治理体系是依据其所在社会的历史条件、社会结构、人口特质、发展特性等条件所构建出的具有整体性、系统性和协同性的有效治理体系"[2]。基层治理作为一种发展路径，不仅现实地改变着当代中国的社会结构，而且"切实地为中国社会的发展、转型提供了一种新的观察视角和可行的路径探索"[3]，基层治理创新最重要的是实践，从经验积累当中找到可以不断改进治理的措施和方向。很多有生命力的改革都是在基层社会先出现，这是中国改革的特色，任何治理都是地方性的，"不从地方性的基本社会事实出发，很难去探索国家治理体系与治理能力的现代化"[4]。

就目前来看，基层政府作为基层治理框架的核心，一方面呈现出改革的多样性和创新的主动性特征；一方面，由于地方政府对基层政府采取赋权与绩效评估并重的策略，因此，一般是由地方政府进行决策并评估，基层政府负责执行。然而，地方政府自上而下的行动方式限制了基层政府和社区提高公共服务水平和民主参与的能力。尤其在社区治理中，由于社区发展的主要目标和关键任务是由中央政府或地方政府制定的，因而自下而上的方法也会受到制约。但是在一些项目中，地方政府也会赋权给基层政府，或是和基层政府共同决策。随着治理现代化的推进，越来越多的行动者参与到治理过程中，政府不再是唯一的决策主体。治理强调互动性意味着政府角色的减弱，其影响力也逐渐减少，尤其在地方层面，基层政府面临着新的挑战，正如学者指出，"在当下基层治理的场域中，服务行政理念与'不出事'逻

---

[1] 陈家刚：《基层治理：转型发展的逻辑与路径》，《学习与探索》2015年第2期。
[2] 范如国：《复杂网络结构范型下社会治理协同创新》，《中国社会科学》，2014年第4期。
[3] 陈家刚：《基层治理：转型发展的逻辑与路径》，《学习与探索》2015年第2期。
[4] 周庆智：《基层治理创新模式的质疑与辨析》，《华中师范大学学报》2015年第2期。

辑之间的张力、公众参与治理的意识与服从型政治文化之间的张力以及公共精神与宗族观念之间的张力是导致我国基层治理实践陷入困境的主要的内外部张力"[1]，治理促使基层政府与公众建立伙伴关系，共同寻找新的方法来解决问题。

考虑到基层治理的权威性、合法性和问责性来源，以及基层政府在基层治理中的角色以及行为方式，基层治理主要有三种模式（如表7-1所示）。

（1）基于社区治理的基层治理模式，地方政府通过促进横向的资源竞争与绩效评估导向来推动社区的自主治理。通过强调社区责任，使地方政府在社区服务领域的退出合法化，促进社区主体参与社区事务的积极性。基于社区治理的基层治理模式既要赋予社区自主治理和服务供给的权力，也要赋予其自主规划和制定决策的权力，增强社区自治能力。通过塑造社区感和公共精神来培育志愿精神，促进志愿活动，推动社区志愿服务的发展。

（2）基于政府治理的基层治理模式，即认为一个成功的基层治理体制体现了多元利益行动者之间最为恰当的关系构成，尤其突出政府的角色和作用。学者指出，社会治理要求"去国家化"，重视社区、社会组织等非国家行为主体的作用，但这并不等同于政府责任的弱化。政府在社会治理中应承担制定规则、完善协调机制、加强能力建设等职责。基于我国当前现状，"建立一种超越市场本位和国家本位、追求更多社会责任和社会参与的新型治理模式应当成为体制创新的目标，在这一目标的实现过程中，政府的作用极为关键，它不仅是社会治理体制框架的确立者，而且也是社会自治的培育者，新治理工具的选择者和规制者"[2]。

（3）基于公众治理的基层治理模式。公众治理的路径认为公众是治理分析的核心，但是邻里间的联系可能会很弱且不可持续。

---

[1] 蔡林慧：《论正式规则与非正式规则对基层协商治理制度变迁的影响》，《中国行政管理》2015年第12期。

[2] 周俊、郁建兴：《社会治理的体制框架与创新路径》，《浙江社会科学》2015年第9期。

表 7-1　　　　　　　　　基层治理的三种模式

	社区治理	政府治理	公众治理
公众角色	在基层政府设立的框架内参与基层治理	在多元主体建立的框架内参与基层治理	在提供治理和服务中居于主导
其他组织的角色	与基层政府是伙伴关系，提供政策和服务，聚焦战略层级	为伙伴关系和社区治理共同建立规则。在服务供给中扮演合作者和支持者角色	与社区公众共同提供政策和服务
基层政府角色	为参与伙伴和社区设立框架和建立规则，在提供服务中扮演领导角色聚焦战略层级	与多元主体合作共同提供政策和服务，有责任确保社区的诉求能够被回应	在由社区建立的框架下参与基层治理，基层政府扮演赋能的角色，并对政策负责

基于社区治理的基层治理。这是一种"通过社区治理"的基层治理。社区治理是否成功在一定程度上要看政府能否以不同的方式保持其影响力，使政府在治理和服务领域中的退出并不会削弱其权能。有学者提出过社区政府的理念，认为"增加地方政府的权利，特别是给予其普遍的权力，有助于地方政府应对复杂多变的社会问题，将关注点从提供服务转向满足社区多元需求，转变为社区政府"[1]。不同于传统的地方政府体制是建立在代议制民主和组织科层制的基础上，通过结构保障其问责性，社区政府的核心在于加强责任性，运用政治合法性保障其在公众和社区里的代表角色，并突出其战略角色。社区政府需要满足的四个条件，即具有为社区发声的能力；能够作为社区的代表权威；建立回应权威；通过吸纳公众，为责任权威打下基础。社区政府尽管失去了一些权力，但具有了战略治理的角色，并作为一个战略工具，这为社区政府重获权威提供了可能性，社区政府在建立组织结构和运行规则中发挥了重要作用，确保了地方性选择在任务和目标方面的影响，并在社区服务中建构了恰当的主体间关系。

---

[1]　Michael Clarke and Jojn Stewart, "The Local Authority and the New Community Governance", *Regional Studies*, Vol. 28, No. 2, Summer 1994, p. 201.

基于政府治理的基层治理。政府治理是政府与其他主体基于权力和资源能力共同治理，这意味着基层政府有责任改进与社区和志愿组织之间的关系。斯托克指出，"良好的地方治理体制可以促进民主，这是因为，良好的地方治理体制认可公共部门、私人、志愿者和社区以及不同利益主体间的权力关系，具有开放、协商和整合行动的能力"[1]，协商有利于人们获得更多的信息，这对形成共同利益来说很重要，协商还能够提高领导力质量，因此，公众应该获得参与的权利和机会，政府需要吸纳公众来产生足够的行动能力，形成"基于功能匹配与互利合作原则的多元主体协同治理框架"[2]。

基于公众治理的基层治理。基于政府导向的治理理论认为，政府利用社区和公众来获得支持或是维持合法性的手段，而不是真正赋权给公众和社区让他们代表自身利益来行动。而基于邻里的公众治理能够增强民主，公众治理在基层中最为有效，一些关键活动，如教育、社会福利、公共服务、娱乐等都应该置于对家庭和邻里有意义的层面上。基层公众治理的框架从家庭出发，通过在邻里或社区里建立一个行动网络来满足家庭的需求。这一分析框架是对集体（科层和官僚）和私人（市场）模型的替代，它与当地人生活最息息相关，弥补城市服务的分散提供以及对需求的回应。在治理现代化时代，权威是从属的和脆弱的，需要基于共享价值观和共享责任来实现共同目标，公众治理应当关注参与过程的建立和邻里需求的满足。

基层治理发展有助于促进治理现代化和民主化。基层治理促进治理现代化和民主化的方式有很多，其中最为重要的方式是转变基层政府角色。越来越多的研究者认识到，如果想要维持基层政府的合法性和权威性，就必须通过与多元利益相关者进行合作，进而形成学习型组织来发展能力。这一转变需要地方政府和基层政府结构改革的推动，决策制定和服务供给需要下放到基层使社区能够参与，实现社区赋能与政府职能转移，以及以公众参与为核心的治理模式。权力不再

---

[1] Gerry Stoker, "Was Local Governance Such a Good Idea? A Global Comparative Perspective", *Public Administration*, Vol. 89, No. 1, March 2011, p. 15.

[2] 杨江华：《协同治理视野下的单位制社区建设：路径模式与制度框架》，《人文杂志》2015年第10期。

通过强制的方式发挥作用，而是"寻求通过对公民的自我引导行为的微观管理而实现治理"①。对赋权放权的讨论必然会引起中央政府、地方政府和基层政府之间的相互关系和信任程度的变化。没有强调赋权的决策结构改革是不足为信的。为了解决这个问题需要对推动现代化和民主化的价值观进行更加清晰的说明。基层治理模式揭示了三个可能的潜在价值观，即"通过社区政府加强基层政府角色，通过基层治理促进决策制定的多元化；通过公众治理赋权公众来参与"②。

目前，我国的基层治理处于理想化程度过高而现实行动力不足的困境中，呈现出公众参与不足、治理绩效不佳等问题。尽管基层治理不存在普适的最佳模式，但"需要根据不同的行动情境，确定有效的恰适模式"③，正如学者指出，"从理想目标看，基层既应是适合居民生活意愿、乐于人居的生活共同体，也应是充满活力、与国家治理长远目标相适应的善治共同体"④。借鉴 Lindblom 的渐进主义观点，"即在有限知识的情况下，政策制定者无法认识到所有重要的变化，因此，从不良的状态中走出一小步，小的渐进改革最终会导致大的变化，这是更适合和实用的方法"⑤。

第二节　基层治理的行动方案

基层治理主要包含两个方面，一是基层政府治理，即基层政府对社会进行治理，包括基层社会事务管理和服务提供，以及对社区居民的回应和社区建设等，基层政府通常也会纳入居民和其他主体共同参与治理过程；二是基层社会治理，即居民自主治理社区事务和提供服务，表现为社区自治。相比于国家治理和地方治理，由于基层治理与

---

① 黄晴、刘华兴：《治理术视阈下的社区治理与政府角色重构：英国社区治理经验与启示》，《中国行政管理》2018 年第 2 期。

② Helen Sullivan, "Modernisation, Democratization and Community Governance", *Local Government Studies*, Vol. 27, No. 3, September 2001, p. 1.

③ 杨宏山：《情境与模式：中国政策执行的行动逻辑》，《学海》2016 年第 3 期。

④ 肖唐镖：《城乡基层治理"复合性危机"观察》，《学术前沿》2015 年第 2 期。

⑤ Erik Hans Klijn, "Complexity Theory and Public Administration: What's New?", *Public Management Review*, Vol. 10, No. 3, May 2008, p. 299.

居民生活最为密切，因此，基层治理面临着一个特殊的挑战，即要改善居民的生活状况。新型城镇化和治理现代化给基层治理发展带来新机遇，也带来新挑战。在基层治理中，存在着社会活力与行政权力之间的张力，这一张力是我们理解基层治理发展的出发点。基层治理发展需要关注两个问题：第一，衡量基层治理发展的标准是什么？第二，如何促进基层治理发展？

本书首先提出三个事实判断：第一，我国城镇化进程推动了城乡迅速发展，同时也带来了诸多城乡基层治理问题，这些问题在以房地产开发形成的现代化社区和以征地拆迁形成的村转居社区中尤为凸显；第二，党和政府在基层治理改革与发展中扮演了重要角色，他们既是基层治理改革与发展的决策者，也是执行者；第三，治理现代化正在改变基层治理的结构和规则，突出表现在公众参与和基层协商方面。基于对以上三个事实的判断，我们基于行动导向理念，从合法性和有效性两个维度来讨论新型城镇化和治理现代化情境下的基层治理发展，并提出基层治理发展的新路径。

一 城镇化进程中的基层治理

城镇化"基于经济地理学的视角"[1]，为城市的快速发展提供了一个有力的解释，城镇化被认为是"发展中国家持续发展的必要因素"[2]。城镇化和城市发展是相互促进的，城镇化促进了城市的快速发展，而城市发展又进一步提高了城镇化水平。然而，城镇化也会给城市治理带来许多问题，如外来人口管理、城乡差距、土地财政下的房产和金融泡沫等。从城镇化历程来看，城镇化经历了从传统城镇化到新型城镇化的转变。城镇化的提倡者认为，"城市具有效益优势，城市效益优势的重要性表明限制城镇化会导致损失"[3]，而批评者对

---

[1] Anthony J. Venables：《全球化世界中对经济增长的再思考：一个经济地理学的视角》，载 Michael Spence 等编《城镇化与增长》，中国人民大学出版社 2016 年版，第 48 页。

[2] Patricia Clarke Annez、Robert M. Buckley：《城镇化及其发展文献综述》，载 Michael Spence 等编《城镇化与增长》，中国人民大学出版社 2016 年版，第 16 页。

[3] Gilles Duranton：《城市是发展中国家繁荣和发展的发动机吗？》，载 Michael Spence《城镇化与增长》，中国人民大学出版社 2016 年版，第 68 页。

城镇化的经济影响则持悲观态度，认为城镇化不一定能促进经济发展，反而会带来一系列社会问题。尽管在城镇化过程中会出现许多社会问题，但从历史演进和各国经验来看，城镇化并非引发社会治理问题的根源，城镇化作为工业化和现代化的一个必要组成部分，是国家持续发展的一个必要因素。对政策制定者而言，"政策优先考虑的应该是如何防止或抑制城镇化过程中发生的严重失衡，而不是试图去减缓甚至是逆转城镇化进程"[1]。

（一）基层治理风险与社区发展

城镇化促使大批的非城市人口涌入城市，工业和服务业也集中在城市，这使得城市产生了集聚效应，"城市的集聚效应促进了知识的分享，方便了代际、扩散和知识积累所需要的面对面交流"[2]。然而，城镇化在推进城市经济发展的同时，也加剧了城市社会问题。尤其在基层，城镇化进程中由城市空间变化引发的征地等问题，导致社会矛盾频发，造成了持续增加的社会不满和治理风险。城镇化过程始终伴随着经济高速发展与人居环境持续恶化之间的矛盾，"城市里愈发密集的人口催生了大型社区甚至是超大型社区的出现"[3]，与此同时，征地拆迁的失地农民被安置在城市里的村转居社区（城中村），这些过渡型社区由于租金便宜也成为外来务工者的栖身之所，"社区人群的高度异质化"以及城市生活的多样化和碎片化加剧了基层治理风险。[4]

促进社区发展成为应对基层治理风险的一个新策略。不同于国家治理和地方治理的发生场域，基层治理主要发生在社区。尽管三者的发生场域不同，却有重叠的部分，即它们在社区层面有着共同的目标——促进社区发展。这使国家和地方政府的治理逻辑从强调优先发

---

[1] Gilles Duranton：《城市是发展中国家繁荣和发展的发动机吗？》，载 Michael Spence《城镇化与增长》，中国人民大学出版社 2016 年版，第 68 页。
[2] Patricia Clarke Annez、Robert M. Buckley：《城镇化及其发展文献综述》，载 Michael Spence 等编《城镇化与增长》，中国人民大学出版社 2016 年版，第 16 页。
[3] 吴晓林：《城中之城：超大社区的空间生产与治理风险》，《中国行政管理》2018 年第 9 期。
[4] 王郅强、张晓君、吴克昌：《什么样的社区更稳定？异质性社会结构对社区稳定影响的实证研究》，《中国行政管理》2018 年第 6 期。

展经济，其次整治环境和关注民生，转变为重视环境政策制定，强调经济活动和社会发展的平衡，体现出社区发展与治理现代化进程的整合性。社区发展是居民建设（自己想要的）社区的过程，即居民通过提供社区发展所需的观点、规划、方向和行动，为改进社区状况付出努力。从这个意义上讲，社区发展将地方性的知识和行动连接起来，形成了地方性的解决方案，为应对基层治理风险的复杂性问题提供了可行方案。

（二）政府主导

政府以征地权强制推进了城市土地国有制，与高度行政化的城市治理模式以及城市国有土地的市场化交易共同形成了"行政主导的中国城镇化"模式[1]。在这一模式下，政府主导和行政推动成为城市发展的源动力，也是城市治理尤其是基层治理最为重要的特征。

基层治理发生在国家权威主导的社会变迁过程中，从属于国家建构的主导方向。有学者指出，"中国政府对基层社会的治理存在着一种'控制与自治'的稳定模式，这是政府既要致力于控制和消除社会中的威胁因素又要降低官民冲突的风险所导致的结果"[2]。党和政府在基层治理中扮演着重要角色，自上而下的行政方式在早期对于推动基层治理改革效果比较明显。有研究表明，"国家介入所提供的组织资源及其制度化方式会影响邻里社会资本的生成，基层组织的网络化提供了社会资本增生的空间和激励"[3]，而政府主导的选举对社区自治组织进行赋权，可以较快和较有效地构建"以居委会为核心的集中型的基层民主治理网络"[4]。然而，政府主导也会产生一些弊端，如出现"行政内卷化现象"等[5]，不仅不利于减政，还可能增加科层层级，把公众和社会组织排除在基层治理过程之外。

---

[1] 周其仁：《城乡中国》，中信出版社2013年版，第158页。
[2] 曹正汉、张晓鸣：《郡县制国家的社会治理逻辑》，《学术界》2017年第10期。
[3] 刘春荣：《国家介入与邻里社会资本的生成》，《社会学研究》2007年第2期。
[4] 敬乂嘉、刘春荣：《居委会直选与城市基层治理——对2006年上海市居委会直接选举的分析》，《复旦学报》（社会科学版）2007年第1期。
[5] 何艳玲、蔡禾：《中国城市基层自治组织的"内卷化"及其成因》，《中山大学学报》（社会科学版）2005年第5期；马卫红：《内卷化省思：重解基层治理的"改而不变"现象》，《中国行政管理》2016年第5期。

政府主导的社区建设在短期内能够快速改善社区居民的生活状况，然而，由于政府主导的运行成本过高，因此难以在长期内可持续推进。在我国，社区是相对较新的产物，但是居委会从中华人民共和国成立开始就已经存在了。由于大多数社区是由居委会合并而成，很难区分社区和居民委员会，而且它们遵循的是1982年通过的法律，因此社区和居民委员会的工作常常是交叉重叠的。尽管中国《城市居民委员会组织法》规定，社区是自治组织，实行直接选举，但实际上，社区却履行着政府的一些功能，完成政府下派的任务，更像是政府职能在社区层面的延伸，是一种"代理治理模式"[①]。许多基层官员也是以看待居委会同样的方式看待社区，将社区看作基层权威的下一个层级，把社区作为政策执行的工具来加强党和政府对基层社会的管理，体现为由街道来任命社区领导。社区一直没有合法性身份，也没有相应的法律来描述其职责、权力以及与政府的关系。一些社区利用法律的模糊性来尝试政策创新，但由于其不能作为法律实体，因此不能签订合同和制定规则，这在很大程度上限制了社区的发展。社区运行完全依赖于地方和基层政府的决策，当社区被纳入基层政府结构中时，除非社区权力被清晰界定，尤其是与基层政府的关系，否则社区很难在社区决策中扮演重要的角色并拥有重要的自治决策权。尽管政府逐渐认识到社会力量在社区发展中的功能，但在实际操作中，政府与社会力量在基层治理发展方面却存在着许多潜在的冲突。一方面，政府对社会力量一直持有模糊和变化的立场；另一方面，尽管社会力量被视为社区治理最重要的主体，却在权力"下放"（从中央到地方、从地方到社区）中并不在场。谁是基层治理的主体会直接影响基层治理发展的目标和路径。

（三）公众参与和基层协商

近年来，随着治理的兴起和治理工具的广泛使用，在地方层面，尤其是在基层，公众参与的呼声越来越高。由于政府服务与居民的日常需求存在鸿沟，政府希望通过社区作为平台来联结政府与居民，

[①] 周庆智：《代理治理模式：一种统治类型的讨论》，《北京行政学院学报》2016年第3期。

更好地解决居民日常生活问题。社区治理成为基层治理的核心部分，是实现基层政策输出的一个必要过程。西方的社区治理与社区进步有关，它强调民主参与，主张人们组织起来面对政府的权力，表现为地方性的行动或是集体行动的过程。社区主义将道德作为核心内容，强调"个人权利与集体责任相平衡，把具有道德责任的社区行动作为介于激进个人主义和过度国家主义的一种折中方法，以回应由于过分强调个人主义而造成的社会道德结构崩塌的困境"[1]。而我国的社区治理主要与社区建设有关，表现为"政府希望通过社区建设来实现城市社会的重组和重构"[2]，以回应计划经济体制和单位制解体后社会福利和社会服务的提供问题，公众参与在早期的社区治理中并不多见。

随着现代社区的发展，人们认识到社区面临的一些复杂问题（如社区犯罪、青年人暴力、邻里关系、可持续发展等）超出了政府服务供给的范围，也不能凭个人一己之力来解决。与此同时，政府也意识到社区里多样化、差异性和个性化的需求无法通过政府规模化、同一化和整齐划一的供给方式来满足，因此需要与社区合作。现代社区治理被认为是善治的一部分，因为它是由个人、社会和政府等多元主体通过公众参与和协商来共同治理社区和提供服务，体现了基层民主理念。通常，公众参与和基层协商发生在社区环境、社区安全以及社区服务等领域。尽管越来越多的居民参与进来，但大多数的"活跃分子"仍然是那些领养老金的、非专业化的热心人士，大多数居民并不热心参与和协商。而且，由于受到传统行政习惯的影响，除必要的社区居民大会和听证会以外，社区其他会议很少对居民和其他社会力量开放。因为，对基层官员来说，他们的首要任务是维持秩序和完成任务，而不是培育社会发展和公众参与，他们认为社区的主要目标是确保社区发展与政府政策保持一致。而大多数社区居民也不知道他们在社区中的角色是什么，也不确信社区是否会代表他们的利益，因此，

---

[1] Vicky Totikidis, Anona Armstrong and Ronald Francis, "The Concept of Community Governance: A Preliminary Review", Paper Delivered to the GovNet Conference, Sponsored by Monash University, Melbourne, November 28 - 30, 2005.

[2] 卢汉龙：《单位与社区：中国城市社会生活的组织重建》，《社会科学》1999 年第 2 期。

他们会消极地认为参与和协商并不会给自己的生活带来影响，对社区没有归属感，而"社会组织由于自身发育程度低，在协商中很难获得参与的政治效能感"[1]。

基于上述事实，可以看出，传统的基层治理模式是一种制度导向的行政模式，它强调以"追求同一性的制度性思维"来开展基层治理。[2] 在制度导向下，基层治理的主轴是稳定和秩序，社会活力与行政权力之间的矛盾凸显。为了缓解这一张力，使公众参与和基层协商真正发挥其功能优势，基层治理应当转向行动导向，即各行动者在承认多样化和差异性的基础上共同进行基层治理决策，开展基层治理活动，共享基层治理成果。本书基于行动导向理念，从合法性和有效性两个维度来探讨基层治理发展的新路径。

二 治理现代化与行动导向

治理术语自20世纪80年代被提出以来，发展非常迅速。治理理论也被广泛应用于政治科学、公共行政、政策过程等许多领域，研究主题涵盖了诸如民主决策、协商关系、冲突调解、公共对话、公众参与、共同生产、协作治理等方面。合作治理、协作治理、多中心治理、新治理、善治、网络治理等都是治理的不同形式，它们基于不同的情境，各有侧重地反映出治理的不同理念。合作治理和协作治理认为，多元主体间的互动会使治理过程变得更加复杂和难以管理，因此需要运用协商、合作等多种治理策略。多中心治理强调主体间分权与协同的重要性，主张那些跨组织边界和科层等级的问题（如环境问题）需要多元主体运用协同工具来解决；新治理和善治强调了公共行政的运行原则和政府的角色，治理应当公平公正地对待公众，遵守法治规则；网络治理强调了治理网络的功能和效应，提倡多元主体应当通过建立网络来进行复杂的互动与协商。尽管这些治理形式在理念上存在不同主张，但它们都强调了治理的过程而不是政府的结构，"在

---

[1] 孔祥利：《城市基层治理转型背景下的社会组织协商：主体困境与完善路径》，《中国行政管理》2018年第3期。

[2] 张康之：《论社会治理模式的转变：从制度到行动》，《探索》2019年第3期。

治理过程中政府权力是有限度的，行为是有约束的"[1]。一些研究引入行动主义作为合法性和有效性的判断依据，主张治理的合法性和有效性在一定程度上取决于那些进入治理过程中行动者的行为和能力，这为以行动为导向的治理分析提供了很好的启示。

（一）治理合法性与行动认同

治理主张在决策中进行分权，鼓励公众参与，强调政策网络在政策过程中的重要性，认为"可以通过建立伙伴关系和促进合作来高效地提供公共服务和公共产品"[2]。与政府不同，治理是由共享目标的个人和组织通过协作或合作来实现目标的，这些个人和组织可能并不具有正式的权威和合法的决策权力。分散的决策权力要求重新关注治理的合法性问题，因为权力的使用不再是正式的、清晰的过程，而是柔性的、模糊的过程，合法性对于治理来说非常必要，它"能够将权力与权力意志相分离"[3]，使行动者自愿合作并认同合作行为。

合法性具有情境性，尤其是在社会规范和制度结构发生变化时很容易受到挑战。在治理现代化进程中，输入合法性发生了重要变化，因为治理过程中纳入了多个行动者，这些行动者具有多元利益诉求，他们参与治理过程并能够通过协商进行决策，这在一定程度上也增加了输出合法性。参与协商民主理论指出，当所有受到决策影响的人们直接参与真正的协商，他们能够达成共识，从而使政策产出具有合法性，不同于韦伯关于权力的合法性构想，即认为当权力控制下的人们相信权力时权力才具有合法性，治理观点认为，"合法性并不是一个由体制给予的理所当然的品质，而是在具体的治理过程中被建构出来的品质"[4]。不同的治理过程也可能会体现不同的合法性基础，如遵守社会正义的道德原则，或是韦伯的传统魅力型领袖原则，抑或是共

---

[1] Erik Hans Klijn，"Governance and Governance networks in Europe"，*Public Management Review*，Vol. 10，No. 4，July 2008，p. 505.

[2] Lisa Blomgren Bingham, Tina Nabatchi, Rosemary O'Leary, "The New Governance: Practices and Processes for Stakeholder and Citizen Participation in the Work of Government"，*Public Administration Review*，Vol. 65，No. 5，September 2005，p. 548.

[3] 张康之：《论合作行动中权力与权力意志的分离》，《东南学术》2019 年第 5 期。

[4] Steve Connelly, "Constructing Legitimacy in the New Community Governance"，*Urban Studies*，Vol. 48，No. 5，July 2011，p. 929.

享信念下的行动认同,等等。于是,合法性问题就变成,我们能够接受这一治理过程吗?

(二) 有效治理与行动策略

有效治理包含诸多要素,其中公共参与、绩效测量、政策执行是新公共管理框架下最为常见的要素。新公共管理强调绩效和问责,认为政府的角色应该是掌舵者而不是划桨者,政府的关注点应该在设立目标上而不是执行上。通过将执行功能留给其他组织,政府可以运用清楚的绩效指标和市场机制来保证政策输出,它所主张的远距离掌舵,运用绩效指标和市场机制,将政策与执行分开等方案,体现出政府中心主义理念,尽管它提出公共参与,但政府中心主义导致的"中心—边缘结构决定了公众参与极易受到其中心力量的影响,从而使其流于形式"[1]。

在治理现代化情境下,政府在治理机制和过程设计中越发注重情境和行动策略,强调运用伙伴关系、多元互动、公众参与、民主协商等治理方式来实现有效治理目标。由于治理行动会受到制度环境的影响,在强激励和软约束情境下,"共谋行为""选择性执行"等非正式行为大量出现[2],这对有效治理提出了挑战。行为公共管理研究推进了人们对治理行动的理解。行为公共管理研究从人的行为和心理角度探讨一些棘手的公共管理问题,运用更加广泛的研究工具和更加成熟的研究设计,通过严谨的实验设计来说明在不同情境下,什么过程和行动策略是有效的以及为什么有效。通过分析治理过程中的参与、合作和协商等行动策略也能够为创新治理机制和优化治理策略提供思路和方法。

三 行动导向下的基层治理发展

(一) 从规则制定到行动激励

早期的基层治理发展侧重于硬件设施的建设以及规则的制定,意

---

[1] 张康之:《论社会治理模式的转变:从制度到行动》,《探索》2019年第3期。
[2] 郁建兴、黄飚:《地方政府在社会抗争事件中的"摆平"策略》,《政治学研究》2016年第2期;周雪光:《基层政府间的"共谋现象"》,《开放时代》2008年第6期;崔晶:《回望传统与现代化转型:社会治理创新中的基层政府与民众协作治理研究》,《中国行政管理》2017年第2期。

图"通过改善社区基础设施和人居环境来建立韧性的基层运行系统"[1]。随着治理现代化的推进，基层治理越发关注社区居民的身心健康以及邻里关系的改善，这对促进社区居民认同感和归属感的形成至关重要。居民的认同感和归属感使其在互动过程中更具有包容性和亲和力，有助于促进彼此间的行动认同。而且，认同感和归属感也会激发效能感的产生，使居民在治理过程中更加积极有为，更偏好于采用参与、协商、合作等行动策略以实现治理目标。

认同感是一种共享信念，表明社区成员的需求能够通过关系和承诺来满足。有研究表明，当人们感知到能够从社区获得支持时，这种感知可以帮助他们缓解压力带来的影响，并做出更加积极的评价，阻止负面情绪产生。认同感以及随之产生的效能感能够激发他们处理问题的积极性。而归属感意味着社区成员对拥有社区的控制权充满信心，并相信社区能够满足他们的需求，因此表现出强烈的情感投入，"当社区居民认为参与社区治理和服务能够实现自身需求满足时，归属感就会有助于预测并优化居民的参与行为"[2]。认同感和归属感会影响社区居民间的邻里关系。邻里关系主要表现为邻里间的互动和互助，如邻里之间的互借互还，或是非正式的邻里守望等。有研究发现，"邻里行为会增强居民的归属感，而归属感有助于提升居民的主观幸福感"[3]，这对政策设计很重要，促进基层治理发展不能只注重社区设施的完善和社区规则的制定，更要关注邻里间的行为关系，通过激励居民参与、协商、合作等行动，提升他们对社区的认同感和归属感。

(二) 梯度发展

基层治理经历了梯度发展模式。早期的基层治理发展是一种强制

---

[1] 廖茂林、苏杨、李菲菲：《韧性系统框架下的城市社区建设》，《中国行政管理》2018年第4期。

[2] Branda Nowell and Neil Boyd, "Viewing Community as Responsibility as well as Resource: Deconstructing the Theoretical Roots of Psychological Sense of Community", *Journal of Community Psychology*, Vol. 38, No. 7, August 2010, p. 828.

[3] Ngai Ming Yip, Terry Tse Fong Leung, and Ronggui Huang, "Impact of Community on Personal Well-being in Urban China", *Journal of Social Service Research*, Vol. 39, No. 5, July 2013, p. 675.

推动形式，即政府通过自上而下地强制推动基础设施建设来改进人们的生活状况。在政府推动形式中，尽管政府能够提供个人难以提供的资金和技术，但它没能把其他行动者纳入治理过程中，既没有社会力量参与，也没有赋权给公众，更不会产生行动者间的互动学习过程（如彼此学习技术、学习如何共同工作、学习共享资源等），因此会产生一些负面效应，如基层治理可能会对政府产生高度依赖，或是将公众诉求排除在政策过程外，这些负面效应会影响基层治理的合法性和有效性，是一种片面化的发展。随着治理的兴起以及治理工具的拓展，基层治理发展偏好项目化形式，即政府发起项目并通过购买服务交由其他主体运行。项目化形式通过将决策和执行相分离，在一定程度上降低了政府的运行成本，促进社会力量参与进来。而且，在项目化过程中，公众被要求对政府已经设计好的项目提出意见，这表明政府开始意识到公众参与的必要性。尽管公众参与的程度非常有限，表现为一种形式上的浅度参与，但由于纳入了公众的声音，可以说在治理合法性和有效性上都有所提高。然而，项目化形式也存在局限性，当公众意见没有被充分考虑时可能会引发公众的不满情绪和意见分歧。此外，由于项目是由政府设计和发起的，当主政者调任或离任时，项目就不一定能持续进行，这在一定程度上会影响基层治理发展。

在新型城镇化和治理现代化情境下，基层治理朝向了一种行动导向形式，行动者成为基层治理发展的核心。一方面，新型城镇化使城镇化进程从"土地城镇化"转向"人的城镇化"，关注焦点也从空间拓展转变为人本发展，强调"以人为本"；另一方面，治理现代化不仅关注治理规则和治理工具，更强调治理的动态性，即治理主体和治理过程，行动者作为治理主体，是治理过程的设计者和执行者，也是治理成果的受益者和评价者。行动者间的行为关系以及行动者自身的认知和能力会影响基层治理发展。与强调产出的强制推动形式和项目化形式不同，行动导向形式更加关注过程，它不仅关注行动者在治理过程中认知和能力的发展，还注重行动者间的行动网络构建，不同行动者通过互动学习，增进彼此间的认同和包容，提高治理的合法性和有效性。

综上可见，基层治理呈现出梯度发展态势。强制推动形式能够快速推进社区设施建设，但它没有将社会力量纳入进来，也不能回应居民需求，因此，这种形式在多元利益诉求剧增情况下难以为继。项目化形式尽管给公众提供了参与的机会，但仍然是以政府为主导的发展形式，居民的主观能动性很难被激发，加上项目化自身的局限性，项目化形式阻力重重。相比而言，行动导向形式强调行动者的发展和行动网络的构建，凸显了行动本身对治理过程的能动性和可塑性，在治理的合法性和有效性上都优于前两种形式。

（三）行动者的动机

行动导向的基层治理发展需要关注行动者本身作为治理主体参与治理过程的动机。谁是行动者体现了人口统计学上的意义，而行动者代表谁却是政治意义的体现。代表性是行动者参与治理过程的一个重要动机，因为参与的内在价值被描述为"正确的事"[1]，行动者代表谁，就是为谁做"正确的事"。"在场"是衡量代表性的一个重要标准，它表明那些有参与动机的行动者是否真正被纳入治理过程中，正如有研究指出，"协商论坛是作为身份构成和身份动员的场地还是作为具有固定身份的参与者间的对话"[2]。有参与动机的行动者进入治理过程，不仅贡献思想，而且影响决策，这会增强行动者的效能感，反过来影响行动者的动机。可见，行动者的动机并不是一成不变的，它会随着行动者的实践和经验而发生改变。

不同行动者的动机各有不同，同一行动者的动机在不同阶段也可能不同。动机既可以是一种价值理念来引领行动方向，也可以是一种行动方针来具体指导行动。促进民主协商属于前一种，它反对传统科层制基于单一权威体制以及通过自上而下的方式来规范社会生活，而是提倡多元包容，以自下而上的方式共同决策。促进社区复兴属于后一种，它将行动者的关注点从私人生活转向公共领域，经由认同的产

---

[1] Fabrizia Buono, Kalliope Pediaditi and Gerrit Carsjens, "Local Community Participation in Italian National Parks Management: Theory Versus Practice", *Journal of Environmental Policy & Planning*, Vol. 14, No. 2, May 2012, p. 189.

[2] Marian Barnes, Janet Newman, Andrew Knops and Helen Sullivan, "Constituting 'the public' in Public Participation", *Public Administration*, Vol. 81, No. 2, June 2003, p. 379.

生和转化将共同生活的物理空间建构为具有社会意义的地域共同体，提升行动者原本没有或忽略的"家园意识和主体意识"[1]。可见，行动者的动机本身也会影响治理的合法性和有效性。

四 行动导向与内源发展

基层治理发展不仅要衡量其是否有效提供服务，还要衡量其产出是否有利于居民，也就是说，基层治理是否基于居民的利益诉求？治理过程中是否存在真正意义上的参与和协商？是否加强了居民的认知水平和行动能力？基层治理如何影响居民对于效能感的感知？这些考量提出了衡量基层治理发展的两个重要标准，即基层治理的有效性和合法性。在有效性和合法性标准下，基层治理理念需要从制度导向转变为行动导向。需要指出，行动导向并不否认制度的功能，也不否认政府的作用，政府作为多元行动者之一在治理过程中仍发挥着关键作用。相比于制度导向，行动导向更加突出行动者间的协调功能，多元行动者可以通过协调行为关系和包容多元利益来促进合作。

我国的基层治理实践表明，政府主导与社会创新一直共同存在，也即是说，基层治理一直面临着行政权力与社会活力之间的张力。已有的基层治理改革强调"法制化""规范化""清单化"等路径，主张运用法律和规则来清晰界定政府权责和行动边界以及与社会的关系。这些改革尝试取得了一定的效果，但仍有改进空间，因为"无论是法律还是行政改革，相对于社会来说只是单向的权力和外在的约束"[2]。基层治理需要"内源发展"[3]，内源发展强调基层治理需要激发社会活力，鼓励社会力量参与，社会力量不再被简单地看作基层治理的对象，而是成为基层治理的重要主体。"内源发展"促使基层治理从行政生态走向治理生态。治理生态为多元主体共同行动创造了环

---

[1] 杨敏：《作为国家治理单元的社区——对城市社会建设运动过程中居民社区参与和社区认知的个案研究》，《社会学研究》2007年第4期。
[2] 项飚、宋秀卿：《社区建设和我国城市社会的重构》，《战略与管理》1997年第6期。
[3] 郁建兴等：《从行政推动到内源发展：中国农业农村的再出发》，北京师范大学出版社2013年版，第1页。

境，它通过鼓励行动者参与治理过程将原子化的个人引导向集体行动，改变了传统的行政生态。治理生态还提供了协调行为关系的多种方式，使多元行动者朝着合作、网络、治理的方向前进，以回应碎片化管理以及管辖权与公共管理间关系弱化的问题。需要指出，治理生态并不否定行政的存在，行政是治理生态的一部分。行政与治理的张力一直存在，但并非此消彼长。考虑到不同的过程设计和行动策略选择，以及治理过程的赋权和吸纳程度，治理生态也会不同。

第三节 走向新基层治理：公众驱动与人民中心

帕森斯指出，社会系统由四个亚系统组成，即"经济体，执行适应功能；政治体，执行目标实现功能；社会共同体，执行统合功能；文化模式，执行模式维持功能。与之相对应的四个社会结构范畴是：角色、集体、规范、价值观"[1]。现代社会具有复杂、多样和新生的特征。借鉴共同演进思想，它指出有机体间是相互关联的，一个有机体对环境的适应会影响其他有机体运行的整个环境，因此，所有的有机体与环境共同进化。共同演进挑战了传统的组织观点，在社会系统中，共同演进体现在行为主体的战略行动组合以及行为主体的集体性上，主张战略不是对变化环境的单向回应，而是一种适应性行为，战略和环境共同影响行动的发起者和其他受其影响的主体。受共同演进观点的启发，适应变化比起试图控制变化来说更像是一种明智的策略，这意味着在不同的情境下，需要建立相应的互动模式来达成想要的目的。在这种情况下，治理者的任务是意识到可能的机会以及行动者的立场，并促使其产生有效的政策建议或行动者联盟。

治理研究既有对政府和政策过程的研究，也有对多元主体间关系的探讨。近年来，研究尤其越发关注公众的价值，对公众参与、民主协商和公共价值观等议题进行了诸多探讨。研究意识到有效解决错综复杂的现代治理问题需要更深入地了解公共行政的公共性以及与公众的价值，这有助于公共管理者能够更好地应对治理过程中出现的新挑

---

[1] 傅正元：《帕森斯的社会学理论》，《国外社会科学》1982年第11期。

战。治理转型的动力来自日益增加的合作伙伴以及政府外部的政治影响力。因此，公共管理者不仅要懂得如何使用权威和层级，还要懂得如何管理复杂的网络，在治理过程中，"需要更多的依赖主体间合作，提供公众参与的渠道，提高协商合作技能，以及引导自下而上的公共责任，同时，还要有效运用信息技术和绩效管理，提高透明度"[1]。

公众参与和多元协商被视为代议制民主最重要的补充。公众参与会提升政府的回应性，克服传统公共行政过分强调管理主义以及新公共管理过度依赖市场策略来解决问题的弊端。已有研究将公众看作顾客或消费者，认为他们是被动存在于服务的最终端，这种看法体现了家长式统治的一种友善形式。尽管如此，它在强调了政府权威本质的同时，也强调了公众履行义务的基础，即公众在享受权利的同时也要承担责任，从而形成信任。那么，公众在治理中应该扮演什么角色呢？Frederickson提出了公众的五种角色，即"公众作为利益团体（多元主义）、消费者（公共选择）、代表选民（立法权）、顾客和公民，并指出公众的一般理论要基于四个必要条件，即宪法、有道德的公民、回应集体和个人的体制和程序、仁慈和公共服务"[2]，也有学者指出，"地方治理体制的适应性也可能源自内部组织的积极性，通过激活体制内相关组织的活力能够为协商民主运行寻找到阻力更小、成效更显著的渐进式发展路径"[3]。

公共价值观是公众参与的核心，它体现了公共偏好，促进了公共利益（common good）。公共价值观形成了共识规范，即公众享有的权利和福利，公众对社会和国家的义务，以及政府管理和政策制定需要遵循的原则，从这个意义上说，公共价值观能够形塑社会结构。从截然不同的个人价值观到广泛共识的公共价值观需要一个连续的过程，在这一过程中，公共领域里进行的咨询、讨论、对话等都需要公共参

---

[1] Lisa Blomgren Bingham, Tina Nabatchi, Rosemary O'Leary, "The New Governance: Practices and Processes for Stakeholder and Citizen Participation in the Work of Government", *Public Administration Review*, Vol. 65, No. 5, September 2005, p. 548.

[2] Frederickson, H. George, "Toward a Theory of the Public for Public Administration", *Administration and Society*, Vol. 22, No. 4, February 1991, p. 395.

[3] 林雪霏：《当地方治理体制遇到协商民主——基于温岭"民主恳谈"制度的长时段演化研究》，《公共管理学报》2017年第1期。

与。现实中，多元化的社会给公共价值观带来了更多的挑战，因为不同的个体持有的公共价值观也有所不同，而且，在不同的情境下，人们对公共价值的感知也会不同，这就形成了公共价值观的多元化。公共价值观多元化在公众参与中十分普遍，尤其在决策过程中，不同的公共价值观常常会引发争论甚至是冲突。为了避免公共价值观失败，公共管理者需要在不同的价值观之间做出复杂的权衡和艰难的决策，确保有足够的方法来识别和整合核心公共价值观，当公共管理者"关注目标是否能体现公共价值，是否得到政治和法律的支持，以及是否在行政上和操作上可行时，公共价值便得以发生"[1]。

当今基层社会治理的现代转型，是从权威秩序到自治秩序的转变，"前者建立在权威与服从关系上，发挥整合功能的是政治权力和政府权力；后者建立在个人自治权和社会自治权上，发挥整合功能的是公共规则和社会规则"[2]。社区被认为是地方治理和服务的消费者和潜在的供给者。居民参与社区事务并与基层政府共享决策权，这契合了公众参与的理念，即居民对社区事务，尤其是对那些能够影响他们生活的事务享有决策权。社区的社会资本作为一种关系导向，会受到公众参与水平的影响。通过关系而形成的技能和品质会在公众之间产生集体行动的能力，并对回应性政府产生期望。政府能够通过许多方式来促进社区社会资本发展，如对地方治理框架进行制度设计来影响社区社会资本的构建就是较为常见的方式。其他一些方式如通过增加信息交换机会，提高服务使用者的能力水平，或是通过邻里重建来联合社区成员，发展人际关系，从而促进社区参与决策制定等，也都有助于建立社区社会资本，然而，社区社会资本的发展也会受到制度框架的限制，当决策机构不考虑公众意见或意愿，或是社区社会资本没有包含社区里多样化的群体时，都会影响社区社会资本的构建。

在基层治理中，由于基层政府在治理的最前线，最接近公众，与公众的互动也最多，因此，基层政府的作用也很重要。在多元需求和

---

[1] Tina Nabatchi, "Putting the 'public' back in Public Values Research: Designing Participation to Identify and Respond to Values", *Public Administration Review*, Vol. 72, No. 5, August 2012, p. 699.

[2] 周庆智：《基层治理现代转型的苏州相城实践》，《甘肃社会科学》2017年第2期。

复杂网络中,基层政府最强有力和最为有效的角色是网络协调者。在基层社会治理中,基层政府需要与上级政府、企业、社会组织、利益相关者和居民建立各式各样的关系,"这些关系是相互交织的,问责形式也是多样的"①,正如有学者指出,"基层建设与治理的'原问题'并不仅仅是基层社会自身建设的问题,更是国家建设的问题。这不仅因为基层体制与国家体制之间高度的同构性,更因为国家体制对基层社会的超强渗透力"②。基层政府的主导职能应该从管制转向促进,成为促进型政府,"促进型政府也被称之为赋能型政府,它表明国家权力行使方式的根本性转变"③。

公众驱动式的新基层治理有助于培育公众的积极参与行为,形成"自主性—责任感"的驱动型治理,积极公众的外显特征是参与行为与自治能力,内化的本质则是责任与道德。通过塑造积极公众实现了强制性权力向道德性权力的转变,"重构公民主观性、内化行为规范、自我行为调节来发挥作用,从而规制社区自治行为"④。党的十九届五中全会提出,"改善人民生活品质,提高社会建设水平。坚持把实现好、维护好、发展好最广大人民根本利益作为发展的出发点和落脚点……完善共建共治共享的社会治理制度,扎实推动共同富裕、不断增强人民群众获得感、幸福感、安全感,促进人的全面发展和社会全面进步"。构建公众驱动的新基层治理格局体现了以人为本、人民中心的社会治理理念和基层创新思路。

---

① 周庆智:《基层治理创新模式的质疑与辨析》,《华中师范大学学报》2015年第2期。
② 肖唐镖:《基层治理亟待走向系统性改革》,《国家行政学院学报》2015年第4期。
③ 黄晴、刘华兴:《治理术视阈下的社区治理与政府角色重构:英国社区治理经验与启示》,《中国行政管理》2018年第2期。
④ 黄晴、刘华兴:《治理术视阈下的社区治理与政府角色重构:英国社区治理经验与启示》,《中国行政管理》2018年第2期。

参考文献

著作

陈家刚主编：《基层治理》，中央编译出版社 2015 年版。

陈天祥等：《基层治理中的国家与社会：角色、动力与行为》，中山大学出版社 2015 年版。

费孝通：《乡土中国》，生活·读书·新知三联书店 1985 年版。

李慧凤、许义平：《社区合作治理实证研究》，中国社会出版社 2009 年版。

厉以宁主编、程志强副主编：《中国道路与新城镇化》，商务印书馆 2013 年版。

梁鹤年：《旧概念与新环境：以人为本的城镇化》，生活·读书·新知三联书店 2016 年版。

欧阳静：《强治理与弱治理：基层治理中的主体、机制与资源》，社会科学文献出版社 2018 年版。

吴锦良：《基层社会治理》，中国人民大学出版社 2014 年版。

夏建中：《中国城市社区治理结构研究》，中国人民大学出版社 2012 年版。

谢正富：《基层治理行动逻辑研究》，华中科技大学出版社 2015 年版。

谢志强：《社会治理研究》，人民出版社 2019 年版。

徐建牛：《基层政府行为演进的制度逻辑》，上海三联书店 2014 年版。

徐勇：《国家治理的中国底色与路径》，中国社会科学出版社 2018 年版。

徐勇：《乡村治理的中国根基与变迁》，中国社会科学出版社 2018 年版。

燕继荣主编：《走向协同治理》，人民出版社2017年版。

叶笑云、许义平、李慧凤：《社区协同治理》，浙江大学出版社2015年版。

郁建兴等：《"最多跑一次"改革：浙江经验，中国方案》，中国人民大学出版社2019年版。

郁建兴等：《从行政推动到内源发展：中国农业农村的再出发》，北京师范大学出版社2013年版。

郁建兴等：《让社会运转起来》，中国人民大学出版社2012年版。

张静主编：《中国社会学四十年》，商务印书馆2019年版。

张康之：《公共行政的行动主义》，江苏人民出版社2014年版。

张康之：《合作的社会及其治理》，上海人民出版社2014年版。

周黎安：《转型中的地方政府》，格致出版社、上海三联书店、上海人民出版社2017年版。

周其仁：《城乡中国》，中信出版社2013年版。

周庆智：《在政府与社会之间》，中国社会科学出版社2015年版。

周庆智：《中国基层社会自治》，中国社会科学出版社2017年版。

［德］马克斯·韦伯：《城市：非正当性支配》，阎克文译，江苏凤凰教育出版社2014年版。

［德］托马斯·海贝勒：《托马斯·海贝勒中国研究文选》，郁建兴等译，浙江大学出版社2017年版。

［美］埃比尼泽·霍华德：《明日的田园城市》，金经元译，商务印书馆2010年版。

［美］埃莉诺·奥斯特罗姆：《公共事物的治理之道》，余逊达、陈旭东译，上海译文出版社2012年版。

［美］保罗·诺克斯、琳达·迈克卡西：《城市化》，顾朝林等译，科学出版社2009年版。

［美］布赖恩·贝利：《比较城市化——20世纪的不同道路》，顾朝林等译，商务印书馆2016年版。

［美］加布里埃尔·A.阿尔蒙德、西德尼·维巴：《公民文化——五个国家的政治态度和民主制》，徐湘林等译，东方出版社2008年版。

［美］罗伯特·D. 帕特南：《使民主运转起来》，王列等译，中国人民大学出版社2015年版。

［美］迈克尔·斯彭斯等编著：《城镇化与增长》，中国人民大学出版社2016年版。

［美］塔尔科特·帕森斯：《社会行动的结构》，张明德等译，译林出版社2003年版。

［美］詹姆斯·S. 科尔曼：《社会理论的基础》，邓方译，社会科学文献出版社2008年版。

［英］安德鲁·海伍德：《政治学核心概念》，王浦劬主编，中国人民大学出版社2012年版。

［英］安东尼·吉登斯：《社会的构成：结构化理论纲要》，李康、李猛译，中国人民大学出版社2016年版。

［英］雷蒙·威廉斯：《关键词：文化与社会的词汇》，刘建基译，生活·读书·新知三联书店2016年版。

China Development Research Foundation, *China's New Urbanization Strategy*, Routledge, 2013.

Christina Larson, *China's Grand Plans for Eco-cities Now Lie Abandoned*, Energy Policy & Politics Sustainability Urbanization Asia Europe, 2009.

Christopher G. Boone, Michail Fragkias, *Urbanization and Sustainability: Linking Urban Ecology, Environmental Justice and Global Environmental Change*, Springer, 2012.

Fan Zhang, *China's Urbanization and the World Economy*, Edward Elgar Publishing Limited, 2014.

Fred Lazinand Matt Evans, *Local Government Reforms in Countries in Transition: A Global Perspective*, Lexington Books, 2008.

Jon Pierre and Guy Peters, *Governance, Politics and the State*, London: Macmillan, 2000.

论文

薄贵利：《推进政府治理现代化》，《中国行政管理》2014年第5期。

曹海军、薛喆：《"三社联动"机制下政府向社会力量购买服务的三个阶段分析》，《中国行政管理》2018年第8期。

陈洪涛、王名：《社会组织在建设城市社区服务体系中的作用——基于居民参与型社区社会组织的视角》，《行政论坛》2009年第1期。

陈伟东：《社区行动者逻辑：破解社区治理难题》，《政治学研究》2018年第1期。

陈家刚：《基层治理：转型发展的逻辑与路径》，《学习与探索》2015年第2期。

陈家建、张琼文：《政策执行波动与基层治理问题》，《社会学研究》2015年第3期。

蔡林慧：《论正式规则与非正式规则对基层协商治理制度变迁的影响》，《中国行政管理》2015年第12期。

程秀英、孙柏瑛：《社会资本视角下社区治理中的制度设计再思考》，《中国行政管理》2017年第4期。

崔晶：《回望传统与现代化转型：社会治理创新中的基层政府与民众协作治理研究》，《中国行政管理》2017年第2期。

崔晶：《基于公共场域视角的基层政府与社会合作治理研究》，《武汉大学学报》（哲学社会科学版）2017年第3期。

褚松燕：《城市社区治理中的关系与逻辑及其整合》，《探索与争鸣》2017年第4期。

段锦云、黄彩云：《个人权力感对进谏行为的影响机制：权力认知的视角》，《心理学报》2013年第2期。

段锦云、钟建安：《"大五"与组织中的角色外行为之间关系研究》，《心理研究》2009年第5期。

傅正元：《帕森斯的社会学理论》，《国外社会科学》1982年第11期。

范如国：《复杂网络结构范型下社会治理协同创新》，《中国社会科学》2014年第4期。

范永茂、殷玉敏：《跨界环境问题的合作治理模式选择——理论讨论和三个案例》，《公共管理学报》2016年第2期。

樊红敏、刘晓凤：《共生理论与有机社区——城市有机共生式社区建社模式的提出与构建》，《马克思主义与现实》2017年第1期。

高翔：《公民参与视角下的地方政府创新及其绩效——基于浙江 19 个地方政府创新项目的研究》，《经济社会体制比较》2015 年第 5 期。

龚维斌：《我国当前干群关系的现状、特点与原因》，《北京行政学院学报》2005 年第 4 期。

黄晴、刘华兴：《治理术视阈下的社区治理与政府角色重构：英国社区治理经验与启示》，《中国行政管理》2018 年第 2 期。

黄晓春：《当代中国社会组织的制度环境与发展》，《中国社会科学》2015 年第 9 期。

黄晓春、周黎安：《政府治理机制转型与社会组织发展》，《中国社会科学》2017 年第 11 期。

黄凤兰：《我国传统社区会议向现代社区听证的演变与路径》，《中国行政管理》2016 年第 12 期。

胡月星：《基层领导干部核心胜任特征的实证探索》，《国家行政学院学报》2007 年第 5 期。

敬乂嘉、刘春荣：《居委会直选与城市基层治理——对 2006 年上海市居委会直接选举的分析》，《复旦学报》（社会科学版）2007 年第 1 期。

孔祥利：《城市基层治理转型背景下的社会组织协商：主体困境与完善路径》，《中国行政管理》2018 年第 3 期。

李慧凤：《制度结构、行为主体与基层政府治理》，《南京社会科学》2014 年第 2 期。

李慧凤、郁建兴：《基层政府治理改革与发展逻辑》，《马克思主义与现实》2014 年第 1 期。

李慧凤：《公共治理视域下的社会管理行为优化》，《中国人民大学学报》2014 年第 2 期。

李林倬：《基层政府的文件治理——以县级政府为例》，《社会学研究》2013 年第 4 期。

林雪霏：《当地方治理体制遇到协商民主——基于温岭"民主恳谈"制度的长时段演化研究》，《公共管理学报》2017 年第 1 期。

雷望红：《被围困的社会：国家基层治理中主体互动与服务异化——来自江苏省 N 市 L 区 12345 政府热线的乡村实践经验》，《公共管理学报》2018 年第 2 期。

路风：《中国单位体制的起源和形成》，《中国社会科学季刊》1993年第4期。

刘少杰：《以行动与结构互动为基础的社会资本研究——评林南社会资本理论的方法论原则和理论视野》，《国外社会科学》2004年第2期。

刘伟：《社会资本与区域创新：理论发展、因果机制与政策意蕴》，《中国行政管理》2018年第2期。

廖茂林、苏杨、李菲菲：《韧性系统框架下的城市社区建设》，《中国行政管理》2018年第4期。

马良：《社会工作专业服务与基层政府治理——以浙江省NH区为例的实证研究》，《江苏社会科学》2011年第1期。

马卫红：《内卷化省思：重解基层治理的"改而不变"现象》，《中国行政管理》2016年第5期。

闵学勤：《社区协商：让基层治理运转起来》，《南京社会科学》2015年第6期。

彭勃：《"政策网络"理论与中国基层政治研究》，《中共浙江省委党校学报》2004年第1期。

秦上人、郁建兴：《从网格化管理到网络化治理——走向基层社会治理的新形态》，《社会科学文摘》2017年第5期。

任剑涛：《在正式制度激励与非正式制度激励之间——国家治理的激励机制分析》，《浙江大学学报》（人文社会科学版）2012年第2期。

苏振华、黄外斌：《互联网使用对政治信任与价值观的影响：基于CGSS数据的实证研究》，《经济社会体制比较》2015年第5期。

孙柏瑛、张继颖：《解决问题驱动的基层政府治理改革逻辑——北京市"吹哨报到"机制观察》，《中国行政管理》2019年第4期。

孙柏瑛：《城市基层政府治理转型中的机构改革》，《公共管理与政策评论》2018年第5期。

孙小逸、黄荣贵：《制度能力与治理绩效——以上海社区为例》，《公共管理学报》2012年第4期。

石凯、胡伟：《政策网络理论：政策过程的新范式》，《国外社会科学》2006 年第 3 期。

唐有财、王天夫:《社区认同、骨干动员和组织赋权:社区参与式治理的实现路径》,《中国行政管理》2017 年第 2 期。

田凯:《治理理论中的政府作用研究:基于国外文献的分析》,《中国行政管理》2016 年第 12 期。

田雄、郑家昊:《被裹挟的国家:基层治理的行动逻辑与乡村自主》,《公共管理学报》2016 年第 2 期。

汪庆华、郭钢、贾亚娟:《俞可平与中国知识分子的善治话语》,《公共管理学报》2016 年第 1 期。

吴新叶、赵挺:《建设性空间:党员干部联系点的运转及其不确定性的克服——以基层治理为视角》,《政治学研究》2018 年第 2 期。

吴新叶:《基层治理需要跨越科层制范式的藩篱——与王龙飞博士商榷》,《探索与争鸣》2016 年第 1 期。

吴毅:《双重边缘化:村干部角色与行为的类型学分析》,《管理世界》2002 年第 11 期。

吴冠军:《重新激活"群众路线"的两个关键问题:为什么与如何》,《政治学研究》2016 年第 6 期。

王沪宁:《转变中的中国政治文化结构》,《复旦学报》(社会科学版) 1988 年第 3 期。

王迪:《从城市社区改革的失效看"国家"的自主性与异质性》,《新视野》2016 年第 1 期。

王登峰、崔红:《中国基层党政领导干部的胜任特征与跨文化比较》,《北京大学学报》(哲学社会科学版) 2006 年第 6 期。

王浦劬:《论我国基层治理权力与责任体制机制的优化》,《中共福建省委党校学报》2015 年第 1 期。

王诗宗、宋程成:《独立抑或自主:中国社会组织特征问题重思》,《中国社会科学》2013 年第 5 期。

王思斌:《城市社区建设中的中介组织培育》,《北京行政学院学报》2001 年第 1 期。

王岩、魏崇辉:《基层社会治理的理性认知与实践路径探究》,《中国行政管理》2016 年第 3 期。

汪波：《建构政治文化理论框架的尝试》，《政治学研究》2000 年第 1 期。

汪锦军：《嵌入与自治：社会治理中的政社关系再平衡》，《中国行政管理》2016 年第 2 期。

夏建中：《基于治理理论的超大城市社区治理的认识及建议》，《北京工业大学学报》（社会科学版）2017 年第 1 期。

徐明强、许汉泽：《运动其外与常规其内："指挥部"和基层政府的攻坚治理模式》，《公共管理学报》2019 年第 2 期。

徐林、许鹿、薛圣凡：《殊途同归：异质资源禀赋下的社区社会组织发展路径》，《公共管理学报》2015 年第 4 期。

肖唐镖：《城乡基层治理"复合性危机"观察》，《人民论坛·学术前沿》2015 年第 3 期。

薛澜、张帆、武沐瑶：《国家治理体系与治理能力研究：回顾与前瞻》，《公共管理学报》2015 年第 3 期。

阎波、吴建南：《非正式问责、组织学习与政策执行：J 市政府职能转变综合改革的案例研究》，《中国行政管理》2018 年第 2 期。

杨帆、王诗宗：《基层政策执行中的规则遵从——基于 H 市 5 个街道的实证考察》，《公共管理学报》2016 年第 4 期。

杨宏山：《情境与模式：中国政策执行的行动逻辑》，《学海》2016 年第 3 期。

叶林、宋星洲、邵梓捷：《协同治理视角下的"互联网＋"城市社区治理创新——以 G 省 D 区为例》，《中国行政管理》2018 年第 1 期。

叶敏：《城市基层治理的条块协调：正式政治与非正式政治》，《公共管理学报》2016 年第 2 期。

燕继荣：《现代国家治理与制度建设》，《中国行政管理》2014 年第 5 期。

游宇、王正绪：《互动与修正的政治信任——关于当代中国政治信任来源的中观理论》，《经济社会体制比较》2014 年第 2 期。

郁建兴、高翔：《地方发展型政府的行为逻辑及制度基础》，《中国社会科学》2012 年第 5 期。

郁建兴、吴结兵：《走向科学化、精细化、智能化的未来社区治理体系》,《浙江经济》2019年第7期。

郁建兴、任杰:《中国基层社会治理中的自治、法治与德治》,《学术月刊》2018年第12期。

郁建兴:《自治法治德治研究的新议程》,《治理研究》2018年第6期。

郁建兴:《中国地方治理的过去、现在与未来》,《治理研究》2018年第1期。

郁建兴、滕红燕:《政府培育社会组织的模式选择:一个分析框架》,《政治学研究》2018年第6期。

郁建兴、沈永东、周俊:《政府支持与行业协会在经济转型升级中的作用——基于浙江省、江苏省和上海市的研究》,《上海行政学院学报》2013年第2期。

郁建兴、秦上人:《制度化:内涵、类型学、生成机制与评价》,《学术月刊》2015年第3期。

郁建兴、李慧凤:《社区社会组织发展与社会管理创新——基于宁波市海曙区的研究》,《中共浙江省委党校学报》2011年第5期。

张康之:《在组织结构演进中图绘合作制组织》,《治理研究》2019年第3期。

张静波:《社区社会组织参与社会建设的路径》,《光明日报》2009年11月4日第7版。

张廷君:《城市公共服务政务平台公众参与行为及效果》,《公共管理学报》2015年第2期。

张树旺、李伟、王郅强:《论中国情境下基层社会多元协同治理的实现路径——基于广东佛山市三水区白坭案例的研究》,《公共管理学报》2016年第2期。

郑永君:《社会组织建设与社区治理创新》,《中国行政管理》2018年第2期。

郑晓华:《社区参与中的政府赋权逻辑——四种治理模式考察》,《经济社会体制比较》2014年第6期。

周庆智:《基层治理:一个现代性的讨论——基层政府治理现代化的历时性分析》,《华中师范大学学报》(人文社会科学版)2014年第 5 期。

周雪光：《权威体制与有效治理：当代中国国家治理的制度逻辑》，《开放时代》2011 年第 10 期。

周雪光、练宏：《中国政府的治理模式：一个"控制权"理论》，《社会学研究》2012 年第 5 期。

周俊、郁建兴：《行业管理体制的变革与出路》，《思想战线》2012 年第 6 期。

周俊、郁建兴：《社会治理的体制框架与创新路径》，《浙江社会科学》2015 年第 9 期。

竺乾威：《新公共治理：新的治理模式?》《中国行政管理》2016 年第 7 期。

赵延东：《"社会资本"理论述评》，《国外社会科学》1998 年第 3 期。

Agranoff, Robert, and Michael McGuire, *Collaborative Public Management: New Strategies for Local Governments*, Washington, D. C.: Georgetown University Press, 2003.

Blokland, Talia, *Urban bonds: Social Relationships in an Inner City Neighborhood*, UK: Cambridge, Polity Press, 2003.

Cathryn Johnson, Timothy Dowd, and Cecilia Ridgeway, "Legitimacy as a Social Process", *Annual Review of Sociology*, Vol. 32, 2006.

Cheon Geun Choi, Sang Ok Choi, "Collaborative Partnership and Crime in Disorganized Communities", *Public Administration Review*, Vol. 72, No. 2, 2012.

Daniela Cristofoli, Laura Maccioand Laura Pedrazzi, "Structure, Mechanisms, and Managers in Successful Networks", *Public Management Review*, Vol. 17, No. 4, 2015.

David Bray, "Building 'Community': New Strategies of Governance in Urban China", *Economy and Society*, Vol. 35, No. 4, 2007.

David Cascante and Mark Brennan, "Conceptualizing Community Development in the Twenty-first Century", *Community Development*, Vol. 43,

No. 3, 2012.

Erik Hans Klijn and Joop Koppenjan, "Public Management and Policy Networks", *Public Management: An International Journal of Research and Theory*, Vol. 2, No. 2, 2000.

Erik Hans Klijn, "Governance and Governance Networks in Europe", *Public Management Review*, Vol. 10, No. 4, 2008.

Fast Nathaniel, Nir Halevy, and Adam Galinsky, "The Destructive Nature of Power without Status", *Journal of Experimental Social Psychology*, Vol. 48, No. 1, 2012.

Fredrickson, H. George, "Toward a Theory of the Pubic for Public Administration", *Administration and Society*, Vol. 22, No. 4, 1991.

Gerry Stoker, "Was Local Governance such a Good Idea? A Global Comparative Perspective", *Public Administration*, Vol. 89, No. 1, 2011.

I. Kimberley Isett, Ines Mergel, Kelly LeRoux, Pamela Mischen and Karl Rethemeyer, "Networks in Public Administration Scholarship: Understanding Where We Are and Where We Need to Go", *Journal of Public Administration Research and Theory*, Vol. 21, No. 1, 2011.

Jesse Lecy, Ines Mergeland Hans Peter Schmitz, "Networks in Public Administration: Current Scholarship in Review", *Public Management Review*, Vol. 16, No. 5, 2014.

Joe Magee and Clifford Frasier, "Status and Power: The Principal Inputs to Influence for Public Managers", *Public Administration Review*, Vol. 74, No. 3, 2014.

Keith Provan, Mark Veazie, Lisa Staten, and Nicolette Teufel – Shone, "The Use of Network Analysis to Strengthen Community Partnerships", *Public Administration Review*, Vol. 65, No. 5, 2005.

Lisa Blomgren Bingham, Tina Nabatchi, Rosemary O'Leary, "The New Governance: Practices and Processes for Stakeholder and Citizen Participation in the Work of Government", *Public Administration Review*, Vol. 65, No. 5, 2005.

Manoj K. Shrestha, "Internal Versus External Social Capital and the Success of Community Initiatives: A Case of Self – organizing Collaborative Governance in Nepal", *Public Administration Review*, Vol. 73, No. 1, 2013.

Martha Marshall, Lyle Wray, Paul Epstein and Stuart Grifel, "21st Century Community Governance: Better Results by Linking Citizens, Government, and Performance Measurement", paper delivered to Quality Congress, sponsored by the American Society for Quality, Annual Quality Congress Proceedings, Milwaukee, 2000.

Mary R. Anderson, "Beyond Membership: A Sense of Community and Political Behavior", *Political Behavior*, Vol. 31, No. 4, 2009.

Michael Clarke and Jojn Stewart, *Community Governance, Community Leadership and the New Local Government*, York: York Publishing Services, 1998.

Michael Haus and Jan Erling Klausen, "Urban Leadership and Community Involvement: Ingtredients for Good Governance?", *Urban Affairs Review*, Vol. 47, No. 2, 2011.

Ngai Ming Yip, Terry Tse Fong Leung, and Ronggui Huang, "Impact of Community on Personal Well – being in Urban China", *Journal of Social Service Research*, Vol. 39, No. 5, 2013.

Outi Luova, "Community Volunteers' Associations in Contemporary Tianjin: Multipurpose Partners of the Party – state", *Journal of Contemporary China*, Vol. 20, No. 72, 2011.

Stephen Osborne and Louise Brown, "Innovation, Public Policy and Public Services Delivery in the U. K.: The Word That Would Be King? ", *Public Administration*, Vol. 89, No. 4, 2011.

Steve Connelly, "Constructing Legitimacy in the New Community Governance", *Urban Studies*, Vol. 48, No. 5, 2011.

Susan Fiske, "Interpersonal Stratification: Status, Power, and Subordination", in Susan T. Fiske, Daniel. T. , eds. , *Handbook of Social Psychology*, John Wiley & Sons, 2010.

Thomas Heberer, "China: Creating Civil Society Structure Top Down? ", in Jianxing Yu and Sujian Guo, eds. , *Civil Society and Governance in China*, New York: Palgrave Macmillan, 2012.

Tina Nabatchi, "Putting the 'Public' Back in Public Values Research: Designing Participation to Identify and Respond to Values", *Public Administration Review*, Vol. 72, No. 5, 2012.

Vicky Totikidis, Anona Armstrong and Ronald Francis, "The Concept of Community Governance: A Preliminary Review", paper delivered to the GovNet conference, sponsored by Monash University, Melbourne, November 28 – 30, 2005.

后　记

自 2007 年开始，我一直致力于基层政府社会治理研究。我对基层政府社会治理的关注，源自对浙江宁波海曙区社区治理改革的探讨。我的导师郁建兴教授是我进入基层政府社会治理研究最重要的引路人和指导者，他敏锐的洞见和深邃的思想给我很多启发，正是在他坚定的鼓励下，我得以在基层政府社会治理研究征程中勇敢前行。当年时任宁波市民政局的许义平副局长在我调研过程中给予我许多帮助和支持，我们也一起完成了《社区合作治理实证研究》一书，作为对宁波海曙区社区治理改革与创新实践的总结与提炼。时至今日，我对基层政府社会治理研究仍满怀热情，兴趣尤增，这不仅是因为我对基层政府社会治理的研究有了一种更加普遍和真切的关怀，更是因为近十几年来，基层政府社会治理实践的生机勃发，既催生了诸多基层治理的"创新行为"，也提出了许多基层治理的重要议题。本书起笔于 2016 年，完成于 2019 年，在 2020 年定稿付梓。在即将到来的"十四五"时期，本书可以看作是对"十三五"时期我国城市基层治理理论、经验、政策、实践进行的缩影式梳理和阐述，以理解城市基层治理形态、把握城市基层治理特性、探索城市基层治理实现形式，进而思考"中国的城市基层治理实践为转型理论提供了什么"这一问题。

基层治理是国家治理的微观基础和重要组成部分。"立治有体、施治有序"是我国基层治理实践的一个基本特征，它不仅为变革与秩序关系的解释理论提供了新的知识，也为个体与组织关联的制度创新提供了新的方案。在"以人民为中心""共建共治共享"的社会治理制度框架下，基层治理不仅要兼顾国家治理和社会治理的统一性，更重要的是强调"地方性",即在具体治理情境中因地制宜地探索基层治理模式,这也是治理实践催化的"创新行为"在地方层面广泛发生的原因。基层治理实践以灵活的方式回应既有制度阻碍,使正式制度既保持延续,又不得不作出"调适性"改变。中国的基层治理实践表明,基层治理体制的合法性支撑,不仅来自于制度设计和法律规定,更关键的还来自于基层治理的丰富实践之非预期后果。因此,要了解中国的基层治理,除了要理解书面条文上"说什么",更需要深入地方基层实践过程,从人们"做什么、怎么做"中寻找答案,"把论文写在祖国的大地上"。基于这样的认识,我和研究团队进行了大量的实地调研、参与式观察、深度访谈,并运用沉浸式学习亲历基层治理具体过程中,在获取丰富资料和素材的同时也真实体会到基层治理改革面临的问题和难题,解释或者解答这些问题和难题成为我们不断求索的源动力。

党的十九大提出的"推进国家治理体系与治理能力现代化"是一个目标论题,要实现这一目标,需要考虑其得以实现的条件、路径、方式等因素。国家治理现代化离不开基层治理现代化,要实现基层治理现代化,必须充分考虑其内部因素和外部条件。活力与有序是基层治理的两个重要因素,既充满活力又和谐有序是基层治理的目标所在。因此,健全自治、法治与德治"三治融合"的基层治理体系迫在眉睫,其中,自治以其内在价值不断在实践中展现出新的生机和活力;法治作为国家治理现代化的目标之一,为基层治理提供了边界和保障;德治依凭"与法治精神相契合的新道德,形成现代社会秩序"。从外部条件上看,合作至关重要。基层治理的价值在于个体能够通过与其他主体进行合作得以更充分发展并推动集体的共同发展,使其自愿合作并认同合作行为。合作既是实现基层治理现代化的充要条件,也是实现这一目标的实践过程。当前的基层治理正处于从传统管理型转向回应型和服务型的过程中,以往由政府提供的同一性、规模化的公共服务已无法满足人民群众日益多样化、差异性的服务需求,由此产生了大量供求不匹配问题,解决这些问题的合作实践,成为基层治理改革的可行路径。本书正是依循这一逻辑主线而展开,聚焦城市基层治理中的活力、有序与合作等主题。

后 记

习近平总书记指出："'十四五'时期，要在加强基层基础工作、提高基层治理能力上下更大功夫。"① 这既是对新时期基层治理的新要求，也是基层治理改革与创新的新方向。新型城镇化和治理现代化的持续推进，以及大数据、信息技术的广泛应用，将赋予城市基层治理以新形态、新内容和新特征，而这些新形态、新内容和新特征对于基层治理的既有形态、内容和特征而言是一个渐进改进、内生性演化的过程。这促使本书在写作过程中更具有一种辩证唯物主义的关怀，着力于对中国城市基层治理实践的描述，进入基层治理实践本身去对这些事实加以表达，以深入发现和概括事实原本的形态和特性，这样的写作过程也让我受益匪浅！基层治理直面人民群众，让人民群众过上美好生活，促进人的全面发展和社会进步，是基层治理现代化目标，也是政治的终极目的。

完成一件作品是无比快乐的，这种快乐不仅是因为它凝聚了无数难以言表的艰辛，更是因为它承载了许多慷慨无私的关爱和帮助。

感谢全国哲学社会科学规划办公室，将"新型城镇化背景下基层政府社会治理的实现路径、方式"立为国家社会科学基金青年项目（项目批准号：14CGL044）。感谢苏州大学人文社科优秀学术专著出版资助计划对本书的支持。

感谢浙江大学郁建兴教授，在我博士毕业参加工作以后，我一如既往地得到了郁老师的悉心指导。郁老师给予我的鼓励和支持，让我更加坚定从容地面对学术生涯中的挑战与挫折，我为有这样的老师感到幸运和骄傲。感谢哈尔滨工业大学米加宁教授、中国人民大学张康之教授、南京审计大学金太军教授、荷兰莱顿大学 Frank Pieke 教授、荷兰鹿特丹伊拉姆斯大学 Martin de Jong 教授、德国杜伊斯堡大学 Thomas Heberer 教授，他们对我的研究提出过很好的意见。

感谢江苏、浙江、上海、吉林等地接受我们调研和访谈的基层政府工作人员和社会工作者，没有他们的支持和帮助，本项研究难以顺利开展。感谢我的研究团队成员，他们为本研究作出了重要贡献。

---

① 习近平：《习近平重要讲话单行本（2020年合订本）》，人民出版社2021年版，第134页。

感谢中国社会科学出版社的大力支持，专业高效的编辑团队为本书出版付出了大量心血。特别感谢马明老师的细致指导和无私帮助，本书才能有幸得以面世。

最后，我要感谢我的家人，他们一如既往、毫无保留地给予我爱和支持，这是我奋斗的动力和快乐的源泉，与家人并肩同行总会让我心存感激。在本书写作过程中，我孕育了第二个孩子，这个过程让我再次体会到艰辛与幸福相伴而生。伴随着孩子们的成长，我的时间变得完全碎片化，很难有自主时间专注研究和写作，这让我感到非常焦虑。我常告诫自己，"可以慢，但不要停"，这是鼓励，更是坚定，让我能够更加积极地应对学术、工作、家庭和孩子。我也要感谢我的两个孩子，我们彼此相伴、共同成长的过程总是充满了无限乐趣。

李慧凤

2020 年 12 月 5 日

于苏州大学独墅湖畔